:: 中華文化促進會主持編纂

:: 國家“十一五”~“十四五”重點圖書出版規劃項目

:: 中國社會科學院哲學社會科學創新工程學術出版資助項目

出品人 王石 段先念

今注本二十四史

舊五代史

宋　薛居正等　撰

陳智超　紀雪娟　主持校注

中國社會科學出版社

五

梁書〔五〕　唐書〔一〕

舊五代史　卷二四

梁書二十四

列傳第十四[1]

[1]按，本卷末無史論。

李琪

李琪，字公度，隴西燉煌人。[1]五世祖忠懿公憕，[2]有大節，見《唐史》。父穀，仕懿、僖朝，[3]官至右諫議大夫。[4]琪聰悟，有才學，尤工詞賦。僖宗朝，晋公王鐸提兵柄，[5]鎮滑臺，[6]穀居賓席，鐸見琪，大賞歎之。年二十四，登進士第，解褐授校書郎，[7]拜監察御史，[8]俄丁内艱。先是，父旅殯在遠，家貧無以襄事，與弟琪當臘雪以單縗扶杖，[9]銜哀告人，由是兩克遷祔。[10]而琪日不過食一溢，恒羸卧喪廬中不能興，大爲時賢所歎。憂闋，再徵爲御史，以瘵不起。成汭之鎮荆州，[11]辟爲掌書記，[12]踰時乃就。[13]

[1]燉煌：古郡名。治所在今甘肅敦煌市。

[2]五世祖忠懿公憕：中華書局本有校勘記："'忠懿'，本書卷五八《李琪傳》、《新唐書》卷一九一《李憕傳》同，《舊唐書》卷一六《穆宗紀》、卷一八七下《李憕傳》、《册府》卷九八、卷四六八、《唐會要》卷五五作'忠烈'。"見《唐會要》卷五五諫議大夫條，明本《册府》卷九八《帝王部·徵聘門》、卷四六八《臺省部·薦舉門》。《舊唐書》卷一八七下《李憕傳》載李憕爲太原文水人，《新唐書》卷一九一《李憕傳》載李憕爲并州文水人。

[3]懿：即唐懿宗李漼。859年至873年在位。紀見《舊唐書》卷一九上、《新唐書》卷九。　僖：即唐僖宗李儇。873年至888年在位。紀見《舊唐書》卷一九下、《新唐書》卷九。

[4]右諫議大夫：官名。唐置左右諫議大夫，左屬門下省，右屬中書省。掌諫諭得失，侍從贊相。正四品下。　"父毅"至"官至右諫議大夫"：《輯本舊史》卷五八《李琪傳》載李毅"廣明中，爲晋公王鐸都統判官，以收復功爲諫議大夫"。

[5]王鐸：人名。太原晋陽（今山西太原市）人。唐朝宰相。傳見《舊唐書》卷一六四、《新唐書》卷一八五。

[6]滑臺：地名。滑州（今河南滑縣）古稱。《輯本舊史》之影庫本粘籤："滑臺，原本作'體臺'，今據文改正。"五代無"體臺"之地名，"滑臺"多見，即滑州。

[7]解褐：又稱釋褐。脱去平民衣服，換上官服。此指進士及第授官。　校書郎：官名。東漢始置，掌典校收藏於蘭臺的圖書典籍，亦稱校書郎中。唐秘書省及著作局皆置，正九品上；弘文館亦置，從九品上。

[8]監察御史：官名。唐代屬御史臺之察院，掌監察中央機構、州縣長官及祭祀、庫藏、軍旅等事。唐中期以後，亦作爲外官所帶之銜。正八品下。

[9]琪：即李琪。河西敦煌（今甘肅敦煌市）人。後梁、後唐官員。傳見本書卷五八、《新五代史》卷五四。　縗：用粗麻布製

成的喪服。

[10]遷祔：遷徙靈柩合葬。

[11]成汭：人名。淮西（今安徽江淮地區）人，一説青州（今山東青州市）人。唐末、五代軍閥。傳見《新唐書》卷一九〇、本書卷一七。　荆州：州名。治所在今湖北荆州市。此處指荆南鎮。

[12]掌書記：官名。唐、五代方鎮僚屬，位在判官下。掌表奏書檄、文辭之事。

[13]"拜監察御史"至"踰時乃就"：《宋本册府》卷七五六《總録部·孝門六》："李珽爲監察御史，丁内艱，又其父旅殯在遠，家貧無以襄事。珽與弟琪，當臘雪以單縗扶杖，銜哀告人，曰是兩克遷祔。而珽日不過食一溢，常羸卧喪廬中不能興，大爲時賢所歎。憂闋，再徵爲御史，以瘠不起。成汭之鎮荆州，辟爲掌書記，踰時乃就。"《新五代史》卷五四《李琪傳》："珽，唐末舉進士及第，爲監察御史。丁内艱，貧無以葬，乞食而後葬。珽飢卧廬中，聞者哀憐之，服除，還拜御史，荆南成汭辟掌書記。"

天復中，[1]淮寇大舉圍夏口，[2]逼巴陵，[3]太祖患之，[4]飛命成汭率水軍十萬援于鄂。[5]珽入言曰："今舳艫容介士千人，載稻倍之，緩急不可動。吴人剽輕，若爲所絆，則武陵、武安皆我之讎也，[6]將有後慮。不如遣驍將屯巴陵，大軍對岸，一月不與戰，則吴寇糧絶，而鄂州圍解矣。"汭性剛決，不聽。[7]淮人果乘風縱火，舟盡焚，兵盡溺，汭亦自沈於江，朗人、潭人遂入荆渚，[8]一如所料。未幾，襄帥趙匡凝復奏爲掌記，[9]入爲左補闕。[10]又明年，太祖爲元帥，以襄陽貳於己，率兵擊破之，趙匡凝奔揚州，太祖復署珽爲天平軍掌書記。[11]一日，大會將佐，指珽曰："此真書記也。"[12]

[1]天復：唐昭宗李曄年號（901—904）。

[2]淮：指淮南鎮。治所在今江蘇揚州市。此處指楊行密勢力。夏口：地名。即今湖北武漢市漢口。爲夏水（漢水）入長江之口。

[3]巴陵：縣名。治所在今湖南岳陽市。

[4]太祖：即後梁太祖朱溫。紀見本書卷一至卷七、《新五代史》卷一至卷二。

[5]鄂：州名。治所在今湖北武漢市。

[6]武陵：縣名。治所在今湖南常德市武陵區。　武安：方鎮名。治所在潭州（今湖南長沙市）。

[7]"珽入言曰"至"不聽"：亦見明本《册府》卷七二一《幕府部·謀畫門二》，《宋本册府》佚，唯明本將李珽誤作"李班"。《通鑑》卷二六四天復三年（903）四月乙未條："掌書記李珽諫曰：'今每艦載甲士千人，稻米倍之，緩急不可動也。吳兵剽輕，難與角逐；武陵、長沙，皆吾讎也；豈得不爲反顧之慮乎！不若遣驍將屯巴陵，大軍與之對岸，堅壁勿戰，不過一月，吳兵食盡自遁，鄂圍解矣。'汭不聽。"

[8]朗：州名。治所在今湖南常德市。　荆渚：指荆州。

[9]襄：州名。治所在今湖北襄陽市。此處指山南東道。　趙匡凝：人名。蔡州（今河南汝南縣）人。趙德諲之子，唐末將領。傳見本書卷一七、《新五代史》卷四一。

[10]左補闕：官名。唐代諫官。武則天時始置。分爲左右，左補闕隸於門下省，右補闕隸於中書省。掌規諫諷諭，大事可以廷議，小事則上封奏。從七品上。　"襄帥趙匡凝"至"入爲左補闕"：《宋本册府》卷七二九《幕府部·辟署門四》："襄帥趙凝復奏爲掌記，入爲左補闕。"

［11］天平軍：方鎮名。治所在鄆州（今山東東平縣）。　太祖復署珽爲天平軍掌書記：《輯本舊史》之影庫本粘籤："天平，原本作'天申'，今據《新唐書》改正。"

［12］"又明年"至"此真書記也"：《宋本册府》卷七二九："太祖爲元帥，復署爲天平掌記。一日，大會將佐，指珽曰：'此真書記也。'"

滄州節度使劉守文拒命，[1]太祖引兵十餘萬圍之，久而未下，乃召珽草檄。珽即就外次，筆不停綴，登時而成，大爲太祖嗟賞。[2]受禪之歲，宰臣除爲考功員外郎、知制誥，[3]珽揣太祖未欲首以舊僚超拜清顯，三上章固辭，優詔褒允，尋以本官監曹州事。[4]曹去京數舍，吏民豪猾，前後十餘政，未有善罷者，珽在任期歲，衆庶以寧。[5]入爲兵部郎中、崇政院直學士。[6]

［1］滄州：州名。治所在今河北滄縣舊州鎮。　節度使：官名。唐時在重要地區所設掌握一州或數州軍、民、財政的長官。　劉守文：人名。深州（今河北深州市）人。唐末盧龍節度使劉仁恭長子。唐末軍閥。後梁開平三年（909），被其弟劉守光殺死。事見本書卷二、卷四、卷九八，《新五代史》卷五六、卷七二。

［2］"滄州節度使劉守文拒命"至"大爲太祖嗟賞"：亦見《宋本册府》卷七一八《幕府部·才學門》。"珽即就外次"，《册府》作"班師即就外次"。

［3］考功員外郎：官名。尚書省吏部考功司副長官。爲考功郎中的副職，協助考功郎中掌考察内外百官及功臣家傳、碑、頌、誄、諡等事。從六品上。　知制誥：官名。掌起草皇帝的詔、誥之事，原爲中書舍人之職。唐開元末置學士院，翰林學士入院一年，

則加知制誥銜，專掌任免宰相、册立太子、宣布征伐等特殊詔令，稱爲内制。而中書舍人所撰擬的詔敕稱爲外制。兩種官員總稱兩制官。

　　[4]曹州：州名。治所在今山東曹縣西北。

　　[5]“曹去京數舍”至“衆庶以寧”：亦見《宋本册府》卷六七七《牧守部·能政門》。“衆庶”，《册府》作“民庶”。

　　[6]兵部郎中：官名。唐高祖改兵曹郎置，二人，一掌武官階品、衛府名數、校考、給告身之事；一掌軍籍、軍隊調遣名數、朝集、禄賜、告假等事。高宗、武則天、玄宗時，一度隨本部改名司戎大夫、夏官郎中、武部郎中。五代因之。從五品上。　崇政院直學士：官名。五代後梁置，選有政術文學者充任。五代後唐同光元年（923），改樞密院直學士。充皇帝侍從，備顧問應對。　入爲兵部郎中、崇政院直學士：“直”字原闕，《新五代史》卷五四《李琪傳》載其出任曹州職回朝後“遷兵部郎中、崇政院直學士”，《宋本册府》卷六五三《奉使部·稱旨門》載“李玼爲兵部郎中、崇政院直學士”，《五代會要》卷二四樞密使條亦云梁開平“二年十一月，置崇政院直學士二員”，注文云“始以尚書吏部郎中吳藹、尚書兵部郎中李玼充選”，查崇政院並無學士一職，據補。

　　未幾，以許帥馮行襲疾甚，[1]出爲許州留後。[2]先是，行襲有牙兵二千，皆蔡人也。[3]太祖深以爲憂，[4]乃遣玼馳往，以伺察之。玼至傳舍，[5]召將吏親加撫慰。行襲欲使人代受詔，玼曰：“東首加朝服，禮也。”乃於卧内宣詔，令善自補養，苟有不諱，子孫俱保後福。行襲泣謝，遂解二印以授玼。玼代掌軍府事。[6]太祖覽奏曰：“予固知玼必辦吾事，行襲門户不朽矣。”[7]乃以玼爲匡國軍留後，尋徵爲左諫議大夫、兼宣徽副使。[8]從征至魏縣，過内黄，^[9]因侍立於行厩，太祖顧曰："此何故名内黄？" 斑曰："河南有外黄、小黄，^[10]故此有内黄。" 又曰："在何處？"^[11]對曰："秦有外黄都尉，理外黄，有故墟，今在雍丘。^[12]小黄爲高齊所廢，其故墟今在陳留。"^[13]太祖稱獎數四。^[14]

[1]許：州名。治所在今河南許昌市。此處指匡國軍。　馮行襲：人名。均州（今湖北丹江口市）人。唐末五代軍閥。傳見本書卷一五、《新五代史》卷四二。

[2]留後：官名。唐、五代節度使多以子弟或親信爲留後，以代行節度使職務，亦有軍士、叛將自立爲留後者。掌一州或數州軍政。

[3]牙兵：五代時期藩鎮親兵。參見來可泓《五代十國牙兵制度初探》，《學術月刊》1995 年第 11 期。　蔡：州名。治所在今河南汝南縣。

[4]太祖深以爲憂：中華書局本有校勘記："'以'字原闕，據彭校、《册府》卷六五三補。"

[5]傳舍：古代設於交通綫上之旅舍、客舍，供官員和行人休息之所。

[6]斑代掌軍府事：中華書局本有校勘記："'斑'字原闕，據《册府》卷六五三補。"

[7]"以許帥馮行襲疾甚" 至 "行襲門户不朽矣"：亦見於《宋本册府》卷六五三《奉使部·稱旨門》。《通鑑》卷二六七載：開平四年（910）"匡國節度使長樂忠敬王馮行襲疾篤，表請代者。許州牙兵二千，皆秦宗權餘黨，帝深以爲憂。六月，庚戌，命崇政院直學士李斑馳往視行襲病，曰：'善諭朕意，勿使亂我近鎮。'斑至許州，謂將吏曰：'天子握百萬兵，去此數舍；馮公忠純，勿使上有所疑。汝曹赤心奉國，何憂不富貴！'由是衆莫敢異議。行襲

欲使人代受詔，珽曰：‘東首加朝服，禮也。’乃即臥內宣詔，謂行襲曰：‘公善自輔養，勿視事，此子孫之福也。’行襲泣謝，遂解兩使印授珽，使代掌軍府。帝聞之曰：‘予固知珽能辦事，馮族亦不亡矣。’庚辰，行襲卒。甲申，以李珽權知匡國留後，悉以行襲兵分隸諸校，冒馮姓者皆還宗”。

[8]左諫議大夫：官名。隸門下省。唐代置左、右諫議大夫各四人，分隸門下省、中書省。掌諫諭得失，侍從贊相。正四品下。

　宣徽副使：官名。宣徽院的副長官。

[9]魏縣：縣名。治所在今河北魏縣。　內黃：縣名。治所在今河南內黃縣。

[10]外黃：縣名。秦漢置。治所在今河南民權縣。　小黃：縣名。又作“下黃縣”。西漢置。治所在今河南開封市祥符區西南。《舊五代史考異》：“案：《歐陽史》改小黃爲‘下黃’。《困學紀聞》引《漢書·地理志》，陳留有外黃、小黃縣，以《五代史記》爲誤改也。”中華書局引殿本注：“小黃，《歐陽史》作‘下黃’。考《困學紀聞》云：《五代通錄》李珽曰：‘河南有外黃、小黃。’《漢·地理志》，陳留有外黃、小黃縣，《五代史記》改小黃爲‘下黃’，誤也。當從《通錄》。”

[11]在何處：中華書局本有校勘記：“句上殿本有‘外黃小黃’四字。”“處”，《宋本冊府》卷七八〇《總錄部·博識門》作“許”。

[12]外黃都尉：漢代外黃縣屬陳留郡，爲都尉治。　雍丘：縣名。治所在今河南杞縣。　有故堭，今在雍丘：“有”，《宋本冊府》卷七八〇作“其”。“都尉”，《舊五代史考異》：“原本作‘郡尉’，今據《漢書·地理志》及《歐陽史》改正。”

[13]高齊：即北齊。　陳留：縣名。治所在今河南開封市陳留鎮。

[14]“尋徵爲左諫議大夫”至“太祖稱獎數四”：亦見《宋本冊府》卷七八〇。

及庶人友珪篡位，除右散騎常侍、充侍講學士。[1]
內討之日，軍士大擾，珽其夕爲亂兵所傷，卒於洛
陽。[2]珽性孝友，與弟琪有敦睦之愛，爲搢紳所稱。[3]
《永樂大典》卷一萬三百八十八。[4]

[1]友珪：人名。即朱友珪。朱温次子，後勾結韓勍殺朱温。
後追廢爲庶人。傳見本書卷一二、《新五代史》卷一三。　右散騎
常侍：官名。中書省屬官。掌侍奉規諷，備顧問應對。正三品下。
侍講學士：官名。侍從皇帝、皇太子講授經義。《舊五代史考
異》：“案：《歐陽史》作侍講。”見《新五代史》卷五四《李琪
傳》。　　“及庶人友珪”至“充侍講學士”：《宋本册府》卷五九九
《學校部·侍講門》載乾化二年（912）吳藹與“宣徽副使、左散
騎常侍李珽並充侍講學士”。

[2]珽其夕爲亂兵所傷，卒於洛陽：中華書局本有校勘記：“殿
本、孔本作‘珽爲亂兵所傷其夕卒於洛陽’。”《通鑑》卷二六八載
乾化三年二月庚寅旦，“侍講學士李珽皆爲亂兵所殺”。

[3]“珽性孝友”至“爲搢紳所稱”：亦見《宋本册府》卷八
五二《總錄部·友悌門二》。

[4]《大典》卷一〇三八八“李”字韻“姓氏（三三）”事
目。中華書局本於傳末引殿本注：“案：《歐陽史》有《裴迪》《韋
震傳》，今原文已佚，無可採補。”

　　盧曾

　　盧曾，字孝伯，其先范陽人也。[1]頗好書，有所執
守。始爲齊州防禦使朱瓊從事，[2]瓊降，預其謀，與之
皆來。瓊没，太祖辟爲宣義幕職。[3]曾性忠狷，好貢直，

又不能取容於衆，每勳府讒語稍洽，曾率然糾正，輒又忤旨。左長直軍使劉捍委任方重，[4]曾亦不能平。冀王友謙初定陝府，[5]命曾往議事，有使院小將從行，[6]嗜酒，荒逸過度。曾復命，欲發其罪，致疏於袖中，累日未果言。小將恐事洩，先誣告曾使酒，幾敗軍事，劉捍因證之，由是罷職，歸於齊之別墅。俄而王師範起兵叛，[7]太祖促召曾，謂之曰："子能緩頰説青州，使無背盟，吾不負子矣。"曾持檄以往。既至青，師範囚之，送於淮南，遇害。後太祖暴師範之罪曰："喪我骨肉，殺我賓僚。"遂族誅之。因召曾二子，皆授以官。《永樂大典》卷二千二百十二。[8]

[1]范陽：縣名。治所在今河北涿州市。

[2]齊州：州名。治所在今山東濟南市。　防禦使：官名。唐代始置，設有都防禦使、州防禦使兩種。常由刺史或觀察使兼任，實際上爲唐代後期州或方鎮的軍政長官。　朱瑄：人名。宋州下邑（今河南夏邑縣）人。唐末將領。事見本書卷一。　始爲齊州防禦使朱瑄從事：《輯本舊史》之原輯本案語："《新唐書》《通鑑》與《薛史·梁紀》皆稱朱瑄爲齊州刺史，惟《盧曾傳》作防禦使，疑有舛誤。"

[3]宣義：方鎮名。治所在滑州（今河南滑縣）。　"頗好書"至"太祖辟爲宣義幕職"：《宋本册府》卷七二九《幕府部·辟署門四》："頗好書，有所執守。始爲齊州防禦使朱瑄從事，瑄降，與之偕來，太祖辟爲宣義幕職。"

[4]左長直：部隊番號。　軍使：官名。掌領本軍軍務，或兼理地方政務。　劉捍：人名。開封（今河南開封市）人。後梁將領。傳見本書卷二〇、《新五代史》卷二一。

[5]友謙：人名。即朱友謙。許州（今河南許昌市）人。朱温養子，唐末、五代軍閥。傳見本書卷六三、《新五代史》卷四五。

陝府：府名。治所在今河南三門峽市陝州區。

[6]使院：唐節度使、觀察使、處置使辦公廳通稱。

[7]王師範：人名。青州（今山東青州市）人。唐末、五代軍閥。傳見本書卷一三、《新五代史》卷四二。

[8]《大典》卷二二一二“盧”字韻“姓氏（七）”事目。

孫騭

孫騭，滑臺人。嗜學知書，微有辭筆。唐光啓中，[1]魏博從事公乘億以女妻之，[2]因教以牋奏程式。時中原多難，文章之士，縮影竄跡，不復自顯。億既死，魏帥以章表牋疏淹積，兼月不能發一字，或以騭爲言，即署本職，主奏記事。累遷職自支使、掌記至節度判官；[3]奏官自校書、御史、郎官、中丞、檢校常侍至兵部尚書。[4]太祖御天下，念潛龍時，騭奉其主，好問往來數十返，甚録之。開平三年，除右諫議大夫，滿歲，遷左散騎常侍。[5]騭雅好聚書，有《六經》《史》《漢》洎百家之言，凡數千卷，皆簡翰精至，披勘詳審，得暇即朝夕躭翫，曾無少怠。[6]乾化二年春，太祖將議北巡，選朝士三十餘人扈從。[7]二月甲子，車駕發自洛陽，禺中，次白馬頓，[8]召文武官就食，以從臣未集，駐蹕以俟之，又命飛騎促於道，而騭與諫議大夫張衍、兵部郎中張儁等累刻方至，[9]太祖性本卞急，因兹大怒，並格殺於前墀。[10]《永樂大典》卷三千五百六十。[11]

[1]光啓：唐僖宗李儇年號（885—888）

[2]魏博：方鎮名。唐廣德元年（763）所置河北三鎮之一。治所在魏州（今河北大名縣）。天祐元年（904）號天雄軍。五代後梁乾化二年（912）爲梁所併。　從事：泛指一般屬官。　公乘億：人名。籍貫不詳。事見本書本卷、卷七一。

[3]支使：官名。唐、五代節度使、觀察使等下屬官員中有支使，其職與掌書記同。位在副使、判官之下，推官之上。掌表奏書檄等。　節度判官：官名。唐末、五代藩鎮僚佐，位行軍司馬下。

“孫騭”至“節度判官”：亦見於《宋本册府》卷七二九《幕府部·辟署門四》，惟“嗜學知書，微有辭筆”，《册府》作“知書，亦微有詞筆”。中華書局本有校勘記：“‘文章之士’，《册府》卷七二九作‘縫掖之士’。‘不復自顯’，‘復’字原闕，據《册府》卷七二九補。‘即署本職’，‘本’《册府》卷七二九作‘末’。”

[4]校書：官名。指校書郎。　御史：官名。周朝始置，秦漢以後延續，掌監察、彈劾。唐時有侍御史、殿中侍御史和監察御史。　郎官：官名統稱。指尚書省六部二十四司以及左、右司正副長官。　中丞：官名。指御史中丞。如不置御史大夫，則爲御史臺長官。掌司法監察。正四品下。　檢校常侍：官名。指檢校左散騎常侍和檢校右散騎常侍。　兵部尚書：官名。尚書省兵部主官。掌兵衛、武選、車輦、甲械、厩牧之政令。正三品。

[5]開平：後梁太祖朱温年號（907—911）。　左散騎常侍：官名。門下省屬官。掌侍奉規諷，備顧問應對。正三品下。

[6]《史》《漢》：中華書局本有校勘記：“原作‘《漢》《史》’，據《册府》卷七九八、卷八一一乙正。”　“騭雅好聚書”至“曾無少怠”：亦見於《宋本册府》卷七九八《總錄部·勤學門》。《宋本册府》卷八一一《總錄部·聚書門》：“騭雅好聚書，有六經、《史》、《漢》、百家之言，凡數千卷。洎李善所注《文選》，皆簡翰精專，至校勘詳審。”“審”，原作“定”，據《宋本册府》卷七九八、卷八一一改。

[7]“乾化二年春”至“選朝士三十餘人扈從”：明本《册府》卷一九三《閏位部·崇祀門》：“乾化元年北巡，迴次孟州，命散騎常侍孫騭、右諫議大夫張衍、光禄卿李翼，各齎香合祝板，告祭于孟津之望祠。”明本《册府》卷二〇五《閏位部·巡幸門》：“二年二月壬戌，帝將巡按北境，中外戒嚴。詔以河南尹、守中書令、判六軍事張宗奭爲大内留守，中書門下奏差定文武官領務尤切、宜扈駕者三十八人。詔工部尚書李皎、左散騎常侍孫騭、左諫議大夫張衍、兵部侍郎劉邈、兵部郎中張儁、光禄少卿盧秉彝並令扈蹕。”

[8]白馬頓：地名。位於今河南洛陽市。

[9]張衍：人名。張宗奭侄子。唐末、後梁大臣。傳見本書本卷。 張儁：人名。籍貫不詳。唐末、後梁大臣。傳見本書本卷。

[10]又命飛騎促於道：中華書局本有校勘記：“‘又’字原闕，據殿本、孔本補。” “二月甲子”至“並格殺於前墀”：《舊五代史考異》：“《通鑑考異》引《梁祖實録》云：賜自盡。《通鑑》從《莊宗實録》作撲殺之。”《通鑑》卷二六八乾化二年（912）二月條載：“甲子，帝發洛陽。從官以帝誅戮無常，多憚行，帝聞之，益怒。是日，至白馬頓，賜從官食，多未至，遣騎趣之於路。左散騎常侍孫騭、右諫議大夫張衍、兵部郎中張儁最後至，帝命撲殺之。”

[11]《大典》卷三五六〇“孫”字韻“姓氏（七）”事目。

張儁

張儁，[1]字彦臣。祖、父咸有聞於時。儁少孤，雅自修飾，[2]善爲五言詩，其警句頗爲人所稱。唐廣明中，[3]黄巢犯京師，天子幸蜀，士皆竄伏窟穴，以保其生。儁亦晦跡浮泛，不失其道。[4]及僖宗還京師，由校書郎、西畿尉登朝爲御史、補闕、起居郎、司勳員外、萬年縣令,[5]以事黜官峽中將十年。太祖即位,用宰臣薛貽矩爲鹽鐵使,[6]儁與貽矩同年登第,甚知其才,即奏爲鹽鐵判官,[7]遷職爲禮部郎中,[8]兼職如故。乾化二年二月,[9]扈從後至,與孫騭、張衍同日遇禍於白馬頓。[10]《永樂大典》卷六千三百五十。[11]

[1]張儁:《新五代史》卷二《梁太祖紀二》乾化二年(912)二月條、《通鑑》卷二六八乾化二年二月條同,《宋本册府》卷九四〇《總録部·患難門》、明本《册府》卷二〇五《閏位部·巡幸門》作"張雋"。

[2]雅自修飾:中華書局本有校勘記:"'雅'字原闕,據《册府》卷九四〇補。"

[3]廣明:唐僖宗李儇年號(880—881)。　唐廣明中:《宋本册府》卷九四〇無"唐"字。

[4]黄巢:人名。曹州冤句(今山東菏澤市)人。唐末農民起義領袖。傳見《舊唐書》卷二〇〇下、《新唐書》卷二二五下。以保其生:《宋本册府》卷九四〇作"以保生性"。　"字彥臣"至"不失其道":亦見於《宋本册府》卷九四〇。

[5]起居郎:官名。唐代始置,屬門下省。與中書省起居舍人同掌起居注,記皇帝言行。從六品上。《輯本舊史》之影庫本粘籤:"起居郎,原本脱'郎'字,今據文增入。"　司勳員外:官名。即司勳員外郎。吏部司勳司副長官,掌勳績。從六品上。　萬年:縣名。治所在今陝西西安市長安區。

[6]薛貽矩:人名。河東聞喜(今山西聞喜縣)人。唐末、後梁大臣。傳見本書卷一八、《新五代史》卷三五。　鹽鐵使:官名。全稱爲諸道鹽鐵轉運使。爲鹽鐵司長官。鹽鐵與度支、户部合稱"三司"。主掌漕運及專賣事務。　太祖即位,用宰臣薛貽矩爲鹽鐵使:《輯本舊史》卷一八《薛貽矩傳》載其於朱温"受禪之歲夏五

月，拜中書侍郎、平章事，兼判戶部。明年夏，進拜門下侍郎、監修國史、判度支，又遷弘文館大學士，充鹽鐵轉運使"。

[7]鹽鐵判官：官名。掌鹽鐵政務及稅收。

[8]禮部郎中：官名。尚書省禮部頭司禮部司長官。掌禮樂、學校、衣冠、符印、表疏、圖書、册命、祥瑞、鋪設，及百官、宮人喪葬贈賻之數。從五品上。　遷職爲禮部郎中：中華書局本有校勘記："'禮部郎中'，《册府》卷九四〇作'兵部郎中'。按《新五代史》卷二《梁本紀》：'次白馬，殺左散騎常侍孫騭、右諫議大夫張衍、兵部郎中張儁。'《通鑑》卷二六八略同。"

[9]乾化二年二月：中華書局本有校勘記："'乾化'原作'乾元'，據殿本、邵本校、《通鑑》卷二六八改。按本書卷七《梁太祖紀七》、《新五代史》卷二《梁本紀》皆繫其事於乾化二年。"

[10]同日遇禍於白馬頓：《通鑑》卷二六八乾化二年二月條載："甲子，帝發洛陽。從官以帝誅戮無常，多憚行，帝聞之，益怒。是日，至白馬頓，賜從官食，多未至，遣騎趣之於路。左散騎常侍孫騭、右諫議大夫張衍、兵部郎中張儁最後至，帝命撲殺之。"

[11]《大典》卷六三五〇"張"字韻"姓氏（二〇）"事目。

張衍

張衍，字玄用，河南尹魏王宗奭之猶子也。[1]其父死於兵間。衍樂讀書爲儒，始以經學就舉，不中選。[2]時諫議大夫鄭徽退居洛陽，[3]以女妻之，遂令應辭科，[4]不數上登第。[5]唐昭宗東遷，[6]以宗奭勳力隆峻，衍由校書郎拜左拾遺，旋召爲翰林學士。[7]太祖即位罷之，特拜考功郎中，[8]俄遷右諫議大夫。衍巧生業，樂積聚，太祖將北伐，頗以扈從間糜耗力用繁意，屢干託宰執求免是行，太祖微聞之，又屬應召稽晚，與孫騭等同日遇禍。[9]《永樂大典》卷六千三百五十。[10]

[1]河南尹：官名。唐開元元年（713）改洛州爲河南府，治所在今河南洛陽市，河南府尹總其政務。從三品。 宗奭：即張宗奭。濮州臨濮（今山東鄄城縣臨濮鎮）人。後梁將領。傳見本書卷六三、《新五代史》卷四五。 猶子：侄子。

[2]衍樂讀書爲儒：《宋本册府》卷六五〇無“樂”字。

[3]鄭徽：人名。鄭珏之父。唐末、五代官員。事見本書卷五八《鄭珏傳》。

[4]辭科：科舉名。又稱詞科。指博學宏詞科。意在選拔博學、好文辭之人才。遂令應辭科，《宋本册府》卷六五〇作“令應詞科”。

[5]“張衍”至“不數上登第”：亦見於《宋本册府》卷六五〇《貢舉部·應舉門》。

[6]唐昭宗：即李曄，888年至904年在位。紀見《舊唐書》卷二〇上、《新唐書》卷一〇。

[7]翰林學士：官名。由南北朝始設之學士發展而來，唐玄宗改翰林供奉爲翰林學士，備顧問、代王言。掌拜免將相、號令征伐等詔令的起草。

[8]考功郎中：官名。唐、五代尚書省吏部考功司長官，掌考察内外百官及功臣家傳、碑、頌、誄、謚等事。從五品上。

[9]“衍巧生業”至“與孫騭等同日遇禍”：《宋本册府》卷九三六《總録部·吝嗇門》：“巧生業，樂積聚，太祖將北伐，頗以扈從間糜耗力用繁意，屢干託宰相求免行事，帝微聞之，又屬應召稽晚，遂及禍。”

[10]《大典》卷六三五〇“張”字韻“姓氏（二〇）”

事目。

杜荀鶴

杜荀鶴，池州人。[1]善爲詩，辭句切理，[2]爲時所許。既擢第，復還舊山。[3]時田頵在宣州，[4]甚重之。頵將起兵，乃陰令以箋問至，太祖遇之頗厚。[5]及頵遇禍，太祖以其才表之，尋授翰林學士、主客員外郎。[6]既而恃太祖之勢，凡搢紳間己所不悅者，日屈指怒數，將謀盡殺之。苞蓄未及泄，丁重疾，旬日而卒。[7]《永樂大典》卷一萬五千七百三十。[8]

[1]池州：州名。治所在今安徽池州市。　杜荀鶴，池州人：亦見於《宋本冊府》卷八四一《總錄部・文章門五》。《輯本舊史》之案語："辛文房《唐才子傳》：荀鶴，字彥之，牧之微子也。"見《唐才子傳》卷九《杜荀鶴傳》。

[2]辭：《宋本冊府》卷八四一作"詞"。

[3]既擢第，復還舊山：《輯本舊史》之案語："《唐才子傳》：荀鶴嘗謁梁王朱全忠，與之坐，忽無雲而雨，王以爲天泣不祥，命作詩，稱意，王喜之。荀鶴寒進，連敗文場，甚苦，至是送春官。大順二年，裴贄侍郎放第八人登科，正月十日放榜，正荀鶴生朝也。王希羽獻詩曰：'金榜曉懸生世日，玉書潛記上昇時。九華山色高千尺，未必高於第八枝。'又《唐新纂》云：荀鶴舉進士及第，東歸，過夷門，獻梁太祖詩句云：'四海九州空第一，不同諸鎮府封王。'是則荀鶴之受知於梁祖舊矣，不待田頵之箋問而始被遇也。""復"，《宋本冊府》卷八四一作"後"。

[4]田頵（jūn）：人名。廬州合淝（今安徽合肥市）人。楊行

密麾下將領，後因反叛爲其所殺。傳見《新唐書》卷一八九、本書
卷一七。　宣州：州名。治所在今安徽宣城市。

[5]"時田頵在宣州"至"太祖遇之頗厚"：《輯本舊史》卷一
七《田頵傳》："頵聞之，頗會其志，乃召進士杜荀鶴具述其意，復
語曰：'昌本朝，奉盟主，在斯一舉矣。'即遣荀鶴具述密議，自間
道至大梁。太祖大悦，遽屯兵于宿州以會其變。"《新唐書》卷一
八九《田頵傳》："頵遣其佐杜荀鶴至汴通好，全忠喜，屯宿州須
變。"《通鑑》卷二六四天復三年（903）八月壬辰條載："頵遣前
進士杜荀鶴至壽州，與延壽相結；又遣至大梁告朱全忠，全忠大
喜，遣兵屯宿州以應之。""乃陰令以箋問至"，《宋本册府》卷八
四一作"乃陰令以箋詞至"。

[6]主客員外郎：官名。主客郎中的副職。佐長官郎中掌接待
外國使臣等事。從六品上。

[7]旬日而卒：《輯本舊史》之案語："《唐才子傳》：荀鶴以天
祐元年卒。《北夢瑣言》又作梁受禪後，拜翰林學士，五日而卒。
未詳孰是。"見《唐才子傳》卷九《杜荀鶴傳》、《北夢瑣言》卷六
杜荀鶴入翰林條。

[8]中華書局本有校勘記："檢《永樂大典目録》，卷一五七
三○爲'論'字韻'阿毗曇論四'，與本則内容不符，恐有誤記。
陳垣《舊五代史輯本引書卷數多誤例》謂應作卷一四七三○'杜'
字韻'姓氏六'。"

羅隱

羅隱，[1]餘杭人。[2]有詩名於天下，[3]尤長於詠史，
然多所譏諷，以故不中第，大爲唐宰相鄭畋、李蔚所
知。[4]隱雖負文稱，然貌古而陋。畋女幼有文性，嘗覽
隱詩卷，諷誦不已，畋疑其女有慕才之意。一日，隱至

第，鄭女垂簾而窺之，自是絕不詠其詩。[5]唐廣明中，因亂歸鄉里，節度使錢鏐辟爲從事。[6]開平初，太祖以右諫議大夫徵，不至，魏博節度使羅紹威密表推薦，[7]乃授給事中。[8]年八十餘，終於錢塘。[9]有文集數卷行於世。[10]《永樂大典》卷五千六百七十八。[11]

[1]羅隱：《舊五代史考異》："《唐才子傳》：隱字昭諫。"見《唐才子傳》卷九《羅隱傳》。《舊唐書》卷一八一《羅弘信傳》謂羅隱自號江東生。沈崧撰《羅給事墓誌》云："隱字昭諫。曾祖諱偡，字童知，福州福唐縣令。皇考諱修古，應《開元禮》。"《吳越備史》卷二《武肅王下》："隱本名橫，凡十上不中第，遂更名。"

[2]餘杭：縣名。治所在今浙江杭州市。　餘杭人：《輯本代史》之案語："《澗泉日記》作新城人。"《宋本冊府》卷七二九《幕府部·辟署門四》同，《舊唐書》卷一八一、《北夢瑣言》卷六羅顧昇降條作"錢塘人"，《輯本舊史》卷一四《羅紹威傳》、《新唐書》卷一二〇《羅紹威傳》、《宋本冊府》卷三八八《將帥部·儒學門》謂隱爲"江東人"，《通鑑》卷二六三天復二年（902）八月甲戌條作"餘姚羅隱"。吳在慶《〈唐才子傳·羅隱傳〉箋證》（《雲南教育學院學報》1989年第4期）考其籍貫爲新城，但未提及江東及餘姚二說。

[3]有詩名於天下：中華書局本有校勘記："'有'字原闕，據《冊府》卷八四一、卷九四四補。另句上《冊府》卷九四四有'唐末舉進士'五字。"見《宋本冊府》卷八四一《總錄部·文章門五》、明本《冊府》卷九四四《總錄部·佻薄門》。

[4]鄭畋：人名。滎陽（今河南滎陽市）人。唐末宰相、軍閥。傳見《舊唐書》卷一七八、《新唐書》卷一八五。　李蔚：人名。隴西（今甘肅）人。唐末宰相。傳見《舊唐書》卷一七八、《新唐書》卷一八一。　大爲唐宰相鄭畋、李蔚所知：《宋本冊府》

卷八三五《總録部·醜陋門》僅言羅隱"唐末爲宰相鄭畋所知"。

[5]"隱雖負文稱"至"自是絶不詠其詩"：亦見於《宋本册府》卷八三五。"嘗覽隱詩卷"，"嘗"《册府》作"常"。

[6]錢鏐：人名。臨安（今浙江杭州市）人。五代時期吴越國建立者。傳見本書卷一三三、《新五代史》卷六七。 唐廣明中，因亂歸鄉里，節度使錢鏐辟爲從事：亦見於《宋本册府》卷七二九《幕府部·辟署門四》。《輯本舊史》之案語："《唐新纂》：羅隱初爲吴令，後以羅紹威薦，爲錢鏐所辟。據《薛史》，則隱自歸里即爲鏐從事，後復爲紹威薦也。與《新纂》異。"《輯本舊史》卷一三三《錢鏐傳》："江東有羅隱者，有詩名，聞於海内，依鏐爲參佐，鏐嘗與隱唱和，隱好譏諷，嘗戲爲詩，言鏐微時騎牛操梃之事，鏐亦怡然不怒，其通恕也如此。"明本《册府》卷九四四："兩浙節度使錢鏐辟爲從事。隱戲爲詩，言鏐微時騎牛操梃之事，鏐亦怡然不怒。"

[7]羅紹威：人名。魏州貴鄉（今河北大名縣）人。唐末、五代軍閥。傳見本書卷一四、《新五代史》卷三九。

[8]給事中：官名。秦始置。隋唐以來，爲門下省屬官。掌讀署奏抄，駁正違失。正五品上。 "開平初"至"乃授給事中"：亦見於《宋本册府》卷八四一。惟"推薦"，《册府》作"慰薦"。羅紹威與羅隱之關係，《輯本舊史》卷一四《羅紹威傳》載："江東人羅隱者，佐錢鏐軍幕，有詩名於天下。紹威遣使賂遺，敍南巷之敬，隱乃聚其所爲詩投寄之。紹威酷嗜其作，因目之所爲曰《偷江東集》，至今鄴中人士諷詠之。"《通鑑》卷二六六開平元年（907）四月乙亥條："鎮海節度判官羅隱説吴王鏐舉兵討梁，曰：'縱無成功，猶可退保杭、越，自爲東帝；奈何交臂事賊，爲終古之羞乎！'鏐始以隱爲不遇於唐，必有怨心，及聞其言，雖不能用，心甚義之。"

[9]錢塘：縣名。治所在今浙江杭州市。 年八十餘，終於錢塘：《舊五代史考異》："案《澗泉日記》云：唐光啓三年，吴越王

表奏爲錢塘令，遷著作郎，辟掌書記。天祐三年，充判官。梁開平二年，授給事中。三年，遷發運使。是年卒，葬於定山鄉。金部郎中沈崧銘其墓。"《吳越備史》卷二《武肅王下》載羅隱卒於開平三年十一月乙酉。

　　[10]有文集數卷行於世：中華書局本有校勘記："'數卷'，《册府》卷八四一作'十卷'。按《直齋書録解題》卷一九謂'《羅江東集》十卷，唐羅隱昭諫撰'。劉克莊《後村集》卷一八四謂羅隱有《江東集》十卷。"《舊五代史考異》："《唐才子傳》云：隱所著《讒書》《讒本》《淮海寓言》《湘南應用集》《甲乙集》《外集》《啓事》等，並行于世。"

　　[11]《大典》卷五六七八"羅"字韻"姓氏（一）"事目。《輯本舊史》於傳末引《五代史補》：羅隱在科場，恃才傲物，尤爲公卿所惡，故六舉不第。時長安有羅尊師者，深於相術，隱以貌陋，恐爲相術所棄，每與尊師接談，常自大以沮之。及其累遭黜落，不得已，始往問焉。尊師笑曰："貧道知之久矣，但以吾子決在一第，未可與語。今日之事，貧道敢有所隱乎！且吾子之於一第也，貧道觀之，雖首冠群英，亦不過簿尉爾。若能罷舉，東歸霸國以求用，則必富且貴矣。兩途，吾子宜自擇之。"隱憮然不知所措者數日。鄰居有賣飯嫗，見隱驚曰："何辭色之沮喪如此，莫有不決之事否？"隱謂知之，因盡以尊師之言告之。嫗歎曰："秀才何自迷甚焉，且天下皆知羅隱，何須一第然後爲得哉！不如急取富貴，則老婆之願也。"隱聞之釋然，遂歸錢塘。時錢鏐方得兩浙，置之幕府，使典軍中書檄，其後官給事中。初，隱罷上中書之日，費窘，因抵魏謁鄴王羅紹威，將入其境，先貽書敍其家世，鄴王爲姪。幕府僚吏見其書，皆怒曰："羅隱一布衣爾，而姪視大王，其可乎！"紹威素重士，且曰："羅隱名振天下，王公大夫多爲所薄，今惠然肯顧，其何以勝！得在姪行，爲幸多矣，敢不致恭，諸公慎勿言。"於是擁篲郊迎，一見即拜，隱亦不讓。及將行，紹威贈以百萬，他物稱是，仍致書於鏐謂叔父，鏐首用之。曹唐，郴州人。

少好道，爲大小遊仙詩各百篇，又著《紫府玄珠》一卷，皆敍三清、十極紀勝之事。其遊仙之句，則有《漢武帝宴西王母詩》云："花影暗回三殿月，樹聲深鎖九門霜。"又云："樹底有天春寂寂，人間無路月茫茫。"皆爲士林所稱。其後遊信州，館於開元寺三學院。一旦臥疾，衆僧忽見二青衣緩步而至，且四向顧視，相謂曰："只此便是'樹底有天春寂寂，人間無路月茫茫'。"言訖，直入唐之臥室。衆僧驚異，亦隨之而入，踰閾，而青衣不復見，但見唐已殂矣。先是，唐與羅隱相遇，隱有《題牡丹詩》云："若教解語應傾國，任是無情亦動人。"唐因戲隱曰："此非賦牡丹，乃題女子障耳。"隱應聲曰："猶勝足下鬼詩。"唐曰："其詞安在？"隱曰："只'樹底有天春寂寂，人間無路月茫茫'，得非鬼詩？"唐無言以對。至是青衣亦援引此句，而唐尋卒，則隱之言，豈偶然哉！

仇殷

仇殷，不知何郡人也。開平中，仕至司天監，[1]明於象緯曆數，藝術精密，近無其比。光化中，[2]太祖在滑，[3]遣密王友倫以兵三萬禦幽州之師十餘萬，[4]深慮其不敵，召殷問曰："陣可行乎？"曰："其十四日過昴中乎！"[5]又問之，曰："賊敗塗地。"又曰："既望，當見捷書。"果如其言，不失晷刻。[6]太祖之在長蘆也，[7]諸將請攻壁，號令軍中，人負藁二圍，置千積，俄而雲集。殷曰："何用？"或以所謀告之，殷曰："我占矣，不見攻壁象，無乃自退乎？"翌日，有騎馳報丁會以潞州叛，[8]太祖令盡焚其藁而還，不克攻。[9]開平中，殷一日朝罷，過崇政院，[10]使敬翔直閣，[11]翔問之曰："月犯房次星，其逼若綴，是何祥也？"曰："常度耳。"殷欲不言，既過數步，自度不可默，乃反言曰："三兩日當有不順語至，無或驟恐，宜先白上知。"既二日，陝府奏同州劉知俊閉關作叛。[12]初，王景仁之出師也，[13]殷上言："太陰虧，不利深入。"太祖遽遣使止之，已敗于柏鄉矣。[14]殷所見觸類如是，不可備録。然而畏慎特甚，居常寢默，未嘗敢顯言。縱言事跡，唯其語音，不可盡曉，以故屢貽責罰。[15]後卒於官。《永樂大典》卷一萬四千八百四。[16]

[1]司天監：官（署）名。其長官稱司天監，掌天文、曆法以及占候等事。參見趙貞《唐宋天文星占與帝王政治》，北京師範大學出版社 2016 年版。 "開平中仕"至"司天監"："司天監"，中華書局本沿《輯本舊史》作"欽天監"，查五代時並無欽天監，衹有司天監，《宋本册府》卷六二五《卿監部·廢黜門》載"仇殷爲司天監"，《北夢瑣言》卷一六《仇殷召課》條亦作"司天監仇殷"，則《輯本舊史》誤，據《册府》及《北夢瑣言》改。

[2]光化：唐昭宗李曄年號（898—901）。

[3]滑：州名。治所在今河南滑縣。

[4]友倫：人名。即朱友倫。朱溫之侄。傳見本書卷一二、《新五代史》卷一三。

[5]禺中：午時。

[6]晷刻：晷、刻分指日晷與刻漏。此處指片刻。

[7]長蘆：縣名。治所在今河北滄州市。

[8]丁會：人名。壽春（今安徽壽縣）人。唐末將領。傳見本書卷五九、《新五代史》卷四四。 潞州：州名。治所在今山西長治市。

[9]"太祖之在長蘆也"至"不克攻"：宋人孔平仲《續世説》

卷六亦載："仇殷藝術精密，太祖之在長蘆也，諸將請攻壁。令軍中，人負藁二圍，寅千積，俄而雲集。殷曰：'何用？'或以所謀告之，殷曰：'我占之矣，不見攻壁象。無乃自退乎？'翌日，有騎馳報丁會以潞州畔，太祖令盡焚其藁而還。"

[10]崇政院：官署名。唐代宗曾設樞密使，以宦官充任。五代時，後梁設置崇政院，掌管軍國大政；後唐改稱樞密院，與中書分理朝政。

[11]敬翔：人名。同州馮翊（今陝西大荔縣）人。後梁大臣。傳見本書卷一八、《新五代史》卷二一。

[12]同州：州名。治所在今陝西大荔縣。 劉知俊：人名。徐州沛縣（今江蘇沛縣）人。唐末、五代軍閥。傳見本書卷一三、《新五代史》卷四四。

[13]王景仁：人名。合淝（今安徽合肥市）人。後梁將領。傳見本書卷二三、《新五代史》卷二三。

[14]柏鄉：縣名。治所在今河北柏鄉縣。 "初，王景仁"至"已敗于柏鄉矣"：《輯本舊史》之案語："《北夢瑣言》云：柏鄉狼狽，梁祖亦自咎曰：'違犯天道，不取仇殷之言也。'《薛史》以爲太祖據遣使止之，與《北夢瑣言》異。"見《北夢瑣言》卷一六仇殷召課條。《輯本舊史》卷一三九《天文志》："梁太祖開平四年十二月十四日夜，先是，司天奏：'是日月食，不宜用兵。'時王景仁方總大軍北伐，追之不及。至五年正月二日，果爲後唐莊宗大敗於柏鄉。"《宋本冊府》卷五七《帝王部·英斷門》載："時汴之知數者仇殷謂梁祖曰：'是月太陰虧，不利出師。'因命退軍。"明本《冊府》卷四四三《將帥部·敗衄門三》載："先是，十二月，仇殷奏：'十四日夜，太陰虧。'帝曰：'我方用兵而月蝕，邢不順矣，深入尤不利。'甚憂之。止景仁駐軍邢州，非詔命無得擅進。至其期，夜漏三唱，陰雲盡徹，天象不變。命詰殷，對曰：'四點，蝕必既。'果如言，帝又命奔騎詔景仁勿先動，仍授以破敵形勢。及辰在丙戌，太陽虧，而丁亥日，旁有祲，向背若環珥。或曰：

'積暉也。' 敬翔曰："兵可憂，帝旰食矣！"及軍書至，果以二日大敗于柏鄉，過詔命所止二日餘。"

[15]"然而畏慎特甚"至"以故屢貽責罰"：《宋本册府》卷六二五《卿監部·廢黜門》載："開平四年十月己巳夜，月有蒼白暈，鎮與胃、昴在環中，絡奎、畢、天船、卷舌。殷不時奏，罰兩月俸。五年正月，以天文變異，殷又不時奏，罰兩月俸。"《北夢瑣言》卷一六載："梁司天監仇殷，術數精妙，每見吉凶，不敢明言。稍關逆耳，祕而不説，往往罰俸。蓋懼梁祖之好殺也。"

[16]《大典》卷一四八〇四"數"字韻"數學"事目。

段深

段深，不知何許人。開平中，以善醫待詔於翰林。時太祖抱疾久之，其溲甚濁，僧曉微侍藥有徵，賜紫衣、師號，[1]錫賚甚厚。頃之疾發，曉微剥服色，去師號。因召深問曰："疾愈復作，草藥不足恃也。我左右粒石而効者衆矣，服之如何？"深對曰："臣嘗奉詔診切，陛下積憂勤，失調護，脈代芤而心益虛。[2]臣以爲宜先治心，心和平而溲變清，當進飲劑，而不當粒石也。臣謹案，《太倉公傳》曰：[3]'中熱不溲者，不可服石。'石性精悍，有大毒。[4]凡餌毒藥如甲兵，不得已而用之，非有危殆，不可服也。"太祖善之，令進飲劑。疾稍愈，乃以幣帛賜之。[5]《永樂大典》卷二萬一千六百九。[6]

[1]曉微：人名。五代僧人。本書僅此一見。 侍：《册府》作"時"。 紫衣：紫色袈裟。武則天時始賜僧人紫袈裟。 師號：

朝廷對道行出衆僧人賜予的稱號。

〔2〕失調護：《册府》無"調"字。　脈代芤（kōu）：指脈象浮大而軟。

〔3〕《太倉公傳》：指《史記》卷一〇五《扁鵲倉公列傳》。太倉公，指西漢名醫淳于意。曾任齊太倉長，故又稱太倉公、倉公。

〔4〕中熱不溲者，不可服石。石性精悍，有大毒：《史記·扁鵲倉公列傳》："論曰'中熱不溲者，不可服五石'。石之爲藥精悍，公服之不得數溲，亟勿服。"

〔5〕"段深"至"乃以幣帛賜之"：亦見於《宋本册府》卷八五九《總録部·醫術門二》。

〔6〕《大典》卷二一六〇九"藥"字韻"事韻（三）"，應爲"草藥"或"毒藥"事目。

舊五代史　卷二五

唐書一

武皇紀上

太祖武皇帝，諱克用，[1]本姓朱耶氏，其先隴右金城人也。[2]始祖拔野，[3]唐貞觀中爲墨離軍使，[4]從太宗討高麗、薛延陀有功，[5]爲金方道副都護，[6]因家於瓜州。[7]太宗平薛延陁諸部，[8]於安西、北庭置都護屬之，[9]分同羅、僕骨之人，[10]置沙陁都督府。[11]蓋北庭有磧曰沙陁，故因以爲名焉。永徽中，[12]以拔野爲都督，[13]其後子孫五世相承。[14]曾祖盡忠，[15]貞元中，[16]繼爲沙陁府都督。既而爲吐蕃所陷，[17]乃舉其族七千帳徙於甘州。[18]盡忠尋率部衆三萬東奔，俄而吐蕃追兵大至，盡忠戰殁。[19]祖執宜，[20]即盡忠之長子也，收合餘衆，至於靈州，[21]德宗命爲陰山府都督。[22]元和初，[23]入爲金吾將軍，[24]遷蔚州刺史、代北行營招撫使。[25]莊宗即位，[26]追謚爲昭烈皇帝，廟號懿祖。烈考國昌，[27]本名赤心，唐朔州刺史。[28]咸通中，[29]討龐勛有功，[30]

入爲金吾上將軍，[31]賜姓李氏，名國昌，[32]仍係鄭王房。[33]出爲振武節度使，[34]尋爲吐渾所襲，[35]退保於神武川。[36]及武皇鎮太原，[37]表爲代北軍節度使。光啓三年薨。[38]莊宗即位，追諡爲文皇，廟號獻祖。[39]

[1]克用：《隋唐五代墓誌彙編·山西卷·李克用墓誌》云李克用字"翼聖"。

[2]隴右：地名。隴山（今六盤山）以西、黃河以東甘、陝各地。　金城：縣名。治所在今甘肅蘭州市。

[3]拔野：或作拔野古、拔曳固。部族名。隋、唐鐵勒十五部之一。唐末、五代時，沙陀部人誤以拔野古爲人名，尊之爲始祖。參見王静、李青分《鐵勒拔野古部研究》，《内蒙古大學學報》2016年第2期。

[4]貞觀：唐太宗李世民年號（627—649）。　墨離：唐代邊軍名。治於瓜州（位於今甘肅瓜州縣）西北。屬河西道，隸河西節度使。《輯本舊史》之影庫本粘籤："原本作'墨維'，今從新、舊《唐書》改正。"見《新唐書》卷二一八《沙陀傳》、《舊唐書》卷三八《地理志一》。明本《册府》卷一《帝王部·帝系門》亦作"墨離"。　軍使：官名。掌領本軍軍務，或兼理地方政務。《新唐書》卷五〇《兵志》："唐初，兵之戍邊者，大曰軍，小曰守捉，曰城，曰鎮……武德至天寶以前邊防之制，其軍、城、鎮、守捉皆有使。"

[5]太宗：即唐代第二位皇帝李世民。隴西成紀（今甘肅秦安縣）人。626年至649年在位。通過"玄武門之變"掌權，開創"貞觀之治"。紀見《舊唐書》卷二至卷三、《新唐書》卷二。　高麗：古國名。又稱高句麗。故地在今朝鮮半島北部。公元4世紀後強大，與新羅、百濟鼎足爭雄。總章元年（668），爲唐所滅。公元918年，後三國（即朝鮮新羅、後百濟、泰封）之一泰封國武將王

建推翻其統治者弓裔，稱王，改國號高麗，都開京（今朝鮮開城市），史稱"王氏高麗"。漸吞併新羅、後百濟，重新統一朝鮮半島。參見［朝］鄭麟趾等著《高麗史》，西南師範大學出版社 2014 年版；楊軍《高句麗民族與國家的形成和演變》，中國社會科學出版社 2006 年版。　薛延陀：古代西北民族。鐵勒部落之一。薛部征服延陀部之後，由薛、延陀兩部合併而成。參見段連勤《隋唐時期的薛延陀》，三秦出版社 1988 年版。

　　[6]金方道：即西方道。　副都護：官名。唐置，爲都護府次官，位都護下。大都護府所置爲正四品上，上都護府所置爲從四品上。

　　[7]瓜州：州名。治所在今甘肅瓜州縣。

　　[8]薛延陁：即薛延陀。

　　[9]安西：即安西都護府。唐六都護府之一。貞觀十四年（640）置，治所在西州（今新疆吐魯番市東四十餘里高昌故城）。二十二年徙治龜兹（今新疆庫車縣東郊皮朗舊城）。永徽二年（651）還治西州。顯慶三年（658）又徙治龜兹。咸亨元年（670）移治碎葉鎮（今吉爾吉斯斯坦楚河南岸托克馬克西南阿克·貝希姆廢墟）。長壽元年（692）還治龜兹。轄境約當今阿爾泰山以西、鹹海以東及阿姆河流域、葱嶺東西、塔里木盆地大部地區。至德二載（757）更名鎮西都護府。後復名安西都護府。貞元六年（790）地入吐蕃，廢。　北庭：唐代北庭都護府的簡稱。長安二年（702）始置，治所在金滿州（今新疆吉木薩爾縣）。　都護：官名。唐朝於邊境地區置大都護府與上都護府，長官分別爲大都護，從二品；都護，正三品。　屬之：明本《册府》卷一作"以屬之"。

　　[10]同羅：部族名。屬西突厥鐵勒部。參見張方《鐵勒同羅部的盛衰和遷徙》，《河南教育學院學報》2006 年第 1 期。　僕骨：部族名。又譯作僕固，屬西突厥鐵勒部。參見楊富學《僕固部的興起及其與突厥、回鶻的關係》，《西域研究》2000 年第 3 期。

　　[11]沙陁都督府：即沙陀都督府。唐代都督府名。《新五代

史》卷四《唐本紀四》："唐太宗破西突厥，分其諸部，置十三州，以同羅爲龜林都督府，僕骨爲金微都督府，拔野古爲幽陵都督府，未嘗有沙陀府也。"認爲唐太宗時未嘗有沙陀都督府。

［12］永徽：唐高宗李治年號（650—655）。

［13］都督：官名。唐前期在邊疆地區和戰略要地設置都督府，管理地方軍政。掌管數州兵馬、甲械、城隍、鎮戍、糧廩，總判府事，一般兼任所在州刺史，兼理民政。到唐玄宗以後，都督逐漸爲節度使所取代。大都督爲從二品，中都督爲正三品，下都督爲從三品。

［14］"太祖武皇帝"至"其後子孫五世相承"：《新五代史·唐本紀四》："唐太宗破西突厥，分其諸部，置十三州，以同羅爲龜林都督府，僕骨爲金微都督府，拔野古爲幽陵都督府，未嘗有沙陀府也。當是時，西突厥有鐵勒，延陀、阿史那之類爲最大。其別部有同羅、僕骨、拔野古等以十數，蓋其小者也。又有處月、處密諸部，又其小者也。朱邪者，處月別部之號耳。太宗二十二年，已降拔野古，其明年，阿史那賀魯叛。至高宗永徽二年，處月朱邪孤注從賀魯戰於牢山，爲契苾何力所敗，遂没不見。後百五六十年，憲宗時，有朱邪盡忠及子執宜見於中國，而自號沙陀，以朱邪爲姓矣。蓋沙陀者，大磧也，在金莎山之陽，蒲類海之東，自處月以來居此磧，號沙陀突厥，而夷狄無文字傳記，朱邪又微不足録，故其後世自失其傳。至盡忠孫始賜姓李氏，李氏後大，而夷狄之人遂以沙陀爲貴種云。"

［15］盡忠：人名。即朱邪盡忠。沙陀部人。唐中葉沙陀部首領。事見《新唐書》卷二一八、《新五代史》卷四。《李克用墓誌》作"思葛"。

［16］貞元：唐德宗李适年號（785—805）。

［17］吐蕃：部族、政權名。唐朝時藏族先民在青藏高原建立吐蕃政權。自7至9世紀，共歷九主，二百餘年。

［18］甘州：州名。治所在今甘肅張掖市甘州區。

　　[19]"貞元中"至"盡忠戰歿"：《通鑑》卷二三七元和三年（808）六月條從《實錄》《舊傳》《新書》繫於元和三年六月，《考異》所引趙鳳《後唐懿祖紀年錄》較詳。

　　[20]執宜：人名。即朱邪執宜。沙陀部人。唐中葉沙陀部首領。事見《新唐書》卷二一八、《新五代史》本卷。《李克用墓誌》作"執儀"。

　　[21]靈州：州名。治所在今寧夏吳忠市。

　　[22]德宗：即李适，唐代宗李豫長子，779年至805年在位。紀見《舊唐書》卷一二、卷一三及《新唐書》卷七。　陰山府：唐羈縻府名。唐憲宗元和三年置，位於今内蒙古境内。

　　[23]元和：唐憲宗李純年號（806—820）。

　　[24]金吾將軍：官名。即金吾衛將軍。唐置，掌宮禁宿衛。唐代置十六衛，即左右衛、左右驍衛、左右武衛、左右威衛、左右領軍衛、左右金吾衛、左右監門衛、左右千牛衛。各置上將軍，從二品；大將軍，正三品；將軍，從三品。

　　[25]蔚州：州名。治所在今河北蔚縣。　刺史：官名。漢武帝時始置。州一級行政長官，總掌考覈官吏、勸課農桑、地方教化等事。唐中期以後，節度使、觀察使轄州而設，刺史爲其屬官，職任漸輕。從三品至正四品下。　代北：方鎮名。治所在代州（今山西代縣）。　行營招撫使：官名。掌招撫征伐之事。係臨時設置之統兵官。　"元和初"至"代北行營招撫使"，《輯本舊史》之案語："《新唐書·沙陀傳》：元和三年，盡忠款靈州塞，詔處其部鹽州，置陰山府，以執宜爲府兵馬使。朝長安，授特進、金吾衛將軍。從攻鎮州，進蔚州刺史。破吳元濟，授檢校刑部尚書。長慶初，破賊深州，入朝留宿衛，拜金吾衛將軍。大和中，授陰山府都督、代北行營招撫使。所載官爵詳略先後，與《薛史》異。"見《新唐書》卷二一八《沙陀傳》。

　　[26]莊宗：即李存勗，小字亞子，沙陀部人，太原（今山西太原市）人。晋王李克用之子，後唐開國皇帝，923年至926年在位。

紀見本書卷二七至卷三四及《新五代史》卷四、卷五。

[27]國昌：人名。即朱邪赤心。沙陀部首領。唐末軍閥。李克用之父。其孫後唐莊宗李存勖即帝位後，追謚其爲文皇，廟號獻祖。事見《舊唐書》卷一九上、卷一九下。

[28]朔州：州名。治所在今山西朔州市朔城區。

[29]咸通：唐懿宗李漼年號（860—874）。

[30]龐勛：人名。籍貫不詳。唐末桂州（今廣西桂林市）戍卒起義軍首領。唐懿宗咸通九年、十年，率久戍不歸的桂州戍卒起義北歸，兵敗死。事見《舊唐書》卷一九上、《新唐書》卷九。

[31]金吾上將軍：官名。即金吾衛上將軍。唐代置十六衛之一。掌宮禁宿衛。從二品。

[32]“咸通中”至“名國昌”：《輯本舊史》之案語：“代州有《唐故龍武軍統軍檢校司徒贈太保隴西李公神道碑》云：公諱國昌，字德興。”此碑現已佚，清人朱彝尊曾見過，見其《曝書亭集》卷五○《晋王墓二碑跋》。

[33]鄭王房：唐宗室中鄭王有二：一是鄭孝王亮，高祖從父，隋海州刺史，武德初進封鄭王；一是鄭王元懿，高祖第十三子，貞觀十年，改封鄭王。

[34]振武：方鎮名。治所在金河縣（今内蒙古和林格爾縣）。
節度使：官名。唐時在重要地區所設掌握一州或數州軍政、民政、財政的長官。

[35]吐渾：部族名。吐谷渾的省稱。源出鮮卑，後游牧於今甘肅、青海一帶。參見周偉洲《吐谷渾資料輯録（增訂本）》，商務印書館2017年版。

[36]神武川：地名。位於今山西山陰縣東北。

[37]太原：府名。治所在今山西太原市。

[38]光啓三年：《輯本舊史》原作“中和三年”，《輯本舊史》之案語：“《新唐書·沙陀傳》：光啓三年，國昌卒。與《薛史》異。考《舊唐書·僖宗紀》，中和三年十月，國昌卒，與《薛史》同。

《歐陽史》亦從《薛史》。”《新唐書》卷二一八《沙陀傳》作“光啓三年”，《舊唐書》卷一九下《僖宗紀》作中和三年（883）十月。《通鑑》卷二五六光啓三年（887）二月條《考異》引《太祖紀年録》《實録》繫於光啓三年二月，據改。

[39] 追諡爲文皇，廟號獻祖：中華書局本有校勘記：“‘帝’字原闕，據《册府》卷一補。‘廟’字原闕，據殿本、《通曆》卷一三、《册府》卷一補。按本書卷二九《唐莊宗紀三》：‘（同光元年閏四月）追尊皇祖代州太保爲文景皇帝，廟號獻祖。’《五代會要》卷一、《新五代史》卷五《唐本紀》略同。”

武皇即獻祖之第三子也。母秦氏，[1] 以大中十年丙子歲九月二十二日，[2] 生於神武川之新城。[3] 在姙十三月，載誕之際，母艱危者竟夕，族人憂駭，市藥於雁門，[4] 遇神叟告曰：“非巫醫所及，可馳歸，盡率部人，被甲持旄，擊鉦鼓，[5] 躍馬大噪，環所居三周而止。”族人如其教，果無恙而生。是時，虹光燭室，白氣充庭，井水暴溢。武皇始言，喜軍中語，齠齔善騎射，與儕類馳騁嬉戲，必出其右。年十三，見雙鳧翔於空，射之連中，衆皆臣伏。新城北有毗沙天王祠，[6] 祠前井一日沸溢，武皇因持巵酒而奠曰：“予有尊主濟民之志，無何井溢，故未察其禍福，惟天王若有神奇，可與僕交談。”奠酒未已，有神人被金甲持戈，[7] 隱然出於壁間，見者大驚走，唯武皇從容而退，繇是益自負。

[1] 秦氏：人名。即李國昌妻、李克用母。事見本書本卷。
[2] 大中：唐宣宗李忱年號（847—860）。
[3] 新城：地名。一説是今山西朔州市朔城區之梵王寺村，一

說是今山西應縣縣城，一說在今山西懷仁縣之日中城。

　　[4]雁門：方鎮名。治所在代州（今山西代縣）。

　　[5]擊鉦鼓："擊鉦"，《輯本舊史》之影庫本粘籤："原本作
'擊缸'，今從《册府元龜》所引《薛史》改正。"遍查《册府》
有關各卷未見。

　　[6]毗沙天王祠：佛寺名。位於今山西代縣。毗沙天王即毗沙
門天王，是佛教護法四大天王之一。

　　[7]有神人被金甲持戈：《輯本舊史》之影庫本粘籤："《北夢
瑣言》作有龍形出于壁間。蓋傳聞之異，今附識于此。"見《北夢
瑣言》卷一七："天王被甲持矛，隱隱出於壁間，或所居帳内時如
火聚，如有龍形，人皆異之。"

　　獻祖之討龐勛也，武皇年十五，從征，摧鋒陷陣，
出諸將之右，軍中目爲"飛虎子"。賊平，獻祖授振武
節度使，武皇爲雲中牙將。[1]嘗在雲中，宿於別館，擁
妓醉寢，有俠兒持刃欲害武皇，及突入曲室，但見烈火
熾赫於帳中，俠兒駭異而退。又嘗與達靼部人角勝，[2]
達靼指雙鵰於空中："公能一發中否?"武皇即彎弧發
矢，連貫雙鵰，邊人拜伏。及壯，爲雲中守捉使，[3]事
防禦使支謨，[4]與同列晨集廨舍，因戲升郡閣，踞謨之
座，謨亦不敢詰。

　　[1]雲中：縣名。治所在今山西大同市。　　牙將：官名。古代
軍隊中的中低級軍官。

　　[2]達靼：部族名。其名始見於唐開元二十年（732）突厥文
《闕特勤碑》。唐末活躍於陰山一帶。參見白玉冬《九姓達靼游牧
王國史研究》，中國社會科學出版社 2017 年版。

[3]守捉使：官名。唐制，軍隊戍守邊地，大者稱軍，小者稱守捉，其下則有城、有鎮。軍、城、鎮、守捉皆設使。

[4]防禦使：官名。唐代始置，設有都防禦使、州防禦使兩種。常由刺史或觀察使兼任，實際上爲唐代後期州或方鎮的軍政長官。
支謨：人名。籍貫不詳。唐代將領。《輯本舊史》之影庫本粘籤："原本作'友模'，今從《通鑑》改正。"《通鑑》卷二五三乾符五年（878）二月條載李國昌上言，乞朝廷速除大同防禦使，乃以司農卿支詳爲大同軍宣慰使。

乾符三年，[1]朝廷以段文楚爲代北水陸發運、雲州防禦使。[2]時歲荐饑，文楚稍削軍食，諸軍咸怨。武皇爲雲中防邊督將，部下爭訴以軍食不充，邊校程懷信、王行審、蓋寓、李存璋、薛鐵山、康君立等，[3]即擁武皇入雲州，衆且萬人，營於鬬雞臺，[4]城中械文楚出，以應於外。諸將列狀以聞，請授武皇旄鉞，朝廷不允，徵諸道兵以討之。[5]

[1]乾符：唐僖宗李儇年號（874—879）。

[2]段文楚：人名。汧陽（今陝西千陽縣）人。唐末將領。事見《舊唐書》卷一九上。　水陸發運：官名。即水陸發運使。掌漕糧轉運。　雲州：州名。治所在今山西大同市。

[3]程懷信：人名。籍貫不詳。唐末、五代李克用部將。中華書局本有校勘記："原作'程懷素'，据《通鑑》卷二五三《考異》引《薛史》、本書卷五五《康君立傳》、《新唐書》卷二一八《沙陀傳》改。"見《輯本舊史》卷五五《康君立傳》、《新唐書》卷二一八《沙陀傳》、《通鑑》卷二五三乾符五年（878）二月甲戌條《考異》引《薛史》。　王行審：人名。籍貫不詳。唐末、五代李克用

部將。事見本書本卷。　蓋寓：人名。蔚州（今河北蔚縣）人。唐末、五代李克用部將。傳見本書卷五五。　李存璋：人名。雲中（今山西大同市）人。唐末、五代將領。傳見本書卷五三、《新五代史》卷三六。　薛鐵山：人名。籍貫不詳。唐末李克用從者。事見《新五代史》卷二五。　康君立：人名。蔚州興唐（今河北蔚縣）人。唐末、五代將領。傳見本書卷五五。

[4]鬭雞臺：地名。位於今山西大同市東城外。

[5]"諸將列狀以聞"至"徵諸道兵以討之"：《輯本舊史》之案語："《舊唐書·懿宗紀》：咸通十三年十二月，李國昌小男克用殺雲中防禦使段文楚，據雲州，自稱防禦留後。《新唐書·僖宗紀》：乾符五年二月癸酉，雲中守捉使李克用殺大同防禦使段文楚。《歐陽史》從《舊唐書》，《通鑑》從《新唐書》。《薛史》作乾符三年，與諸書異。據《通鑑考異》引趙鳳《後唐太祖紀年錄》正作乾符三年。趙鳳爲唐宰相，去武皇時不遠，見聞較確，宜可徵信云。"見《舊唐書》卷一九上《懿宗紀》，《新唐書》卷九《僖宗紀》、卷二一八《沙陀傳》，《新五代史》卷四《唐本紀四》，《通鑑》卷二五三繫於乾符五年二月癸酉、甲戌條及《考異》所引《唐末三朝見聞錄》。其中案語所云"《新唐書·僖宗紀》"，中華書局本有校勘記："'僖宗'原作'懿宗'，據《新唐書》卷九《僖宗紀》改。"

乾符五年，黃巢渡江，[1]其勢滋蔓，天子乃悟其事，以武皇爲大同軍節度使、檢校工部尚書。[2]冬，獻祖出師討党項，[3]吐渾赫連鐸乘虛陷振武，[4]舉族爲吐渾所攄。武皇至定邊軍迎獻祖歸雲州，[5]雲州守將拒關不納。武皇略蔚、朔之地，[6]得三千人，屯神武川之新城。赫連鐸晝夜攻圍，武皇昆弟三人四面應賊，俄而獻祖自蔚州引軍至，吐渾退走，自是軍勢復振。天子以赫連鐸爲大同軍節度使，仍命進軍以討武皇。

[1]黃巢：人名。曹州冤句（今山東菏澤市）人。唐末農民起義領袖。傳見《舊唐書》卷二〇〇下、《新唐書》卷二二五下。

[2]大同軍：方鎮名。治所在雲州（今山西大同市）。 以武皇爲大同軍節度使：《輯本舊史》之案語：“《歐陽史》作拜克用爲大同軍防禦使，《新唐書》作以國昌爲大同軍防禦使，《通鑑》作以國昌爲大同節度使，俱與《薛史》異。”《新五代史》卷四《唐本紀四》作“咸通十三年，徙國昌雲州刺史、大同軍防禦使”，《通鑑》卷二五三乾符五年（878）四月條作“以振武節度使李國昌爲大同節度使”。 檢校工部尚書：檢校官名。地方使職帶檢校三公、三師及臺省官之類，表示遷轉經歷和尊崇的地位，檢校兵部尚書爲其中之一階，爲虛銜。

[3]党項：部族名。源出羌族，時活躍於今甘肅東部、寧夏、陝西北部一帶。參見湯開建《党項西夏史探微》，商務印書館2013年版。

[4]赫連鐸：人名。唐末代北吐谷渾首領。咸通九年（868）隨唐軍鎮壓龐勛起義，勢力漸強。乾符五年，襲占沙陀李國昌父子所據之振武（今内蒙古和林格爾縣西北）、雲州（今山西大同市）。與李國昌父子爭奪代北，官至雲州刺史、大同軍防禦使，守雲州十餘年。後爲李克用擒殺。事見《舊唐書》卷一九下、本書本卷、《新五代史》卷四。

[5]定邊軍：唐方鎮名。今地不詳。

[6]蔚：州名。治所在今河北蔚縣。 朔：州名。治所在今山西朔州市朔城區。

乾符六年春，朝廷以昭義節度使李鈞充北面招討使，[1]將上黨、太原之師過石嶺關，[2]屯於代州，[3]與幽

州李可舉會赫連鐸同攻蔚州。[4]獻祖以一軍禦之，武皇
以一軍南抵遮虜城以拒李鈞。[5]是冬大雪，弓弩弦折，
南軍苦寒，臨戰大敗，奔歸代州，李鈞中流矢而卒。

[1]昭義：方鎮名。治所在潞州（今山西長治市）。　李鈞：
人名。李業之孫。唐末將領。事見《舊唐書》卷一九上。　北面招
討使：官名。不常置，爲一路或數路地區統兵官。掌招撫討伐等事
務。兵罷則省。

[2]上黨：即潞州。中華書局本有校勘記："'上黨'二字原闕，
據《通鑑》卷二五三《考異》引《薛史》、《册府》卷七補。按
《新唐書》卷二一八《沙陀傳》敘其事云：'詔昭義李鈞爲北面招
討使，督潞、太原兵屯代州。'"見《宋本册府》卷七《帝王部·
創業門三》、《通鑑》卷二五三乾符五年（878）十二月條《考異》。
　石嶺關：關隘名。位於今山西陽曲縣北。

[3]代州：州名。治所在今山西代縣。

[4]幽州：州名。治所在今北京市。　李可舉：人名。回鶻阿
布思族人。唐末幽州節度使李茂勳之子。襲父位爲幽州節度副使，
累官至檢校太尉。傳見《舊唐書》卷一八〇。

[5]遮虜城：地名。又名遮虜平。位於今山西五寨縣。

廣明元年春，[1]天子復命元帥李琢率兵數萬屯代
州。[2]武皇令軍使傅文達起兵於蔚州，[3]朔州刺史高文集
與薩葛、安慶等部將縛文達送於李琢。[4]

[1]廣明：唐僖宗李儇年號（880—881）。

[2]李琢：人名。洮州臨潭（今甘肅臨潭縣）人。唐中期將領
李晟之孫。唐末將領。事見《舊唐書》卷一九、《通鑑》卷二五

三。"李琢"，原作"李涿"，中華書局本有校勘記："原作'李
涿'，據《通鑑》卷二五：《考異》引《薛史》、《新五代史》卷四
《唐本紀》改。本卷下文同。《舊五代史考異》：'《歐陽史》作招討
使李琢，《通鑑》亦作"琢"，與《薛史》異。'按《舊五代史考
異》引文中'李琢'，原作'李涿'，據殿本《考證》、劉本《考
證》、《新五代史》卷四《唐本紀》改。"現《新五代史》卷四
《唐本紀四》、《通鑑》卷二五三《考異》引《薛史》）。

　　[3]傅文達：人名。籍貫不詳。唐末李克用部將。事見《通
鑑》卷二五三。

　　[4]高文集：人名。籍貫不詳。李克用部將。事見《通鑑》卷
二五三。　　薩葛、安慶：部族名。沙陀、安慶與薩葛合稱沙陀三部
落。《舊唐書》卷一九下載，中和元年（881）"二月，代州北面行
營都監押陳景思率沙陀、薩葛、安慶等三部落與吐渾之眾三萬赴援
關中"。參見蔡家藝《沙陀部人歷史雜探》，《民族研究》2001年第
1期。《舊五代史考異》："《新唐書》作薩葛首領米海萬、安慶。"
《輯本舊史》之影庫本粘籤："'薛葛、安慶'，原本作'薛曷、女
度'，今考《冊府元龜》所引《薛史》及《新唐書》、《通鑑》諸
書俱作薛葛、安慶，今改正。"見《新唐書》卷二一八《沙陀傳》，
《通鑑》卷二五三廣明元年（880）六月庚子條作"文集執克用將
傅文達，與沙陀酋長李友金、薩葛都督米海萬、安慶都督史敬存皆
降於琢"。但不見於今本《冊府》。

　　六月，李琢引大軍攻蔚州，獻祖戰不利，乃率其族
奔於達靼部。居數月，吐渾赫連鐸密遣人賂達靼以離間
獻祖，既而漸生猜阻。武皇知之，每召其豪右射獵於
野，或與之百步馳射馬鞭，或以懸針樹葉爲的，中之如
神，由是部人心伏，不敢竊發。俄而黃巢自江淮北渡，
武皇椎牛釃酒，饗其酋首，酒酣，喻之曰："予父子爲

賊臣讒間，報國無由。今聞黃巢北犯江淮，必爲中原之
患。一日天子赦宥，有詔徵兵，僕與公等南向而定天
下，是予心也。人生世間，光景幾何，曷能終老沙堆中
哉！公等勉之。"達靼知無留意，皆釋然無間。

是歲十一月，黃巢寇潼關，[1]天子令河東監軍陳景
思爲代北起軍使，[2]收兵破賊。

[1]潼關：關隘名。位於今陝西潼關縣。

[2]河東：方鎮名。治所在太原（今山西太原市）。　監軍：
官名。爲臨時差遣，代表朝廷協理軍務，督察將帥。五代時常以宦
官爲監軍。　陳景思：人名。籍貫不詳。唐末將領。事見《舊唐
書》卷一九下。

十二月，黃巢犯長安，[1]僖宗幸蜀，[2]陳景思與李友
金發沙陁諸部五千騎南赴京師。[3]友金即武皇之族
父也。[4]

[1]長安：都城名。唐代都城。治所在今陝西西安市。

[2]僖宗：即唐僖宗李儇。873年至888年在位。黃巢起義後，
於廣明元年（880）占據長安，唐僖宗被迫奔蜀。紀見《舊唐書》
卷一九下、《新唐書》卷九。

[3]李友金：人名。沙陀首領，李克用族父。事見《舊唐書》
卷一九下。

[4]"十二月"至"友金即武皇之族父也"：《輯本舊史》之案
語："《通鑑》，友金初與高文集並降於李琢，故得與陳景思南赴京
師。《薛史》不載。"見《通鑑》卷二五三廣明元年（880）六月庚
子條。

中和元年二月，[1]友金軍至絳州，[2]將渡河，刺史瞿積謂陳景思曰：[3]"巢賊方盛，不如且還代北，徐圖利害。"

[1]中和：唐僖宗李儇年號（881—885）。

[2]絳州：州名。治所在今山西新絳縣。

[3]瞿積：人名。沙陀部人。唐末將領。事見《通鑑》卷二五四。《輯本舊史》原作"瞿正"，中華書局本有校勘記："據殿本、《通鑑》卷二五四《考異》引《薛史》、《册府》卷七改。本卷下文同。"見《宋本册府》卷七《帝王部·創業門三》，《通鑑》卷二五四中和元年（881）三月辛酉條《考異》引《薛史》。

四月，友金旋軍雁門，瞿積至代州，半月之間，募兵三萬，營於崞縣之西。[1]其軍皆北邊五部之衆，不閑軍法，瞿積、李友金不能制。友金謂景思曰："興大衆，成大事，當威名素著，則可以伏人。今軍雖數萬，苟無善帥，進亦無功。吾兄李司徒父子，[2]去歲獲罪於國家，今寄北部，雄武之略，爲衆所推。若驃騎急奏召還，代北之人一麾響應，則妖賊不足平也。"景思然之，促奏行在。[3]天子乃以武皇爲雁門節度使，[4]仍令以本軍討賊。[5]李友金發五百騎齎詔召武皇於達靼，武皇即率達靼諸部萬人趨雁門。

[1]崞縣：縣名。治所在今山西原平市。

[2]李司徒父子：指李國昌、李克用父子。司徒，官名。與太尉、司空並爲三公。唐後期、五代多爲大臣、勳貴加官。正一品。

[3]行在："行在所"的簡稱。指古代帝王所在的地方。後以此

專指皇帝所到的地方。

[4]天子乃以武皇爲雁門節度使：《輯本舊史》之案語：“《新唐書·表》：中和二年，以河東忻、代二州隸雁門節度。更大同節度爲雁門節度，治代州。是中和二年以前，雁門非鎮名也。據《舊唐書》：初，赦克用，拜代州刺史、忻代兵馬留後。二年，擢雁門節度、神策天寧軍鎮遏、忻代觀察使。是克用爲雁門節度實在二年，《薛史》疑誤。”見《新唐書》卷六五《方鎮表二》、卷二一八《沙陀傳》。

[5]仍令以本軍討賊：《舊五代史·考異》：“《新唐書·王重榮傳》：重榮懼黃巢復振，憂之，與復光計，復光曰：‘我世與李克用共憂患，其人忠不顧難，死義如己，若乞師焉，事蔑不濟。’乃遣使者約連和。”見《新唐書》卷一八七《王重榮傳》。

五月，整兵二萬，南嚮京師。太原鄭從讜以兵守石嶺關，[1]武皇乃引軍出他道，至太原城下，會大雨，班師於雁門。

[1]鄭從讜：人名。榮陽（今河南榮陽市）人。唐僖宗時宰相，曾任太原尹、宣武軍節度使、嶺南節度使等職。傳見《舊唐書》卷一五八、《新唐書》卷一六五。

中和二年八月，獻祖自達靼部率其族歸代州。

十月，武皇率忻、代、蔚、朔、達靼之軍三萬五千騎赴難於京師。[1]先移檄太原，鄭從讜拒關不納，武皇以兵擊之，進軍至城下，遣人齎幣馬遺從讜，從讜亦遣人饋武皇貨幣、饔餼、軍器。武皇南去，自陰地趨晉、絳。[2]

[1]忻：州名。治所在今山西忻州市。　朔：《輯本舊史》之影庫本粘籤："原本脱'朔'字，今據《册府元龜》所引《薛史》增入。"見《宋本册府》卷七《帝王部·創業門三》。

[2]陰地：關隘名。位於今山西靈石縣西南。　晋：州名。治所在今山西臨汾市。

十二月，武皇至河中。[1]

[1]河中：方鎮名。治所在河中府（今山西永濟市）。

中和三年正月，晋國公王鐸承制授武皇東北面行營都統。[1]武皇令其弟克修領前鋒五百騎渡河視賊，[2]黄巢遣將米重威齎重賂及僞詔以賜武皇，[3]武皇納其賂以給諸將，燔其僞詔。是時，諸道勤王之師雲集京畿，然以賊勢尚熾，未敢争鋒。及武皇將至，賊帥相謂曰："鴉兒軍至，[4]當避其鋒。"武皇以兵自夏陽濟河。[5]

[1]王鐸：人名。太原（今山西太原市）人。唐末軍閥，曾積極參與平定黄巢起義。傳見《新唐書》卷一八五。　承制：秉承皇帝旨意。有時非出自帝命，爲一種假藉的名義或政治待遇。兩晋、南北朝或後世權臣多有此種名義，以此得自行處置政務、任免官吏，雖稱"承制行事"，但不必取得皇帝同意。

[2]克修：人名。即李克修。沙陀部人。李克用族弟。唐末將領。傳見本書卷五〇、《新五代史》卷一四。

[3]米重威：人名。籍貫不詳。唐末黄巢部將。事見《通鑑》卷二五五。

[4]鴉兒：李克用的别號。《新五代史》卷四《唐本紀四》：

"克用少驍勇，軍中號曰'李鴉兒'。"

　　[5]夏陽：縣名。治所在今陝西合陽縣。

　　二月，營於乾坑店。[1]黃巢大將尚讓、林言、王璠、趙璋等引軍十五萬屯於梁田陂。[2]翌日，大軍合戰，自午及晡，巢賊大敗。是夜，賊衆遁據華州。[3]武皇進軍圍之，巢弟黃鄴、黃揆固守。[4]

　　[1]乾坑店：地名。位於今陝西渭南市北下邽鎮一帶。

　　[2]尚讓：人名。籍貫不詳。黃巢部將，後被時溥所殺。事見《舊唐書》卷二〇〇下、《新唐書》卷二二五下。　林言：人名。籍貫不詳。唐末黃巢部將。一說爲黃巢甥。初隨黃巢起事，中和四年（884），隨黃巢敗退至狼虎谷（今山東萊蕪市西安），斬巢兄弟妻子首將詣唐軍，旋爲沙陀軍所殺。事見《舊唐書》卷一九下、卷一八二、卷二〇〇下。　王璠：人名。籍貫不詳。黃巢部將。事見《通鑑》卷二五五。　趙璋：人名。籍貫不詳。唐末黃巢謀士。事見《新唐書》二二五下。　梁田陂：地名。位於今陝西渭南市臨渭區。《輯本舊史》之影庫本粘籤："《舊唐書》作'良天陂'，《新唐書》及《歐陽史》俱作良田陂，蓋地名多用對音字，故諸本不同。惟《通鑑》從《薛史》作梁田陂，今仍其舊。"見《舊唐書》卷一九下《僖宗紀》、《新五代史》卷四《唐本紀四》、《通鑑》卷二五五中和三年二月條。《舊唐書》作良天坡，《新唐書》《新五代史》作梁田坡，《通鑑》作梁田陂。

　　[3]華州：州名。治所在今陝西渭南市華州區。

　　[4]黃鄴：人名。一作黃思鄴。曹州冤句（今山東菏澤市）人。黃巢堂弟、部將。事見《舊唐書》卷一九下，本書本卷、卷一、卷一二。　黃揆：人名。曹州冤句（今山東菏澤市）人。黃巢堂弟、部將。事見《通鑑》卷二五三、卷二五五、卷二五六。

三月，尚讓引大軍赴援，武皇率兵萬餘逆戰於零口，[1]巢軍大敗，武皇進軍渭橋。[2]翌日，黃揆棄華州而遁。王鐸承制授武皇雁門節度使、檢校尚書左僕射。[3]

[1]零口：又作"零口鎮"。即今陝西西安市臨潼區東北零口鎮。《輯本舊史》之影庫本粘籤："原本作'陵口'，考新、舊《唐書》及《通鑑》俱作零口。胡三省注云：零口在京兆昭應縣。今改正。"見《新唐書》卷九《僖宗紀》、《通鑑》卷二五五中和三年（883）三月壬申條及胡注，但《舊唐書》無"零口"。

[2]渭橋：漢、唐時長安渭水上建橋梁。參見辛德勇《古代交通與地理文獻研究》，商務印書館2018年版。

[3]檢校尚書左僕射：官名。尚書左僕射，隋唐宰相名號。檢校尚書左僕射爲散官或加官，以示恩寵，無實際執掌。

四月，黃巢燔長安，收其餘衆，東走藍關。[1]武皇進收京師。

[1]藍關：關隘名。又稱"藍田關"。位於今陝西藍田縣。

七月，天子授武皇金紫光禄大夫、檢校左僕射、河東節度使。[1]是時，武皇既收長安，軍勢甚雄，諸侯之師皆畏之。武皇一目微眇，故其時號爲"獨眼龍"。是月，武皇仗節赴鎮，遣使報鄭從讜，請治裝歸朝。武皇次於郊外，因往赴雁門寧覲獻祖。

[1]金紫光禄大夫：官名。本兩漢光禄大夫。魏晋以後，光禄大夫之位重者，加金章紫綬，因稱金紫光禄大夫。北周、隋爲散

官。唐貞觀後列入文散官。正三品。　檢校左僕射：官名。左僕射爲隋唐宰相名號。檢校左僕射爲散官或加官，以示恩寵，無實際執掌。　"七月"至"河東節度使"：《輯本舊史》之案語："《舊唐書·僖宗紀》：五月，制以雁門以北行營節度、忻代蔚朔等州觀察處置等使、檢校尚書左僕射、代州刺史、上柱國、食邑七百户李克用檢校司空、同平章事兼太原尹、北京留守，充河東節度、管内觀察處置等使。《新唐書·沙陀傳》云：收京師功第一，進同中書門下平章事、隴西郡公。未幾，以克用領河東節度。所載官爵與《薛史》詳略互異。又武皇領河東，薛史作七月，《舊唐書》作五月，《通鑑》從《薛史》。"見《舊唐書》卷一九下《僖宗紀》、《新唐書》卷二一八《沙陀傳》、《通鑑》卷二五五中和三年（883）七月條。

八月，自雁門赴鎮河東，時年二十有八。[1]

[1]八月，自雁門赴鎮河東，時年二十有八：《輯本舊史》之案語："《舊唐書》：八月，李克用赴鎮太原，制以前振武節度、檢校司空兼單于都護、御史大夫李國昌爲檢校司徒、代州刺史、雁門以北行營節度、蔚、朔等州觀察使。《薛史》作七月仗節赴鎮，八月赴鎮河東。蓋七月始離京師，八月乃歸河東也。《通鑑》統繫於七月，似未詳考。"見《舊唐書》卷一九下《僖宗紀》、《通鑑》卷二五五中和三年（883）七月條。

十一月，平潞州，[1]表其弟克修爲昭義節度使。[2]潞帥孟方立退保於邢州。[3]

[1]潞州：州名。治所在今山西長治市。
[2]昭義：方鎮名。治所在潞州（今山西長治市）。　表其弟

克修爲昭義節度使：《輯本舊史》之案語："《通鑑》，克用表克修爲昭義軍節度使在四年八月，與《薛史》異。"見《通鑑》卷二五六中和四年（884）八月條。

［3］孟方立：人名。邢州平鄉（今河北平鄉縣）人。唐末將領。傳見《新唐書》卷一八七、本書卷六二、《新五代史》卷四二。　邢州：州名。治所在今河北邢臺市。

　　十二月，許帥田從異、汴帥朱温、徐帥時溥、陳州刺史趙犨各遣使來告，[1]以巢、蔡合從，[2]凶鋒尚熾，請武皇共力討賊。

　　［1］許：州名。治所在今河南許昌市。　田從異：人名。籍貫不詳。唐末五代將領。事見本書本卷、卷一，《通鑑》卷二五五。汴：州名。治所在今河南開封市。　朱温：人名。宋州碭山（今安徽碭山縣）人。五代後梁太祖。紀見本書卷一、《新五代史》卷一。　徐：州名。治所在今江蘇徐州市。此處指代武寧軍節度使。時溥：人名。徐州彭城（今江蘇徐州市）人。唐末地方武裝割據，平定了黃巢之亂，後割據徐州。傳見《舊唐書》卷一八二、《新唐書》卷一八八。　陳州：州名。治所在今河南淮陽縣。　趙犨（chōu）：人名。陳州宛丘（今河南淮陽縣）人。唐末將領，鎮守陳州，抵禦了黃巢起義軍。傳見《新唐書》卷一八九。

　　［2］蔡：州名。治所在今河南汝南縣。

　　中和四年春，武皇率蕃漢之師五萬，自澤潞將下天井關，[1]河陽節度使諸葛爽辭以河橋不完，[2]乃屯兵於萬善。[3]數日，移軍自河中南渡，趨汝、洛。[4]

[1]天井關：關隘名。位於今山西澤州縣南太行山上。

[2]河陽：方鎮名。治所在孟州（今河南孟州市）。 諸葛爽：人名。青州博昌（今山東博興縣）人。唐末軍閥，時爲河陽節度使。傳見《舊唐書》卷一八二、《新唐書》卷一八七。

[3]萬善：城名。位於今河南沁陽市東。

[4]汝：州名。治所在今河南汝州市。 洛：州名。即洛陽。治所在今河南洛陽市。 "中和四年春"至"趨汝、洛"：《輯本舊史》之案語："《舊唐書》：四年二月，河東節度使李克用將出師援陳、許，河陽節度使諸葛爽以兵屯澤州拒之。三月甲戌，克用移軍自河中南渡，東下洛陽。《通鑑》統作二月，似未詳考。"見《舊唐書》卷一九下《僖宗本紀》、《通鑑》卷二五五中和四年（884）二月條。

四月，武皇合徐、汴之師破尚讓於太康，[1]斬獲萬計，進攻賊於西華，[2]賊將黃鄴棄營而遁。是夜大雨，巢營中驚亂，乃棄西華之壘，退營陳州北故陽里。[3]

[1]太康：縣名。治所在今河南太康縣。

[2]西華：縣名。治所在今河南西華縣。

[3]故陽里：地名。位於今河南淮陽縣。

五月癸亥，大雨震電，平地水深數尺，賊營爲水所漂而潰。戊辰，武皇引軍營於中牟，[1]大破賊於王滿渡。[2]庚午，巢賊大至，濟汴而北。是夜復大雨，賊黨驚潰。武皇營於鄭州，[3]賊眾分寇汴境。武皇渡汴，遇賊將渡而南，半濟擊之，大敗之，臨陣斬賊將李周、王濟安、楊景彪等。[4]是夜，賊大敗，殘眾保於胙縣、冤句。[5]大軍躡之，黃巢乃攜妻子兄弟千餘人東走，武皇追賊至於曹州。[6]是月，班師過汴，汴帥迎勞於封禪寺，[7]請武皇休於府第，乃以從官三百人及監軍使陳景思館於上源驛。[8]是夜，張樂陳宴席，汴帥自佐饗，出珍幣侑勸。武皇酒酣，戲諸侍妓，與汴帥握手，敘破賊事以爲樂。汴帥素忌武皇，[9]乃與其將楊彥洪密謀竊發，[10]彥洪於巷陌連車樹柵，以扼奔竄之路。時武皇之從官皆醉，俄而伏兵竊發，來攻傳舍。武皇方大醉，譟聲動地，從官十餘人捍賊。侍人郭景銖滅燭扶武皇，[11]以茵幕裹之，匿於牀下，以水灑面，徐曰：“汴帥謀害司空！”武皇方張目而起，引弓抗賊。有頃，烟火四合，復大雨震電，武皇得從者薛鐵山、賀回鶻等數人而去。[12]雨水如澍，不辨人物，隨電光登尉氏門，[13]縋城而出，得還本營。監軍陳景思、大將史敬思並遇害。[14]武皇既還營，與劉夫人相向慟哭。[15]詰旦，欲勒軍攻汴，夫人曰：“司空比爲國家討賊，赴東諸侯之急，雖汴人謀害，自有朝廷論列。若反戈攻城，則曲在我也，人得以爲辭。”乃收軍而去，馳檄於汴帥。汴帥報曰：“竊發之夜，非僕本心，是朝廷遣天使與牙將楊彥洪同謀也。”武皇自武牢關西趨蒲、陝而旋。[16]

[1]中牟：縣名。治所在今河南中牟縣。

[2]王滿渡：汴河渡口。位於今河南中牟縣。《新五代史》作“王滿”。

[3]鄭州：州名。治所在今河南鄭州市。

[4]李周：人名。籍貫不詳。本書僅此一見。本書卷九一有

《李周傳》。並非同一人。　王濟安：人名。籍貫不詳。本書僅此一見。　楊景彪：人名。籍貫不詳。中華書局本作"陽景彪"，有校勘記："《通曆》卷一三、《舊唐書》卷一九下《僖宗紀》、《新唐書》卷二二五下《黃巢傳》俱作'楊景彪'。影庫本粘籤：陽景彪，原本作'易景俶'，考《冊府元龜》所引《薛史》及《通鑑》注俱作陽景彪，今改正。"誤。考《冊府》《通鑑》無"陽景彪"，今據《通曆》《舊唐書》《新唐書》改。

[5]胙縣：縣名。即胙城縣，避後梁太祖朱溫之父朱誠諱改。治所在今河南延津縣。　冤句：縣名。治所在今山東菏澤市。

[6]曹州：州名。治所在今山東曹縣西北。

[7]汴帥：即朱溫。　封禪寺：寺名。位於今河南開封市鐵塔公園。初建於北齊天保十年（559），名獨居寺。唐玄宗開元十七年（729），詔改爲封禪寺。

[8]上源驛：地名。位於今河南開封市。

[9]汴帥素忌武皇：《輯本舊史》之案語："《梁紀》作克用乘醉任氣，帝不平之。《通鑑》從《梁紀》。今考《新唐書·沙陀傳》，亦作全忠忌克用桀驁難制，與《唐紀》合。蓋全忠之攻上源驛，實忌其威名而欲害之，非徒以其乘醉任氣也。宜從《唐紀》。"見《新唐書》卷二一八《沙陀傳》。

[10]楊彥洪：人名。籍貫不詳。朱溫部將，後被朱溫射殺。事見《通鑑》卷二五五。

[11]侍人：即宦官。　郭景銖：人名。籍貫不詳。唐末李克用侍者。本書僅此一見

[12]賀回鶻：人名。籍貫不詳。唐末李克用從者。

[13]尉氏門：城門名。位於今河南開封市。因南通尉氏縣而名。

[14]史敬思：人名。唐末李克用部將。事見《通鑑》卷二五五。

[15]劉夫人：人名。即李克用正妻劉氏。代北（今山西代縣）

人。傳見本書卷四九、《新五代史》卷一四。

[16]武牢關：關隘名。又稱虎牢關、成皋關、古崤關、汜水關。位於今河南滎陽市汜水鎮。　蒲：州名。即河中府。治所在今山西永濟市。　陝：州名。治所在今河南三門峽市陝州區。

秋七月，至太原。武皇自以累立大功，爲汴帥怨圖，陷没諸將，乃上章申理。及武皇表至，朝廷大恐，遣内臣宣諭，尋加守太傅、同平章事、隴西郡王。[1]

[1]太傅：官名。與太師、太保合稱三師，唐後期、五代多爲大臣、勳貴加官。正一品。　同平章事：官名。"同中書門下平章事"之簡稱。唐高宗以後，凡實際任宰相之職者，常在其本官後加同平章事的職銜。後成爲宰相專稱。後晉天福五年（940），升中書門下平章事爲正二品。

光啓元年三月，幽州李可舉、鎮州王景崇連兵寇定州，[1]節度使王處存求援於武皇，[2]武皇遣大將康君立、安老、薛可、郭啜率兵赴之。[3]

[1]李可舉：人名。回鶻阿不思族人。唐幽州節度使李茂勳之子。襲父位爲唐幽州節度使，累官至檢校太尉。傳見《舊唐書》卷一八〇。　鎮州：州名。治所在今河北正定縣。　王景崇：人名。邢州（今河北邢臺市）人。後漢時升任鳳翔節度使。傳見本書附録、《新五代史》卷五三。《輯本舊史》之案語："《新唐書・沙陀傳》作王景崇，與《薛史》同；《舊唐書》作王鎔，與《薛史》異。考《藩鎮傳》，景崇以中和二年卒，子鎔繼立。是光啓初寇定州者當爲王鎔，非景崇也。《通鑑》從《舊唐書》。"見《舊唐書》

卷一九下《僖宗紀》、《新唐書》卷二一一《藩鎮傳》、卷二一八《沙陀傳》。《藩鎮傳》記景崇卒於中和三年（881）。　定州：州名。治所在今河北定州市。

　　[2]王處存：人名。京兆萬年（今陝西西安市長安區）人。唐末軍閥。傳見《舊唐書》卷一八二、《新唐書》卷一八六。

　　[3]康君立：人名。蔚州興唐（今河北蔚縣）人。唐末將領。傳見《舊五代史》卷五五。　安老、薛可、郭啜：人名。籍貫不詳。皆爲唐末李克用部將。《輯本舊史》之影庫本粘籤：“安老、薛可，原本作‘安考、薛丁’，今從《册府元龜》改正。”中華書局本有校勘記：“《册府》卷七作‘安老老薛可敦啜’。”見明本《册府》卷七《帝王部·創業門三》。　《通鑑》卷二五六光啓元年（885）三月條末載康君立以下諸將之名。

　　五月，鎮人攻無極，武皇親領兵救之。[1]鎮人退保新城，武皇攻之，斬首萬餘級，獲馬千匹。王處存亦敗燕軍於易州。[2]

　　[1]無極：縣名。治所在今河北無極縣。　五月，鎮人攻無極，武皇親領兵救之：《舊五代史考異》：“曲陽天安廟《李克用題名碑》云：李克用以幽、鎮侵擾中山，領蕃漢步騎五十萬親來救援，時中和五年二月二十一日也。至三月十七日，以幽州請就和斷，遂却班師。考《舊唐書》，中和五年三月丙辰朔，丁卯，駕至京師。己巳，御宣正殿，大赦改元。是三月之十四日已改光啓，曲陽去京師遠，故未知耳。又克用親援處存，與《通鑑》遣將康君立異。今考《薛史》，武皇先遣康君立等，與《通鑑》合，繼乃親領兵救之，與《題名碑》合。惟《薛史》作五月，《碑》作三月，微有互異耳。”見《舊唐書》卷一九下《僖宗紀》。宣政殿，中華書局本有校勘記：“原作‘宣正殿’，據《舊唐書》卷一九下《僖宗

紀》改。"

[2]易州：州名。治所在今河北易縣。

十一月，河中王重榮遣使來乞師，[1]且言邠州朱玫、鳳翔李昌符將加兵於己。[2]初，武皇與汴人搆怨，前後八表，請削奪汴帥官爵，自以本軍進討。天子累遣內臣楊復恭宣旨，[3]令且全大體，武皇不時奉詔，天子頗右汴帥。時觀軍容使田令孜君側擅權，[4]惡王重榮與武皇膠固，將離其勢，乃移重榮於定州。[5]重榮告於武皇，武皇上章言："李昌符、朱玫挾邪忌正，黨庇朱温。臣已點檢蕃漢軍五萬，取來年渡河，先斬朱玫、李昌符，然後平盪朱温。"[6]天子覽表，遣使譬喻百端，軺傳相望。既而朱玫引邠、鳳之師攻河中，王重榮出師拒戰。朱玫軍於沙苑，[7]對壘月餘。

[1]王重榮：人名。太原祁（今山西祁縣）人。唐末、五代軍閥。傳見《舊唐書》卷一八二、《新唐書》卷一八七。

[2]邠州：州名。治所在今陝西彬縣。 朱玫：人名。邠州（今陝西彬縣）人。唐末軍閥。傳見《舊唐書》卷一七五、《新唐書》卷二二四下。 鳳翔：方鎮名。治所在鳳翔府（今陝西鳳翔縣）。 李昌符：人名。籍貫不詳。唐末軍閥，接替其兄李昌言任鳳翔節度使。事見《舊唐書》卷一九下、《通鑑》卷二五六。殿本、《宋本册府》卷七《帝王部·創業門三》均作"李符"，本卷下一處同。此爲避武皇父國昌名諱，《舊唐書》卷一九下《僖宗紀》作李昌符，今回改。

[3]楊復恭：人名。閩（今福建福州市）人。唐末宦官、將領，與李克用相善。傳見《舊唐書》卷一八四、《新唐書》

卷二〇八。

[4] 觀軍容使：官名。唐朝始設，負責監視出征將帥之高級軍職，多以掌權宦官擔任。　田令孜：人名。蜀（今四川）人。唐末宦官首領。傳見《舊唐書》卷一八四、《新唐書》卷二〇八。

[5] 乃移重榮於定州：《舊五代史考異》："《歐陽史》作徙重榮于兗州。考《新唐書·王重榮傳》亦云令孜徙重榮兗海節度使，與《薛史》異。"見《新唐書》卷一八七《王重榮傳》。

[6] "重榮告於武皇"至"然後平盪朱溫"：《舊五代史考異》："《新唐書·王重榮傳》：詔克用將兵援河中，重榮貽克用書，且言：'奉密詔，須公到，使我圖公，此令孜、朱全忠、朱玫之惑上也。'因示僞詔，克用方與全忠有隙，信之，請討全忠及玫。"見《新唐書》卷一八七《王重榮傳》。

[7] 沙苑：地名。位於今陝西大荔縣東南。《輯本舊史》之影庫本粘籤："原本作'河苑'，今從《通鑑》改正。"見《通鑑》卷二五六光啓元年（885）十一月條。

十二月，武皇引軍渡河，與朱玫決戰，玫大敗，收軍夜遁，入于京師。時京城大駭，天子幸鳳翔，武皇退軍於河中。

光啓二年正月，僖宗駐蹕於寶雞，[1] 武皇自河中遣使上章，請車駕還京，且言大軍止誅凶黨。時田令孜請僖宗南幸興元，[2] 武皇遂班師。朱玫於鳳翔立嗣襄王熅爲帝，[3] 以僞詔賜武皇，武皇燔之，械其使，馳檄諸方鎮，遣使奉表於行在。[4]

[1] 寶雞：縣名。治所在今陝西寶雞市陳倉區。

[2] 興元：府名。治所在今陝西漢中市。

　　[3]煴（yūn）：即李煴。唐肅宗曾孫，受封襄王。朱玫擁之稱帝，改元建貞，兩個月後各路節度使攻入長安，李煴被廢爲庶人，後爲王重榮所殺。傳見《舊唐書》卷一七五。

　　[4]“朱玫於鳳翔立嗣襄王煴爲帝”至“遣使奉表於行在”：中華書局本有校勘記：“‘使’上原有‘來’字，據彭校、《册府》卷七删。”《輯本舊史》之案語：“《舊唐書·僖宗紀》：楊復恭兄弟於河中、太原有破賊連衡之舊，乃奏遣諫議大夫劉崇望齎詔宣諭，達復恭之旨。王重榮、李克用欣然聽命，尋遣使貢奉，獻縑十萬匹，願殺朱玫自贖。是克用之奉僖宗，因詔使宣諭而改圖也。與《薛史》異。《新唐書·沙陀傳》云：僞詔至太原，克用燔之，執其使，間道奉表興元，與《薛史》同。《歐陽史》從《舊唐書》，《通鑑》從《薛史》。”見《舊唐書》卷一九下《僖宗紀》、卷二一八《沙陀傳》，但《通鑑》卷二五六載李克用焚襄王煴僞詔事於光啓二年（886）五月戊戌。

　　九月，武皇遣昭義節度使李克修討孟方立於邢州，大敗方立之衆於焦崗，[1]斬首數千級。以大將安金俊爲邢州刺史，[2]以撫其降人。十月，進攻邢州，邢人出戰，又敗之。孟方立求援於鎮州，鎮人出兵三萬以援方立。克修班師。

　　[1]焦崗：地名。又作焦岡。位於今河北武安縣西六十里。

　　[2]安金俊：人名。籍貫不詳。唐末李克用部將。事見《舊唐書》卷二〇上、卷一八七。

　　光啓三年六月，河中節度使王重榮爲部將常行儒所殺，[1]武皇表重榮兄重盈爲帥。[2]

[1]常行儒：人名。籍貫不詳。唐末王重榮部將。事見《通鑑》卷二五七。

[2]重盈：人名。即王重盈。太原祁（今山西祁縣）人。河中節度使王重榮之兄。唐末軍閥。事見《舊唐書》卷一八二、《新唐書》卷一八七。

七月，武皇以安金俊爲澤州刺史。[1]時張全義自河陽據澤州，[2]及李罕之收復河陽，[3]召全義，令守洛陽，全義乃棄澤州而去，故以金俊守之。

[1]澤州：州名。治所在今山西晉城市。

[2]張全義：人名。濮州臨濮（今山東鄄城縣）人。唐末、五代將領。傳見本書卷六三、《新五代史》卷四五。

[3]李罕之：人名。陳州項城（今河南沈丘縣））人。唐末五代軍閥。傳見《新唐書》卷一八七、本書卷一五、《新五代史》卷四二。

文德元年二月，[1]僖宗自興元還京。

[1]文德：唐僖宗李儇年號（888）。

三月，僖宗崩，昭宗即位，[1]以武皇爲開府儀同三司、檢校太師、兼侍中、隴西郡王，[2]食邑七千户，食實封二百户。河南尹張全義潛兵夜襲李罕之於河陽，[3]城陷，舉族爲全義所擄，罕之踰垣獲免，遂來歸於武皇。[4]遣李存孝、薛阿檀、史儼兒、安金俊、安休休將七千騎送罕之至河陽。[5]汴將丁會、牛存節、葛從周將兵赴援，[6]李存孝率精騎逆戰於温縣。[7]汴人既扼太行之路，[8]存孝殿軍而退。騎將安休休以戰不利，奔於蔡。武皇以罕之爲澤州刺史，遥領河陽節度使。[9]

[1]昭宗：即唐昭宗李曄，888 年至 904 年在位。紀見《舊唐書》卷二〇上、《新唐書》卷一〇。

[2]開府儀同三司：官名。曹魏始置，隋、唐時爲散官之最高官階，多授功勳重臣。從一品。　檢校太師：官名。爲散官或加官，以示恩寵，無實際執掌。　侍中：官名。秦始置。隋、唐前期爲門下省長官。唐後期多爲大臣加銜，不參與政務，實際職務由門下侍郎執行。正二品。

[3]河南尹：官名。唐開元元年（713）改洛州爲河南府，治所在今河南洛陽市，河南府尹總其政務。從三品。

[4]遂來歸於武皇：中華書局本有校勘記：“‘遂’字原闕，據殿本、孔本補。”

[5]李存孝：人名。本名安敬思。代州飛狐（今河北淶源縣）人。唐末李克用養子、部將。傳見本書卷五三、《新五代史》卷三六。　薛阿檀：人名。籍貫不詳。唐末將領。事見《新唐書》卷二一二及卷二一八。　史儼兒：人名。即史儼。代州雁門（今山西代縣）人。李克用部將。傳見本書卷五五。　安休休：人名。籍貫不詳。唐末將領。事見本書本卷、卷五五。

[6]丁會：人名。壽春（今安徽壽縣）人。唐末將領。傳見本書卷五九、《新五代史》卷四四。　牛存節：人名。青州博昌（今山東博興縣）人。唐末將領。傳見本書卷二二、《新五代史》卷二二。《輯本舊史》之影庫本粘籤：“原本脱‘節’字，今據《通鑑》增入。”見《通鑑》卷二五七文德元年（888）四月壬午條。　葛從周：人名。濮州鄄城（今山東鄄城縣）人。唐末、五代將領。傳見本書卷一六、《新五代史》卷二一。

[7]溫縣：縣名。治所在今河南溫縣。

[8]太行：山名。即太行山。

[9]遙領：雖居此官職，然實際上並不赴任。

　　十月，邢州孟方立遣大將奚忠信將兵三萬寇遼州，[1]武皇大破之，斬首萬級，生擒奚忠信。

[1]奚忠信：人名。孟方立部將。籍貫不詳。事見本書本卷，《通鑑》卷二五七、卷二五八。　遼州：州名。治所在今山西左權縣。

　　龍紀元年五月，[1]遣李罕之、李存孝攻邢州。

[1]龍紀：唐昭宗李曄年號（889）。

　　六月，下磁州。[1]邢將馬溉率兵數萬來拒戰，[2]罕之敗之於琉璃陂，[3]生擒馬溉，狗於城下。孟方立恚恨，飲酖而死。三軍立其姪遷爲留後。[4]使求援於汴。汴將王虔裕率精甲數百入於邢州，[5]罕之等班師。

[1]磁州：州名。治所在今河北磁縣。

[2]馬溉：人名。籍貫不詳。李克用部將。事見本書本卷。

[3]琉璃陂：地名。位於今河北邢臺市西南。

[4]遷：人名。即孟遷。邢州（今河北平鄉縣）人。唐末將領。傳見《新唐書》卷一八七。　留後：官名。唐五代節度使多以子弟或親信爲留後，以代行節度使職務，亦有軍士、叛將自立爲留後者。掌一州或數州軍政。　三軍立其姪遷爲留後：《輯本舊史》

之案語："《舊唐書·昭宗紀》《歐陽史·莊宗紀》皆以孟遷爲方立之弟，《新唐書·孟方立傳》作方立之子，《薛史·武皇紀》又作方立之姪，未詳孰是。"見《舊唐書》卷二〇上《昭宗紀》、《新唐書》卷一〇《昭宗紀》、《新五代史》卷四二《孟方立傳》。又《通鑑》卷二五八龍紀元年（889）六月條《考異》引《舊唐書》《新唐書》《實録》皆云立方立之弟遷，《考異》云"唯《太祖紀年録》及《薛史·武皇紀》云立其姪遷，恐誤"。

[5]王虔裕：人名。琅邪臨沂（今山東臨沂市）人。唐末、五代將領。傳見本書卷二一、《新五代史》卷二三。

大順元年，[1]遣李存孝攻邢州，孟遷以邢、洺、磁三州降，執汴將王虔裕三百人以獻。武皇徙孟遷於太原，以安金俊爲邢洺團練使。[2]

[1]大順：唐昭宗李曄年號（890—891）。
[2]團練使：官名，唐代中期以後，於不設節度使的地區設團練使，掌本區各州軍事。

三月，昭義軍節度使李克修卒，以李克恭爲潞州節度使。是月，武皇攻雲州，拔其東城。赫連鐸求援於燕，燕帥李匡威將兵三萬以赴之，[1]戰於城下，燕軍大敗。時徐州時溥爲汴軍所攻，遣使來求援，武皇命石君和由兗、鄆以赴之。[2]

[1]李匡威：人名。范陽（今河北涿州市）人。幽州節度使李全忠之子，襲父位爲節度使。唐末軍閥。傳見《舊唐書》卷一八〇、《新唐書》卷二一二。

[2]石君和：人名。沙陀部人。時溥部將。事見本書本卷、卷一、卷二一。　兗：州名。治所在今山東濟寧市兗州區。　鄆：州名。治所在今山東東平縣。

　　五月，潞州軍亂，殺節度使李克恭，州人推牙將安居受爲留後，[1]南結汴將。時潞之小將馮霸擁叛徒三千騎駐於沁水，[2]居受使人召之，馮霸不至。居受懼，出奔至長子，[3]爲村胥所殺，傳首於霸，霸遂入潞州，自爲留後。武皇遣大將康君立、李存孝等攻之，汴將朱崇節、葛從周率兵入潞州以固之。[4]是時，幽州李匡威、雲州赫連鐸與汴帥協謀，連上表請加兵於太原，宰相張濬、孔緯贊成其事。[5]

　　[1]安居受：人名。籍貫不詳。唐末方鎮將領。事見本書卷五〇、《新五代史》卷一四。

　　[2]馮霸：人名。籍貫不詳。唐末軍閥。事見本書本卷、卷五〇、卷五三。　沁水：河流名。一名少水，即今山西東南部之沁河。源出今山西沁源縣北，南流經今安澤、沁水、陽城諸縣，入今河南濟源市境，東流至今武陟縣南入黃河。

　　[3]長子：縣名。治所在今山西長子縣。《輯本舊史》之影庫本粘籤：“原本作‘長千，今從《通鑑》改正。”見《通鑑》卷二五八大順元年（890）五月條《考異》所引《新五代史》卷一四《李克恭傳》。

　　[4]朱崇節：人名。籍貫不詳。唐末、五代將領。事見《舊唐書》卷一七九、本書卷八一。　葛從周：人名。濮州鄄城（今山東鄄城縣）人。唐末、五代將領。傳見本書卷一六、《新五代史》卷二一。

[5]張濬：人名。河間（今河北河間市）人。唐僖宗時爲户部侍郎、同中書門下平章事，唐昭宗時爲尚書左僕射，後爲朱温所殺。傳見《舊唐書》卷一七九、《新唐書》卷一八五。　孔緯：人名。曲阜（今山東曲阜市）人。唐末宰相。傳見《舊唐書》卷一七九、《新唐書》卷一六三。

　　六月，[1]天子削奪武皇官爵，以張濬爲招討使，[2]以京兆尹孫揆爲副，[3]華州韓建爲行營都虞候，[4]以汴帥爲河東南面招討使，[5]幽州李匡威爲河東北面招討使，雲州赫連鐸爲副。[6]汴將朱友裕將兵屯晋絳，時汴軍已據潞州，又遣大將李讜等率軍數萬，[7]急攻澤州，武皇遣李存孝自潞州將三千騎以援之。汴將鄧季筠以一軍犯陣，[8]存孝追擊，擒其都將十數人，獲馬千餘匹。是夜，李讜收軍而退，大軍掩擊至馬牢關，[9]斬首萬餘級，追襲至懷州而還。[10]存孝復引軍攻潞州。

　　[1]六月：《舊五代史考異》："《新唐書》作五月。"
　　[2]以張濬爲招討使：《舊五代史考異》："《新唐書·本紀》作張濬爲河東行營都招討宣慰使，《張濬傳》作河東行營兵馬招討制置使，《歐陽史》作太原四面行營兵馬都統。"見《新唐書》卷一〇《昭宗紀》、卷一八五《張濬傳》，《新五代史》卷四《唐本紀四》。
　　[3]京兆尹：官名。唐開元元年（713）改雍州置京兆府，治所在今陝西西安市。以京兆尹總其政務。從三品。　孫揆：人名。潞州涉縣（今河北涉縣）人。唐末進士、官員，唐昭宗時歷任中書舍人、刑部侍郎、京兆尹、昭義軍節度使。傳見《新唐書》卷一九三。

[4]韓建：人名。許州長社（今河南許昌市）人。唐末、五代軍閥。傳見《舊五代史》卷一五、《新五代史》卷四〇。《舊五代史考異》："《歐陽史》作韓建爲副使，《新唐書·張濬傳》作韓建爲供軍史。"見《新唐書·昭宗紀》《新五代史·唐本紀四》。　行營都虞候：官名。五代時期出征軍隊高級統率官。

[5]以汴帥爲河東南面招討使："東面"，《輯本舊史》原作"南面"，中華書局本有校勘記："據《冊府》卷七改。按本書卷一《梁太祖紀一》：'（大順元年六月）辛未，昭宗命帝爲宣義軍節度使，充河東東面行營招討使。'《新唐書》卷一〇《昭宗紀》記朱全忠五月爲'南面招討使'，至六月改爲東面。"但中華書局本所引《輯本舊史》卷一《梁太祖紀》並非《大典》所引《舊史》原文，而爲《冊府》卷一八七《閏位部·勳業門》。又《新唐書·昭宗紀》記朱全忠五月爲"南面招討使"，六月改爲東面招討使。

[6]幽州李匡威爲河東北面招討使，雲州赫連鐸爲副：《通鑑》卷二五八繫於大順元年（890）五月，略詳："五月，詔削奪克用官爵、屬籍，以濬爲河東行營都招討制置宣慰使，京兆尹孫揆副之，以鎮國節度使韓建爲都虞候兼供軍糧料使，以朱全忠爲南面招討使，李匡威爲北面招討使，赫連鐸副之。"

[7]李讜：人名。河中臨晋（今山西臨猗縣）人。五代後梁將領。傳見本書卷一九。

[8]鄧季筠：人名。宋州下邑（今河南夏邑縣）人。五代後梁將領。傳見本書卷一九。

[9]馬牢關：關隘名。又作"馬牢川""馬牢山"。位於今山西晉城市。

[10]懷州：州名。治所在今河南沁陽市。

八月，存孝擒新授昭義節度使孫揆。[1]初，朝廷授揆節鉞，以本軍取刀黃嶺路赴任，[2]存孝偵知之，引騎三百伏于長子縣崖谷間。揆建牙持節，褒衣大蓋，擁衆而行，存孝突出谷口，遂擒揆及中使韓歸範，[3]并將校五百人。存孝械揆等，以組練繫之，環于潞州，遂獻于武皇。武皇謂揆曰：“公縉紳之士，安言徐步可至達官，何用如是！”揆無以對，令繫於晉陽獄。[4]武皇將用爲副使，使人誘之，揆言不遜，遂殺之。

[1]八月，存孝擒新授昭義節度使孫揆：《舊五代史考異》：“《新唐書》作七月戊申，李克用執昭義節度使孫揆。《通鑑》從《薛史》作八月。”見《新唐書》卷一〇《昭宗紀》、《通鑑》卷二五八大順元年（890）八月條。

[2]刀黃嶺：地名。《通鑑》卷二五八作“刁黃嶺”。又稱刁黃山、彫黃嶺、發甕嶺。位於今山西長子縣西。《輯本舊史》之影庫本粘籤：“原本作‘力黃嶺’，今從新、舊《唐書》改正。”見《新唐書》卷一九三《孫揆傳》，不見於《舊唐書》。

[3]韓歸範：人名。籍貫不詳。唐末宦官。事見《舊唐書》卷二〇上，《通鑑》卷二五八、卷二五九。

[4]晉陽：縣名。治所在今山西太原市。

九月，汴將葛從周棄潞州而遁，武皇以康君立爲潞州節度使，以李存孝爲汾州刺史。[1]

[1]汾州：州名。治所在今山西汾陽市。

十月，張濬之師入晉州，遊軍至汾、隰。[1]武皇遣薛鐵山、李承嗣將騎三千出陰地關，[2]營於洪洞，[3]遣李存孝將兵五千，營於趙城。[4]華州韓建以壯士三百人宵犯存孝之營，[5]存孝追擊，直壓晉州西門，張濬之師出戰，爲存孝所敗，[6]自是閉壁不出。存孝引軍攻絳州。[7]

[1]隰：州名。治所在今山西隰縣。

[2]李承嗣：人名。代州雁門（今山西代縣）人。唐末、五代將領。傳見本書卷五五。　陰地關：關隘名。位於今山西靈石縣西南。

[3]洪洞：縣名。治所在今山西洪洞縣。

[4]趙城：地名。位於今山西洪洞縣北。

[5]華州韓建以壯士三百人宵犯存孝之營：中華書局本有校勘記：“‘宵’原作‘冒’，據《册府》卷七改。《通鑑》卷二五八敘其事作‘鎮國節度使韓建以壯士三百夜襲存孝營’，《新唐書》卷二一八《沙陀傳》略同。”見《宋本册府》卷七《帝王部·創業門三》、《通鑑》卷二五八大順元年（890）十月條。

[6]張濬之師出戰，爲存孝所敗：《舊五代史考異》：“《新唐書·昭帝紀》作十一月，張濬及李克用戰于陰地，敗績。《歐陽史》亦作十一月，與《薛史》先後互異。”見《新五代史》卷四《唐本紀四》、《新唐書》卷一〇《昭宗紀》。

[7]絳州：《輯本舊史》之影庫本粘籤：“原本作‘鋒州’，今從《通鑑》改正。”見《通鑑》卷二五八大順元年（890）十月條。

十二月，晉州刺史張行恭棄城而奔，[1]韓建、張濬由含山路遁去。[2]

[1]張行恭：人名。籍貫不詳。唐末將領。事見《通鑑》卷二五八。

[2]含山：古山名。“含”一作“崦”或“唅”。位於今山西聞喜縣東南。其山口稱爲崦口或唅口，自古有道經今垣曲縣，逾王屋

山渡河可達河南，稱爲含山路或峁口道。

大順二年春正月，武皇上章申理，其略曰："臣今身無官爵，名是罪人，不敢歸陛下藩方，且欲於河中寄寓，進退行止，伏候聖裁。"天子尋就加守中書令。[1]是月，魏博爲汴將葛從周所寇，[2]節度使羅弘信遣使來求援，[3]武皇出師以赴之。

[1]中書令：官名。漢代始置，隋、唐前期爲中書省長官，屬宰相之職；唐後期多爲授予元勳大臣的虚銜。正二品。 天子尋就加守中書令：《舊五代史考異》："《歐陽史》：二月，復拜克用河東節度使、隴西郡王，加檢校太師、兼中書令。"見《新五代史》卷四《唐本紀四》。

[2]魏博：方鎮名。唐廣德元年（763）所置河北三鎮之一。治所在魏州（今河北大名縣）。天祐三年（906）號天雄軍。五代後梁乾化二年（912）爲梁所併。

[3]羅弘信：人名。魏州貴鄉（今河北大名縣）人。唐末、五代軍閥。傳見《舊唐書》卷一八一、《新唐書》卷二一○。

三月，邢州節度使安知建叛，[1]奔青州。[2]天子以知建爲神武統軍，自棣州泝河歸朝。[3]鄆州朱瑄邀斬於河上，[4]傳首晉陽。以李存孝爲邢州節度使。

[1]安知建：人名。籍貫不詳。唐末將領。事見《通鑑》卷二五八。

[2]青州：州名。治所在今山東青州市。

[3]棣州：州名。治所在今山東惠民縣。

[4]朱瑄：人名。一作朱宣。宋州下邑（今河南夏邑縣）人。唐末、五代軍閥，後爲天平軍節度使。傳見《舊唐書》卷一八二、《新唐書》卷一八八、本書卷一三、《新五代史》卷四二。

　　四月，武皇大舉兵討赫連鐸於雲州，遣騎將薛阿檀率前軍以進攻，武皇設伏兵於御河之上，[1]大破之，因塹守其城。七月，武皇進軍柳城，[2]赫連鐸力屈食盡，奔於吐渾部，遂歸幽州，雲州平。武皇表石善友爲大同軍防禦使。[3]

　　[1]御河：河流名。古稱渾河、玉河。發源於今内蒙古豐鎮縣雙水泉。由北而南入山西大同市境，經懷仁縣注入桑干河。
　　[2]柳城：地名。今地不詳。中華書局本有校勘記：“‘城’字原闕，據《通鑑》卷二五八《考異》引《紀年録》補。”見《通鑑》卷二五八大順二年（891）七月條《考異》引《唐太祖紀年録》。
　　[3]石善友：人名。籍貫不詳。唐末李克用部將。事見《新唐書》卷二一二、卷二一八。　大同軍：方鎮名。治所在雲州（今山西大同市）。

　　邢州節度使李存孝以鎮州王鎔託附汴人，[1]謀亂河朔，[2]北連燕寇，請乘雲、代之捷，平定燕、趙，武皇然之。

　　[1]王鎔：人名。回鶻人。唐末、五代軍閥，朱温後封趙王。傳見本書卷五四、《新五代史》卷三九。
　　[2]河朔：古地區名。泛指黄河以北地區。

八月，大蒐於晉陽，遂南巡澤潞，略地懷孟，河陽趙克裕望風送款，[1]請修隣好。九月，蒐於邢州。十月，李存孝董前軍攻臨城，[2]鎮人五萬營於臨城西北龍尾崗，[3]武皇令李存審、李存質以步軍攻之，[4]鎮人大敗，殺獲萬計，拔臨城，進攻元氏。[5]幽州李匡威以步騎五萬營於鄗邑，[6]以援鎮州，武皇分兵大掠，旋軍邢州。《永樂大典》卷一萬八千一百二十五。[7]

[1]趙克裕：人名。河陽（今山西永濟市）人。唐末朱溫部將。傳見本書卷一五。《輯本舊史》之影庫本粘籤：“原本作‘免裕’，今從《薛史·梁書》改正。”又見明本《冊府》卷七《帝王部·創業門三》、《新唐書》卷一〇《昭宗紀》。

[2]臨城：縣名。治所在今河北臨城縣。

[3]龍尾崗：地名。位於今河北臨城縣西北。

[4]李存質：人名。回鶻人。本姓張，名汙落。唐末李克用部將。初爲李國昌親信，後從李克用入關征戰，始補軍職，賜姓名，收爲義子。事見《舊唐書》卷一四二、《舊五代史》卷二七、《通鑑》卷二七一。中華書局本有校勘記：“‘李存質’，原作‘李存賢’據《冊府》卷七改。按本書卷五三《李存賢傳》，存賢本名王賢，景福中方賜姓名，未預此役。”

[5]元氏：縣名。治所在今河北元氏縣。

[6]鄗邑：縣名。治所在今河北高邑縣。

[7]《輯本舊史》原作卷一萬八千一百五十五，中華書局本有校勘記：“檢《永樂大典·目録》，卷一八一五五爲‘將’字韻‘宋將十八’，與本則內容不符，恐有誤記。陳垣《舊五代史輯本引書卷數多誤例》謂應作卷一八一二五‘將’字韻‘唐將十七’。”但未改，今改。

舊五代史　卷二六

唐書二

武皇紀下

景福元年正月，[1]鎮州王鎔恃燕人之援，[2]率兵十餘萬攻邢州之堯山。[3]武皇遣李存信將兵應援，[4]李存孝素與存信不協，[5]遞相猜貳，留兵不進。武皇又遣李嗣勳、李存審將兵援之，[6]大破燕、趙之衆，[7]斬首三萬，收其軍實。

[1]景福：唐昭宗李曄年號（892—893）。

[2]鎮州：州名。治所在今河北正定縣。　王鎔：人名。回鶻人。唐末、五代軍閥，朱温後封趙王。傳見本書卷五四、《新五代史》卷三九。　燕：封國名。指唐末河北方鎮盧龍軍。劉仁恭、劉守光父子先後爲盧龍節度使、燕王。

[3]邢州：州名。治所在今河北邢臺市。　堯山：縣名。治所在今河北隆堯縣。　率兵十餘萬攻邢州之堯山：《輯本舊史》之案語：“《通鑑》云：景福元年正月，王鎔、李匡威合兵十餘萬攻堯山。與《薛史》同。《舊唐書》作大順二年，王鎔援邢州，屯於堯

山。考此時邢州未叛於晉，不得有王鎔之援師，蓋即景福元年事，誤移於前一年耳。《歐陽史》從《薛史》。"見《舊唐書》卷二〇上《昭宗紀》、《通鑑》卷二五九景福元年（892）正月條。

[4]李存信：人名。本姓張。回鶻人。唐末、五代後唐將領。傳見本書卷五三、《新五代史》卷三六。

[5]李存孝：人名。本名安敬思。代州飛狐（今河北淶源縣）人。唐末李克用養子、部將。傳見本書卷五三、《新五代史》卷三六。

[6]李嗣勳：人名。籍貫不詳。唐末李克用部將。事見《通鑑》卷二五九。 李存審：人名。陳州宛丘（今河南淮陽縣）人。原姓符名存。唐末、五代後唐將領。傳見本書卷五六、《新五代史》卷二五。

[7]趙：州名。治所在今河北趙縣。

三月，武皇進軍渡滹沱，[1]攻欒城，[2]下鼓城、藁城。[3]

[1]滹沱：河流名。發源於今山西繁峙縣，東流入今河北省，過正定縣，向東流入渤海。

[2]欒城：縣名。治所在今河北石家莊市欒城區。

[3]鼓城：地名。位於今河北晉州市西。 藁城：地名。位於今河北石家莊市藁城區。

四月，燕軍寇雲、代，武皇班師。[1]

[1]雲：州名。治所在今山西大同市。 代：州名。治所在今山西代縣。 四月，燕軍寇雲、代，武皇班師：《輯本舊史》之案語："《舊唐書》云：景福元年二月庚寅，太原、易、定之兵合勢攻

鎮州，王鎔復告難於幽州，李匡威率步騎三萬赴之。時太原之衆軍於常山，易、定之衆堅守固鎮，燕、趙之卒分拒之。三月，克用、處存斂軍而退。是興師以二月，至三月始旋師也。《通鑑》云：三月，李克用、王處存合兵攻王鎔。癸丑，拔天長鎮。戊午，鎔與戰於新市，大破之，殺獲三萬餘人。辛酉，克用退屯欒城。是進師、退師皆在三月也。《薛史》作三月進軍，四月班師，與諸書異。"見《舊唐書》卷二〇上《昭宗紀》、《通鑑》卷二五九景福元年（892）三月各條。

八月，赫連鐸誘幽州李匡威之衆八萬，[1]寇天成軍，[2]遂攻雲州，營於州北，連亘數里。武皇潛軍入於雲州，詰旦，出騎軍以擊之，斬獲數萬，李匡威燒營而遁。

[1]赫連鐸：人名。唐末代北吐谷渾首領。咸通九年（868）隨唐軍鎮壓龐勛起義，勢力漸強。乾符五年（878），襲占沙陀李國昌父子所據之振武（治今内蒙古和林格爾縣西北）、雲州（今山西大同市）。與李國昌父子争奪代北，官至雲州刺史、大同軍防禦使，守雲州十餘年。後爲李克用擒殺。事見《舊唐書》卷一九下、本書卷二五、《新五代史》卷四。　幽州：州名。治所在今北京市。李匡威：人名。范陽（今河北涿州市）人。幽州節度使李全忠之子，襲父位爲節度使。唐末軍閥。傳見《舊唐書》卷一八〇、《新唐書》卷二一二。

[2]天成軍：地名。位於今山西天鎮縣。

十月，邢州李存孝叛，納款於梁，李存信構之也。[1]

[1]十月，邢州李存孝叛，納款於梁，李存信構之也：《輯本舊史》之案語："《舊唐書》云：大順元年十一月癸丑朔，太原將邢州刺史李存孝自恃擒孫揆功，合爲昭義帥，怨克用授康君立。存孝自晋州率行營兵歸邢州，據城，上表歸朝，仍致書張濬、王鎔求援。今考《薛史》，大順二年，存孝始爲邢州節度，無由於元年冬得據邢州也。《舊唐書》特因存孝攻澤潞而牽連書之，其年月則誤耳。《新唐書》《歐陽史》《通鑑》並從《薛史》作景福元年十月。"見《舊唐書》卷二〇上《昭宗紀》、《新唐書》卷一〇《昭宗紀》、《新五代史》卷四《唐本紀四》、《通鑑》卷二五九景福元年（892）十月條。

景福二年春，大舉以伐王鎔，以其通好於李存孝也。

二月，攻天長鎮，[1]旬日不下。王鎔出師三萬來援，武皇逆戰於叱日嶺下，[2]鎮人敗，斬首萬餘級。時歲饑，軍乏食，脯屍肉而食之。進軍下井陘，[3]李存孝將兵夜入鎮州，鎮人乞師於汴，[4]汴帥方攻時溥，[5]不暇應之。乃求援於幽州，李匡威率兵赴之，武皇乃班師。

[1]天長鎮：地名。又名天長軍。位於今河北井陘縣西南。

[2]叱日嶺：又名赤日嶺。位於今河北井陘縣西青泉嶺。

[3]井陘（xíng）：關隘名。位於今河北井陘縣。

[4]汴：州名。治所在今河南開封市。

[5]時溥：人名。徐州彭城（今江蘇徐州市）人。唐末軍閥，平定了黃巢之亂，後割據徐州。傳見《舊唐書》卷一八二、《新唐書》卷一八八。

七月，武皇討李存孝於邢州，遂攻平山，[1]渡滹水，[2]攻鎮州。王鎔懼，以帛五十萬犒軍，請修舊好，仍以鎮、冀之師助擊存孝，[3]許之。武皇進圍邢州。

[1]平山：縣名。治所在今河北平山縣。
[2]滹水：河流名。即滹沱河。發源於今山西繁峙縣，東流入今河北省，過正定縣，向東流入渤海。
[3]冀：州名。治所在今河北衡水市冀州區。

十二月，武皇狩於近郊，獲白兔，有角長三寸。
乾寧元年三月，[1]邢州李存孝出城首罪，繫歸太原，轘於市。邢、洺、磁三州平。[2]武皇表馬師素爲邢州節度使。[3]

[1]乾寧：唐昭宗李曄年號（894—898）。
[2]洺：州名。治所在今河北邯鄲市永年區。　磁：州名。治所在今河北磁縣。
[3]馬師素：人名。籍貫不詳。唐末將領。事見本書本卷、卷二，《通鑑》卷二五九、卷二六一。　武皇表馬師素爲邢州節度使：《輯本舊史》之案語："《舊唐書》作克用以大將馬師素權知邢洺團練事，與《薛史》異。"見《舊唐書》卷二〇上《昭宗紀》。

五月，鄆州節度使朱瑄爲汴軍所攻，[1]遣使來乞師，武皇遣騎將安福順、安福應、安福遷督精騎五百，[2]假道於魏州以應之。[3]

[1]鄆州：州名。治所在今山東東平縣。　朱瑄：人名。一作

朱宣。宋州下邑（今河南夏邑縣）人。唐末、五代軍閥，後爲天平軍節度使。傳見《舊唐書》卷一八二、《新唐書》卷一八八、本書卷一三、《新五代史》卷四二。

　　[2]安福順、安福應、安福遷：人名。三人籍貫不詳。均爲李克用部下番將。事見《通鑑》卷二五九、二六○。

　　[3]魏州：州名。治所在今河北大名縣城。　　“五月”至“以應之”：《輯本舊史》之案語：“《舊唐書》云：乾寧元年正月，瑄、瑾勢蹙，求救於太原，李克用出師援之。《薛史》作五月，與《舊唐書》異。考朱瑄、朱瑾自魚山之敗，其勢始蹙，當由正月遣使乞援，至援師之出，自在五月耳。”見《舊唐書》卷二○上《昭宗紀》。　　此案語之“正月”，中華書局本有校勘記：“《舊唐書》卷二○上《昭宗紀》作‘二月’。”

　　　九月，潞州節度使康君立以酖死。[1]

　　[1]潞州：州名。治所在今山西長治市。　　康君立：人名。蔚州興唐（今河北蔚縣）人。唐末將領。傳見本書卷五五。

　　　十月，武皇自晋陽率師伐幽州。[1]初，李匡儔奪據兄位，[2]燕人多不義之，安塞軍戍將劉仁恭挈族歸於武皇，[3]武皇遇之甚厚。仁恭數進畫於蓋寓，[4]言幽州可取之狀，願得兵一萬，指期平定。武皇方討李存孝於邢州，輟兵數千，欲納仁恭，不利而還。匡儔由是驕怠，數犯邊境，武皇怒，故率軍以討之。是時，雲州吐渾赫連鐸、白義誠並來歸，命皆笞而釋之。[5]

　　[1]晋陽：縣名。治所在今山西太原市。

[2]李匡儔：人名。范陽（今北京市）人。幽州節度使李全忠之子、李匡威之弟。唐末軍閥。傳見《舊唐書》卷一八〇、《新唐書》卷二一二。中華書局本有校勘記："‘李匡儔’，本書及《新五代史》各卷同，《舊唐書》《新唐書》《通鑑》各處皆作‘李匡籌’。《通鑑》卷二五九《考異》：‘《唐太祖紀年録》作"匡儔"，今從新舊《紀》、《傳》、《實録》。’本書各處同。"見《舊唐書》卷二〇上《昭宗紀》，《新唐書》卷一〇《昭宗紀》、卷二一八《沙陀傳》，《通鑑》卷二五九景福二年（892）三月、四月、六月等條。

[3]安塞軍：地名。位於今河北蔚縣。　劉仁恭：人名。深州（今河北深州市）人。唐末、五代軍閥。傳見《新唐書》卷二一二。

[4]蓋寓：人名。蔚州（今河北蔚縣）人。唐末李克用部將。傳見本書卷五五。

[5]白義誠：人名。吐谷渾部人。唐末吐谷渾部首領，蔚州刺史。事見《舊唐書》卷一九下，《通鑑》卷二五三、卷二五九。雲州吐渾赫連鐸、白義誠並來歸，命皆荅而釋之：《輯本舊史》之案語："《舊唐書·昭宗紀》：六月壬辰，克用攻陷雲州，執赫連鐸。《新唐書·昭宗紀》：六月，赫連鐸與李克用戰於雲州，死之。《通鑑》從《新唐書》作：李克用大破吐谷渾，殺赫連鐸，擒白義誠，俱與《薛史》異。考雲州諸部因討李匡儔而來歸，自當在十月，而諸書皆作六月，恐未足據。"見《舊唐書》卷二〇上《昭宗紀》、《新唐書》卷一〇《昭宗紀》、《通鑑》卷二五九乾寧元年（894）六月條。

十一月，進攻武州，[1]攻新州。[2]

[1]武州：州名。治所在今河北張家口市宣化區。

[2]新州：州名。治所在今河北涿鹿縣。　“攻新州”前，中華書局本有“甲寅”兩字，並引原輯者案語：“甲寅字誤。下文十二月有辛亥、壬子、甲寅，則十一月不得有甲寅也。據《通鑑考異》，蓋《薛史》仍《紀年録》之誤。”見《通鑑》卷二五九乾寧元年（894）十一月條《考異》。乾寧元年十一月，己未朔，無甲寅；十二月，己丑朔，辛亥、壬子、甲寅分别爲二十三日、二十四日、二十六日。故删此“甲寅”二字。

十二月，李匡儔命大將率步騎六萬救新州，武皇選精甲逆戰，燕軍大敗，斬首萬餘級，生獲將領百餘人，曳練徇於新州城下。是夜，新州降。辛亥，進攻嬀州。[1]壬子，燕兵復合於居庸關拒戰，[2]武皇命精騎以疲之，令步將李存審由他道擊之，自午至晡，燕軍復敗。甲寅，李匡儔携其族棄城而遁，將之滄州，[3]隨行輜車、臧獲、妓妾甚衆。滄帥盧彦威利其貨，[4]以兵攻匡儔於景城，[5]殺之，盡擄其衆。丙辰，進軍幽州，其守城大將請降，武皇令李存審與劉仁恭入城撫勞，居人如故，市不改肆，封府庫以迎武皇。

[1]嬀州：州名。治所在今河北涿鹿縣。《輯本舊史》之影庫本粘籤：“原本作‘偽州’，今從《通鑑》改正。”見《通鑑》卷二五九乾寧元年（894）十二月條。

[2]居庸關：關隘名。位於今北京市昌平區西北。　於居庸關拒戰：中華書局本有校勘記：“‘於’，《册府》卷七作‘入’。”見《宋本册府》卷七《帝王部·創業門三》。

[3]滄州：州名。治所在今河北滄縣舊州鎮。

[4]盧彦威：人名。籍貫不詳。唐末軍閥。事見《舊唐書》卷

一九下至卷二〇下。

　　[5]景城：縣名。治所在今河北滄縣。

　　乾寧二年正月，武皇在幽州，命李存審、劉仁恭徇諸屬郡。

　　二月，以仁恭爲權幽州留後，從燕人之請也。[1]留腹心燕留德等十餘人分典軍政，[2]武皇遂班師，凡駐幽州四十日。

　　[1]留後：官名。唐、五代節度使多以子弟或親信爲留後，以代行節度使職務，亦有軍士、叛將自立爲留後者。掌一州或數州軍政。　二月，以仁恭爲權幽州留後，從燕人之請也：《輯本舊史》之案語：“《舊唐書》：乾寧元年十二月，以李匡威故將劉仁恭爲幽州兵馬留後。《歐陽史》亦作元年冬事，皆因平幽州而終言之，未嘗核其年月也。《通鑑》從《薛史》作二年二月。”見《舊唐書》卷二〇上《昭宗紀》、《新五代史》卷四《唐本紀四》、《通鑑》卷二六〇乾寧二年（895）二月條。中華書局本對此案語有校勘記：“乾寧元年十二月，‘乾寧’二字原闕，據《舊五代史考異》卷二、殿本《考證》、《舊唐書》卷二〇上《昭宗紀》補。”

　　[2]燕留德：人名。籍貫不詳。唐末李克用親信。事見本書卷一三五。《新五代史》卷三九《劉守光傳》作“燕留得”。

　　六月，武皇率蕃漢之師自晋陽趨三輔，[1]討鳳翔李茂貞、邠州王行瑜、華州韓建之亂。[2]先是，三帥稱兵向闕，同弱王室，殺害宰輔。時河中節度使王重盈卒，[3]重榮之子珂，[4]即武皇之子壻也，權典軍政。其兄珙爲陝州節度使，[5]瑤爲絳州刺史，[6]與珂争河中，遂訴於岐、邠、華三鎮，言珂本蒼頭，[7]不當襲位。珂亦訴於武皇，武皇上表保薦珂，乞授河中旄鉞，詔可之。三帥遂以兵入覲，大掠京師，請授王珂同州節度使，[8]王瑶河中節度使，[9]天子亦許之。武皇遂舉兵表三帥之罪，復移檄三鎮，三鎮大懼。是月，次絳州，刺史王瑶登陴拒命，武皇攻之，旬日而拔，斬王瑶於軍門，誅其黨千餘人。

[1]三輔：地區名。漢代時以京兆、左馮翊、右扶風爲三輔，轄境相當於今陝西中部地區。至唐代仍沿襲此稱呼。

[2]鳳翔：方鎮名。治所在鳳翔府（今陝西鳳翔縣）。　李茂貞：人名。深州博野（今河北蠡縣）人。唐末、五代軍閥。傳見本書卷一三二、《新五代史》卷四〇。　邠州：州名。治所在今陝西彬縣。　王行瑜：人名。邠州（今陝西彬縣）人。唐末軍閥。傳見《舊唐書》卷一七五、《新唐書》卷二二四下。　華州：州名。治所在今陝西渭南市華州區。　韓建：人名。許州長社（今河南許昌市）人。唐末、五代軍閥。傳見本書卷一五、《新五代史》卷四〇。

[3]河中：方鎮名。治所在河中府（今山西永濟市）。　王重盈：人名。太原祁（今山西祁縣）人。河中節度使王重榮之兄。唐末軍閥。事見《舊唐書》卷一八二、《新唐書》卷一八七。

[4]珂：人名。即王珂，王重榮兄王重簡之子，出繼王重榮。唐末、五代軍閥。傳見《舊唐書》卷一八二、《新唐書》卷一八七、本書卷一四、《新五代史》卷四二。

[5]珙：人名。即王珙，王重盈之子。唐末、五代軍閥。傳見《新唐書》卷一八七。　陝州：州名。治所在今河南三門峽市陝州區。

[6]瑶：人名。即王瑶。太原祁（今山西祁縣）人。王重盈之子。唐末、五代將領。事見本書本卷。　絳州：州名。治所在今山

西新絳縣。

[7]蒼頭：即奴僕。《輯本舊史》之影庫本粘籤："原本作'莊頭'，考《舊唐書·王重榮傳》云：王珙上言，珂本家之蒼頭，小字忠兒。則'莊頭'確爲訛字，今改正。"見《舊唐書》卷一八二《王重榮傳》、《新唐書》卷一八七《王重榮傳》。

[8]同州：州名。治所在馮翊縣（今陝西大荔縣）。

[9]王瑤河中節度使：中華書局本有校勘記："'王瑤'，本書卷一五《韓建傳》、卷五二《李嗣昭傳》、卷一三二《李茂貞傳》，《舊唐書》卷二〇上《昭宗紀》、《通鑑》卷二六〇敘其事作'王珙'。按本書卷一四《王珂傳》作'請以河中授珙、瑤'。《新五代史》卷四《唐本紀》：'瑤，珙弟，助珙以爭者。'"

七月，次河中，王珂迎謁於路。己未，同州節度使王行約棄城奔京師，[1]與左軍兵士劫掠西市，[2]都民大擾。行約，即行瑜弟也。庚申，樞密使駱全瓘以武皇之軍將至，[3]請天子幸鳳翔。[4]右軍指揮使李繼鵬，[5]茂貞假子也，本姓閻，名珪，[6]與全瓘謀劫天子幸鳳翔。左軍指揮使王行實，[7]亦行瑜之弟也，與劉景宣欲劫天子幸邠州。[8]兩軍相攻，縱火燒內門，煙火蔽天。天子急詔鹽州六都兵士，[9]令追殺亂兵，左右軍退走。王行瑜、李茂貞聲言自來迎駕，天子懼，出幸南山，[10]駐蹕於莎城。[11]是夜，熒惑犯心。[12]壬戌，武皇進收同州，聞天子幸石門，[13]遣判官王瓌奉表奔問，[14]天子遣使賜詔，令與王珂同討邠、鳳。時武皇方攻華州，俄聞李茂貞領兵士三萬至鰲屋，[15]王行瑜領兵至興平，[16]欲往石門迎駕，乃解華州之圍，進營渭橋。[17]天子遣延王戒丕、丹王允齎詔，[18]促武皇兵直抵邠、鳳。

[1]王行約：人名。邠州（今陝西彬縣）人。王行瑜之弟。唐末軍閥，時爲匡國軍節度使。事見《舊唐書》卷一七五、《新唐書》卷二二四下。

[2]西市：唐長安城（今陝西西安市）兩大市場之一。在長安城西部，西接群賢、懷德二坊，東連延壽、光德二坊，北鄰醴泉坊，南靠懷遠坊。

[3]樞密使：官名。唐代宗時始以宦官掌機密，至昭宗時借朱温之力盡誅宦官，始改以士人任樞密使。參見李全德《唐宋變革期樞密院研究》，國家圖書館出版社 2009 年版。　駱全瓘：人名。籍貫不詳。唐末宦官，曾任神策中尉、樞密使。事見《舊唐書》卷一八四，《通鑑》卷二五九、卷二六〇。

[4]請天子幸鳳翔：《輯本舊史》原無“鳳翔”二字，中華書局本有校勘記：“按此句下疑有脫誤，本書卷一三二《李茂貞傳》：‘是歲七月，太原之師至河中，繼鵬與中尉景宣之子繼晟迫車駕幸鳳翔。’《通鑑》卷二六〇敘其事作‘樞密使駱全瓘奏請車駕幸鳳翔’。”但未補。《通鑑》卷二六〇乾寧二年（895）七月庚申條載“樞密使駱全瓘奏請車駕幸鳳翔”，故補“鳳翔”二字。

[5]李繼鵬：人名。籍貫不詳。本名閻珪，李茂貞養子。事見《通鑑》卷二六〇。

[6]名珪：“珪”，《通鑑》卷二六〇乾寧二年七月庚申條同，《舊唐書》卷二〇上《昭宗紀》、《新五代史》卷四《唐本紀四》作“圭”。

[7]左軍指揮使：官名。所部統兵將領。“左軍”爲部隊番號。　王行實：人名。邠州（今陝西彬縣）人。王行瑜弟。事見《舊唐書》卷二〇上。

[8]劉景宣：人名。籍貫不詳。唐末宦官，曾任神策中尉。事見《舊唐書》卷一八四，《通鑑》卷二五八、卷二五九、卷二六〇。

[9]鹽州：州名。治所在今陝西定邊縣。

[10]南山：山名。即終南山。位於今陝西西安市。

[11]莎城：地名。今地不詳。

[12]熒惑：天文學名詞。即火星。熒惑意爲眩惑，因火星位置、隱現不定，令人迷惑，故名。

[13]石門：地名。位於今陝西三原縣。

[14]判官：官名。唐末、五代藩鎮僚佐，位行軍司馬下。　王瓌：人名。籍貫不詳。李克用僚佐。事見本書卷一三二。

[15]盩（zhōu）厔（zhì）：縣名。治所在今陝西周至縣。

[16]興平：縣名。治所在今陝西興平市。

[17]渭橋：漢、唐時長安渭水上所建橋梁。參見辛德勇《古代交通與地理文獻研究》，商務印書館2018年版。

[18]延王戒丕、丹王允：人名。即李戒丕、李允，唐末宗室。事見《通鑑》卷二六〇。

八月乙酉，[1]供奉官張承業齎詔告諭。[2]涇帥張鐇已領步騎三萬於京西北，[3]扼邠、岐之路。武皇進營渭北，[4]遣史儼將三千騎往石門扈駕，[5]遣李存信、李存審會鄜、延之兵攻行瑜之梨園寨。[6]天子削奪行瑜官爵，以武皇爲天下兵馬都招討使，[7]以鄜州李思孝爲北面招討使，[8]以涇州張鐇爲西南面招討使。[9]天子又遣延王、丹王賜武皇御衣及大將茶酒、弓矢，命二王兄事武皇。延王傳天子密旨云："一昨非卿至此，已爲賊庭行酒之人矣。所慮者二凶締合，卒難翦除，且欲姑息茂貞，令與卿修好，俟梟斬行瑜，更與卿商量。"武皇上表，請駕還京。[10]令李存節領二千騎於京西北，以防邠賊奔突。辛亥，天子還宮，加武皇守太師、中書令、邠寧四面行營都統。[11]時王行瑜弟兄固守梨園寨，我師攻之甚急。李茂貞遣兵萬餘來援行瑜，營於龍泉鎮，[12]茂貞自率兵三萬迫咸陽。[13]武皇奏請詔茂貞罷兵，兼請削奪茂貞官爵，詔曰：“茂貞勒兵，蓋備非常，尋已發遣歸鎮。”又言：“茂貞已誅李繼鵬、李繼晟，卿可切戒兵甲，無犯土疆。”[14]武皇請賜河中王珂旌節，三表許之。又表李罕之爲副都統。[15]

[1]八月乙酉：《輯本舊史》之案語：“《舊唐書》：七月丁卯，上遣内官張承業傳詔克用軍，便令監太原行營兵馬，發赴新平。《薛史》作八月乙酉，與《舊唐書》月日互異，相隔殊遠。《舊唐書》又作八月乙酉朔，延王至河中，疑承業與延王同行。據《通鑑》作壬午，遣張承業詣克用軍，蓋壬午遣使，乙酉始至軍耳。”見《舊唐書》卷二〇上《昭宗紀》、《通鑑》卷二六〇乾寧二年（895）七月條。

[2]供奉官：泛指侍奉皇帝左右的臣僚，亦爲東、西頭供奉官通稱。　張承業：人名。同州（今陝西大荔縣）人。唐末、五代宦官，河東監軍。傳見本書卷七二、《新五代史》卷三八。

[3]涇：州名。治所在今甘肅涇川縣。　張鐇：人名。籍貫不詳。唐末軍閥。事見《通鑑》卷二五九、卷二六〇。中華書局本有校勘記：“原作‘張鑷’，據《舊唐書》卷二〇上《昭宗紀》、《通鑑》卷二六〇、《册府》卷一二三改。按《文苑英華》卷四五七有《授張鐇彰義軍節度使制》。本卷下一處同。”見《通鑑》卷二六〇乾寧二年七月條、明本《册府》卷一二三《帝王部·征討門三》。

[4]渭北：即渭河以北地區。

[5]史儼：人名。代州雁門（今山西代縣）人。李克用部將。傳見本書卷五五。

[6]鄜：州名。治所在今陝西富縣。　延：州名。治所在今陝西延安市。　梨園寨：地名。位於今陝西淳化縣。

[7]都招討使: 官名。唐末、五代時掌一方招撫討伐等事務。戰時任命, 兵罷則省。常以大臣、將帥或地方軍政長官兼任。

[8]李思孝: 人名。党項族。唐末軍閥。拓拔思恭之弟。事見《新唐書》卷二二一上。 招討使: 官名。唐始置。戰時任命, 兵罷則省。常以大臣、將帥或地方軍政長官兼任。掌招撫討伐等事務。

[9]以涇州張鐇爲西南面招討使: "西南面", 明本《册府》卷一二三同,《舊唐書》卷二〇上《昭宗紀》、《新唐書》卷一〇《昭宗紀》、《通鑑》卷二六〇乾寧二年（895）七月條作"西面"。

[10]武皇上表, 請駕還京:《輯本舊史》之案語: "《舊唐書》作壬寅, 李克用遣子存貞奉表行在, 請車駕還京。考當時奉表者, 即後唐莊宗也。莊宗未嘗名存貞,《舊唐書》誤。"見《舊唐書》卷二〇上《昭宗紀》。

[11]太師: 官名。與太傅、太保合稱三師, 唐後期、五代多爲大臣、勳貴加官。正一品。 中書令: 官名。漢代始置, 隋、唐前期爲中書省長官, 屬宰相之職; 唐後期多爲授予元勳大臣的虛銜。正二品。 行營都統: 官名。唐末設諸道行營都統, 作爲各道出征兵士的統帥。

[12]龍泉鎮: 地名。一作龍泉寨。位於今陝西旬邑縣。

[13]咸陽: 縣名。治所在今陝西咸陽市。

[14]李繼晸: 人名。籍貫不詳。"繼晸",《輯本舊史》卷一三二《李茂貞傳》作"繼晟"。中華書局本有校勘記: "本書卷一三二《李茂貞傳》作'繼晟'。《舊唐書》卷二〇上《昭宗紀》、《新唐書》卷五〇《兵志》、卷二〇八《劉季述傳》有繼晟, 係宦官劉景宣養子。"

[15]李罕之: 人名。陳州項城（今河南沈丘縣）人。唐末、五代軍閥。傳見《新唐書》卷一八七、本書卷一五、《新五代史》卷四二。 副都統: 官名。掌轄下兵馬戰事之軍事副官。

十月丙戌，李存貞於梨園寨北遇賊軍，[1]斬首千餘級，自是賊閉壁不出。戊子，天子賜武皇內弟子四人，又降朱書御札，賜魏國夫人陳氏。[2]是月，王行瑜因敗衄之後，閉壁自固，武皇令李罕之晝夜急攻，賊軍乏食，拔營而去。李存信與罕之等先伏軍於阨路，俟賊軍之至，縱兵擊之，殺戮萬計。是日，收梨園等三寨，生擒行瑜之子知進，[3]並母丘氏、大將李元福等二百人，[4]送赴闕庭。庚寅，王行約、王行實燒劫寧州遁走，[5]寧州守將徐景乞降。[6]武皇表蘇文建爲邠州節度使，[7]且於寧州爲治所。

[1]李存貞於梨園寨北遇賊軍：“李存貞”，中華書局本有校勘記：“原作‘李存信’，據《冊府》（宋本）卷七、《通鑑》卷二六〇改。”見《宋本冊府》卷七《帝王部·創業門三》、《通鑑》卷二六〇乾寧二年（895）十月庚寅條。

[2]陳氏：人名。襄州（今湖北襄陽市）人。原爲唐昭宗宮嬪，後賜李克用。傳見本書卷四九。

[3]知進：人名。即王知進。邠州（今陝西彬縣）人。王行瑜子。本書僅此一見。

[4]丘氏：人名。籍貫不詳。王行瑜母。本書僅此一見。　李元福：人名。籍貫不詳。王行瑜部將。本書僅此一見。

[5]寧州：州名。治所在今寧夏吳忠市。

[6]徐景：人名。籍貫不詳。唐末將領。本書僅此一見。

[7]蘇文建：人名。籍貫不詳。唐末將領。本書僅此一見。

十一月丁巳，[1]收龍泉寨。時行瑜以精甲五千守之，李茂貞出兵來援，爲李罕之所敗，邠賊遂棄龍泉寨而去。行瑜復入邠州，大軍進逼其城，行瑜登城號哭曰：“行瑜無罪，昨殺南北司大臣，是岐帥將兵脅制主上，請治岐州，行瑜乞束身歸朝。”武皇報曰：“王尚父何恭之甚耶！僕受命討三賊臣，公其一也。如能束身歸闕，老夫未敢專命，爲公奏取進止。”行瑜懼，棄城而遁。武皇收其城，封府庫，遽以捷聞。既而慶州奏，[2]王行瑜將家屬五百人到州界，爲部下所殺，傳首闕下。武皇既平行瑜，還軍渭北。

[1]十一月丁巳：《輯本舊史》之案語：“《舊唐書》作十一月癸未朔，疑十一月不當有丁巳。據《薛史》上文，十月有丙戌、戊子，則十一月斷非癸未朔矣。《通鑑》所定月日皆從《薛史》。”見《舊唐書》卷二〇上《昭宗紀》、《通鑑》卷二六〇乾寧二年（895）十一月丁巳條。查《二十史朔閏表》，十一月癸丑朔，丁巳爲初五，《舊唐書》及《輯本舊史》之案語誤。

[2]慶州：州名。治所在今甘肅慶陽市。

十二月，武皇營於雲陽，[1]候討鳳翔進止。乙未，天子賜武皇爲忠貞平難功臣，進封晋王，加實封二百戶。武皇復上表請討李茂貞，天子不允。武皇私謂詔使曰：“觀主上意，疑僕別有他腸，復何言哉！但禍不去胎，憂患未已。”又奏：“臣統領大軍，不敢徑赴朝覲。”遂班師。

[1]雲陽：縣名。治所在今陝西涇陽縣。　十二月，武皇營於雲陽：《輯本舊史》之案語：“《歐陽史》：晋軍渭北，遇雨六十日。

考《通鑑》：十二月乙酉，李克用軍於雲陽。辛亥，引兵東歸。無緣得有六十日也，《歐陽史》誤。"見《新五代史》卷四《唐本紀四》、《通鑑》卷二六〇乾寧二年（895）十二月乙酉條。

　　乾寧三年正月，汴人大舉以攻兗、鄆，朱瑄、朱瑾再乞師於武皇，[1]假道於魏州，羅弘信許之。[2]乃令都指揮使李存信將步騎三萬與李承嗣、史儼會軍，[3]以拒汴人。存信軍於莘，[4]與朱瑾合勢，頻挫汴軍，汴帥患之，乃間魏人。存信御兵無法，稍侵魏之芻牧者，弘信乃與汴帥通，出師三萬攻存信軍。存信揭營而退，保於洺州。

　　[1]朱瑾：人名。宋州下邑（今河南夏邑縣）人。唐末將領。傳見《舊唐書》卷一八二、《新五代史》卷四二。
　　[2]羅弘信：人名。魏州貴鄉（今河北大名縣）人。唐末、五代軍閥。傳見《舊唐書》卷一八一、《新唐書》卷二一〇。
　　[3]李承嗣：人名。代州雁門（今山西代縣）人。唐末、五代將領。傳見本書卷五五。　史儼：人名。代州雁門（今山西代縣）人。李克用部將。傳見本書卷五五。
　　[4]莘：縣名。治所在今山東莘縣。

　　三月，武皇大掠相、魏諸邑，[1]攻李固、洹水，[2]殺魏兵萬餘人，進攻魏州。[3]

　　[1]相：州名。治所在安陽縣（今河南安陽市）。
　　[2]李固：地名。位於今河南魏縣。　洹水：縣名。治所在今河北魏縣。因境有洹水，故名。

　　[3]"三月"至"進攻魏州"：《輯本舊史》之案語："《舊唐書》：六月庚戌，李克用率沙陀并汾之衆五萬攻魏州，及其郛，大掠於其六郡，陷城安、洹水、臨漳十餘邑，報莘之怨也。《薛史》作三月事，蓋自三月興師，至六月始退耳。"《舊唐書》卷二〇上《昭宗紀》作六月事。案語中之"報莘之怨也"，中華書局本有校勘記："'怨'原作'怒'，據《舊唐書》卷二〇上《昭宗紀》改。"

　　五月，汴將葛從周、氏叔琮引兵赴援。[1]

　　[1]葛從周：人名。濮州鄄城（今山東鄄城縣）人。唐末將領。傳見本書卷一六、《新五代史》卷二一。　氏叔琮：人名。河南尉氏（今河南尉氏縣）人。唐末將領。傳見本書卷一九、《新五代史》卷四三。

　　六月，李茂貞舉兵犯京師。
　　七月，車駕幸華州。是月，武皇與汴軍戰於洹水之上，鐵林指揮使落落被擒。[1]落落，武皇之長子也。既戰，馬蹄於坎，武皇馳騎以救之，其馬亦蹄，汴之追兵將及，武皇背射一發而斃，乃退。

　　[1]落落：人名。李克用之子。時爲鐵林軍使，將鐵林小兒三千騎薄於洹水，與葛從周部作戰失敗，爲葛從周部將張歸霸所擒，朱溫命將落落送於羅弘信斬之。事見《舊唐書》卷一八一、《新五代史》卷二二。

　　九月，李存信攻魏之臨清，[1]汴將葛從周等引軍來援，大敗於宗城北。[2]存信進攻魏州。

　　[1]臨清：縣名。治所在今河北臨西縣。
　　[2]宗城：縣名。治所在今河北威縣。

　　十月，武皇敗魏軍於白龍潭，[1]追擊至觀音門，[2]汴軍救至，乃退。

　　[1]白龍潭：地名。位於今河北魏縣西南。
　　[2]觀音門：城門名。爲魏州城羅城西門。位於今河北大名縣。

　　十一月，武皇徵兵於幽、鎮、定三州，將迎駕於華下，[1]幽州劉仁恭託以契丹入寇，[2]俟敵退聽命。

　　[1]華下：地名。即華州。位於今陝西渭南市華州區。
　　[2]契丹：古部族、政權名。公元4世紀中葉宇文部爲前燕攻破，始分離而成單獨的部落，自號契丹。唐貞觀中，置松漠都督府，以其首領爲都督。唐末强盛，916年迭剌部耶律阿保機建立契丹國（遼）。先後與五代、北宋並立，保大五年（1125）爲金所滅。參見張正明《契丹史略》，中華書局1979年版。

　　乾寧四年正月，汴軍陷兗、鄆，騎將李承嗣、史儼與朱瑾同奔於淮南。[1]

　　[1]淮南：方鎮名。治所在揚州（今江蘇揚州市）。

　　三月，陝帥王珙攻河中，王珂來告難，武皇遣李嗣昭率二千騎赴之，破陝軍於猗氏，[1]乃解河中之圍。至是，天子遣延王戒丕至晉陽，傳宣旨於武皇："朕不取卿言，以及於此，苟非英賢竭力，朕何由再謁廟庭！在卿表率，予所望也。"

[1]猗氏：縣名。治所在今山西臨猗縣。

七月，武皇復徵兵於幽州，劉仁恭辭旨不遜，武皇以書讓之，仁恭捧書謾罵，[1]抵之於地，仍囚武皇之行人。[2]

[1]仁恭捧書謾罵："捧書"，《輯本舊史》之影庫本粘籤："疑當作'持書'，考《册府元龜》所引《薛史》亦作'捧書'，今姑仍其舊。"遍查《册府》有關部、門，未見此記載。

[2]行人：即使者、使臣。

八月，大舉以伐仁恭。

九月，師次蔚州。[1]戊寅，晨霧晦暝，占者云不利深入。[2]辛巳，攻安塞，[3]俄報："燕將單可及領騎軍至矣。"[4]武皇方置酒高會，前鋒又報："賊至矣！"武皇曰："仁恭何在？"曰："但見可及輩。"武皇張目怒曰："可及輩何足爲敵！"仍促令出師。燕軍已擊武皇軍寨，武皇乘醉擊賊，燕軍披靡。時步兵望賊而退，爲燕軍所乘，大敗於木瓜澗，[5]俄而大風雨震電，燕軍解去，武皇方醒。甲午，師次代州，劉仁恭遣使謝罪於武皇，武皇亦以書報之，自此有檄十餘返。

[1]蔚州：州名。治所在今河北蔚縣。

[2]占者：指以占卜預測吉凶之人。

[3]安塞：地名。位於今河北蔚縣。中華書局本有校勘記："原作'安寨'，據殿本、劉本、邵本校、本書卷五三《李存信傳》、卷一三五《劉守光傳》改。按《通鑑》卷二六一胡注：'安塞軍在蔚州之東，嬀州之西。'"見《通鑑》卷二六一乾寧四年（897）九月丁丑條胡注。又見《舊唐書》卷二〇上《昭宗紀》。

[4]單可及：人名。籍貫不詳。幽州節度使劉仁恭部將。事見本書卷二、卷一四、卷一三五。

[5]木瓜澗：亦作木井澗。位於今河北淶源縣東南四十里。

光化元年春正月，[1]鳳翔李茂貞、華州韓建皆致書於武皇，乞修和好，同獎王室，兼乞助丁匠修繕秦宮，武皇許之。

[1]光化：唐昭宗李曄年號（898—901）。

四月，汴將葛從周寇邢、洺、磁等州，旬日之內，三州連陷。汴人以葛從周爲邢州節度使。大將李存信收軍，自馬嶺而旋。[1]

[1]馬嶺：地名。位於今河北邢臺市西北。

八月壬戌，天子自華還宮。是時，車駕初復，而欲諸侯輯睦，賜武皇詔，令與汴帥通好。武皇不欲先下汴帥，乃致書於鎮州王鎔，令導其意。明年，汴帥遣使奉書幣來修好，武皇亦報之。自是使車交馳，朝野相賀。

九月，武皇遣周德威、李嗣昭率兵三萬出青山口，[1]以迫邢、洺。

[1]周德威：人名。朔州馬邑（今山西朔州市朔城區東北）人。唐末、五代河東將領。傳見本書卷五六、《新五代史》卷二五。
　青山口：地名。位於今河北邢臺市西南、內丘縣西南。

十月，遇汴將葛從周於張公橋，[1]既戰，我軍大敗。是月，河中王珂來告急，言王珙引汴軍來寇，武皇遣李嗣昭將兵三千以援之，屯於胡壁堡。[2]汴軍萬餘人來拒戰，嗣昭擊退之。

[1]張公橋：地名。位於今河北邢臺市西北。《輯本舊史》之影庫本粘籤：“原本作‘張恭’，考《舊唐書》、《通鑑》俱作‘張公’，今改正。”見《新五代史》卷四《唐本紀四》、《通鑑》卷二六九乾化四年（897）七月條。《舊唐書》無“張公橋”。
　[2]胡壁堡：地名。位於今山西萬榮縣。

十二月，潞州節度使薛志勤卒，[1]澤州刺史李罕之以本軍夜入潞州，[2]據城以叛。罕之報武皇曰：“薛鐵山新死，潞民無主，慮軍城有變，輒專命鎮撫。”武皇令人讓之，罕之乃歸於汴。武皇遣李嗣昭將兵討之，下澤州，收罕之家屬，拘送晉陽。

[1]薛志勤：人名。蔚州奉誠（今河北蔚縣）人。唐末李克用部將。傳見本書卷五五。
　[2]澤州：州名。治所在今山西澤州縣。

光化二年春正月，李罕之陷沁州。[1]

　[1]沁州：州名。治所在今山西沁源縣。

　三月，汴將葛從周、氏叔琮自土門陷承天軍，[1]又陷遼州，[2]進軍榆次。[3]武皇令周德威擊之，敗汴軍於洞渦驛，[4]叔琮棄營而遁，德威追擊，出石會關，[5]殺千餘人。汴人復陷澤州。

　[1]土門：關隘名。即井陘關。位於今河北井陘縣北井陘山上。承天軍：方鎮名。治所在今山西平定縣。
　[2]遼州：州名。治所在今山西左權縣。
　[3]榆次：縣名。治所在今山西晉中市榆次區。
　[4]洞渦驛：地名。位於今山西清徐縣東三十里同戈站村。
　[5]石會關：關隘名。位於今山西省榆社縣西北。爲澤、潞和太原間交通要扼之地。“石會”，《輯本舊史》之影庫本粘籤：“原本作‘名會’，考《歐陽史》《通鑑》俱作‘石會’今改正。”見《舊唐書》卷二〇上《昭宗紀》、《新五代史》卷四三《氏叔琮傳》、《通鑑》卷二六一光化二年（899）三月條。

　五月，武皇令都指揮使李君慶將兵收澤、潞，[1]爲汴軍所敗而還。以李嗣昭爲都指揮使，進攻潞州。

　[1]李君慶：人名。籍貫不詳。唐末、五代後唐將領，曾任都指揮使、蕃漢馬步行營都將。事見本書本卷、卷五二、卷一三二。

　八月，嗣昭營於潞州城下，前鋒下澤州。時汴將賀

德倫、張歸厚等守潞州。[1]是月，德倫等棄城而遁，潞
州平。

[1]賀德倫：人名。其先係河西部落人，後居滑州（今河南滑
縣）。後梁將領。傳見本書卷二一、《新五代史》卷四四。　張歸
厚：人名。清河（今河北清河縣）人。唐末、五代將領。傳見本書
卷一六。

九月，武皇表汾州刺史孟遷爲潞州節度使。[1]

[1]汾州：州名。治所在今山西汾陽市。　孟遷：人名。邢州
（今河北邢臺市）人。唐末將領。傳見《新唐書》卷一八七。

光化三年，汴軍大寇河朔，[1]幽州劉仁恭乞師，武
皇遣周德威帥五千騎以援之。七月，李嗣昭攻堯山，至
内丘，[2]敗汴軍於沙河，[3]進攻洺州，下之。九月，汴帥
自將兵三萬圍洺州，嗣昭棄城而歸，葛從周設伏於青山
口，嗣昭之軍不利。十月，汴人乘勝寇鎮、定，鎮、定
懼，皆納賂於汴。是時，周德威與燕軍劉守光敗汴人二
萬於望都，[4]聞定州王郜來奔，[5]乃班師。是月，天子加
武皇實封一百户。遣李嗣昭率步騎三萬攻懷州，[6]下之。
進攻河陽，[7]汴將閻寶率軍來援，[8]嗣昭退保懷州。

[1]河朔：古地區名。泛指黄河以北地區。
[2]内丘：縣名。治所在今河北内丘縣。
[3]沙河：縣名。治所在今河北沙河市。

[4]劉守光：人名。深州樂壽（今河北獻縣）人。唐末、五代幽州節度使劉仁恭之子。劉守光囚父自立，後號大燕皇帝，爲晉王李存勖俘殺。傳見本書卷一三五、《新五代史》卷三九。　望都：縣名。治所在今河北望都縣。

[5]王郜：人名。京兆萬年（今陝西西安市長安區）人。唐末軍閥。事見本書本卷、卷五二。

[6]懷州：州名。治所在今河南沁陽市。

[7]河陽：方鎮名。全稱"河陽三城"。治所在孟州（今河南孟州市）。

[8]閻寶：人名。鄆州（今山東東平縣）人。唐末、五代後梁、後唐將領。傳見本書卷五九、《新五代史》卷四四。

　　天復元年正月，[1]汴將張存敬攻陷晉、絳二州，[2]以兵二萬屯絳州，以扼援路。二月，張存敬迫河中，王珂告急於武皇，使者相望於路。珂妻邠國夫人，[3]武皇愛女也，亦以書至，懇切求援。武皇報曰："賊阻道路，衆寡不敵，救爾即與爾兩亡，可與王郎棄城歸朝。"珂遂送款於張存敬。三月，汴帥自大梁至河中，[4]王珂遂出迎，尋徙於汴。天子以汴帥兼鎮河中。武皇自是不復能援京師，霸業由是中否。

[1]天復：唐昭宗李曄年號（901—904）。

[2]張存敬：人名。譙郡（今安徽亳州市）人。唐末、五代將領。傳見本書卷二〇、《新五代史》卷二一。　絳：州名。治所在今山西新絳縣。

[3]邠國夫人：即王珂妻，李克用女。事見本書本卷。

[4]大梁：地名。位於今河南開封市。

　　四月，汴將氏叔琮率兵五萬自太行路寇澤、潞，[1]魏博大將張文恭領軍自新口入，[2]葛從周領兗、鄆之眾自土門入，張歸厚以邢、洺之眾自馬嶺入，[3]定州王處直之眾自飛狐入，侯言以晋、絳之兵自陰地入。[4]氏叔琮、康懷英營於澤州之昂車。[5]武皇令李嗣昭將三千騎赴澤州援李存璋而歸，賀德倫、氏叔琮軍至潞州，孟遷開門迎，沁州刺史蔡訓亦以城降於汴，[6]氏叔琮悉其眾趨石會關。是時，偏將李審建先統兵三千在潞州，亦與孟遷降於汴，及叔琮之入寇也，審建爲其鄉導。[7]汴人營於洞渦，別將白奉國與鎮州大將石公立自井陘入，[8]陷承天軍。[9]及攻壽陽，[10]遼州刺史張鄂以城降於汴，[11]都人大恐。時霖雨積旬，汴軍屯聚既眾，芻糧不給，復多痢瘧，師人多死。時大將李嗣昭、李嗣源每夜率驍騎突營掩殺，[12]敵眾恐懼。[13]

　　[1]太行路：地名。位於今河南沁陽縣北、山西晋城市南太行山中。

　　[2]魏博：方鎮名。治所在魏州貴鄉縣（今河北大名縣）。張文恭：人名。一作"張文敬"。籍貫不詳。唐末朱溫部將。本書僅此一見。　新口：地名。位於今河北武安市。

　　[3]王處直：人名。京兆萬年（今陝西西安市長安區）人。唐末、五代軍閥，長期爲義武節度使。傳見本書卷五四、《新五代史》卷三九。　飛狐：道名。北起今山西大同市，南抵今河北定州市。

　　[4]侯言：人名。籍貫不詳。唐末將領。事見本書本卷、卷二一。　陰地：關隘名。位於今山西靈石縣西南。

　　[5]昂車：地名。即昂車關。位於今山西榆社縣南四十五里與武鄉縣接界處。《輯本舊史》之影庫本粘籤："原本作'昂卑'，考

《通鑑》及《册府元龜》俱作‘昂車’，今改正。"見《通鑑》卷二六二天復元年（901）三月癸卯條。《册府》有關部、門未見。

[6]蔡訓：人名。籍貫不詳。唐末將領。本書僅此一見。

[7]李審建：人名。籍貫不詳。李克用部將。事見本書本卷、卷二。

[8]白奉國：人名。籍貫不詳。唐末將領。事見本書本卷及《新五代史》卷四、卷五。　石公立：人名。籍貫不詳。唐末王鎔部將。事見本書本卷、卷二七。　別將白奉國與鎮州大將石公立自井陘入："自井陘入"，《輯本舊史》之影庫本粘籤："原本脱‘自’字，今據《通鑑》增入。"見《通鑑》卷二六二天復元年四月丁巳條。

[9]承天軍：方鎮名。治所在今山西平定縣。

[10]壽陽：縣名。治所在今山西壽陽縣。

[11]張鄂：人名。籍貫不詳。唐末李克用部將，遼州刺史，後投降朱温。事見本書卷二。

[12]李嗣源：人名。即五代後唐明宗。926年至933年在位。紀見本書卷三五、《新五代史》卷六。

[13]此月敘事《通鑑》卷二六二繫於天復元年三月癸卯至四月己未各條。

五月，汴軍皆退。氏叔琮軍出石會，周德威、李嗣昭以精騎五千躡之，殺戮萬計。初，汴軍之將入寇也，汾州刺史李瑭據城叛，[1]以連汴人，至是武皇令李嗣昭、李存審將兵討之。是歲，并、汾饑，粟暴貴，人多附瑭爲亂，嗣昭悉力攻城，三日而拔，擒李瑭等斬於晉陽市。氏叔琮既旋軍，過潞州，攜孟遷以歸。汴帥以丁會爲潞州節度使。[2]

[1]李瑭：人名。籍貫不詳。唐末李克用部將，汾州刺史，後投降朱溫，爲李嗣昭擒斬。事見《新五代史》卷三六。

[2]丁會：人名。壽春（今安徽壽縣）人。唐末將領。傳見本書卷五九、《新五代史》卷四四。

六月，遣李嗣昭、周德威將兵出陰地，攻慈、隰二郡，隰州刺史唐禮、慈州刺史張璟並以城來降。[1]武皇以汴寇方盛，難以兵服，佯降心以緩其謀，乃遣牙將張特持幣馬書檄以諭之，[2]陳當時利害，請復舊好。

[1]隰州：州名。治所在今山西隰縣。 唐禮：人名。籍貫不詳。唐末將領。事見本書卷五二。 慈州：州名。治所在今山西吉縣。 張璟：人名。籍貫不詳。唐末將領，事見本書卷五二。

[2]牙將：官名。古代軍隊中的中低級軍官。 張特：人名。籍貫不詳。李克用牙將。事見本書本卷、卷二。

十一月壬子，汴帥營於渭濱。甲寅，天子出幸鳳翔。[1]武皇遣李嗣昭率兵三千自沁州趨平陽，[2]遇汴軍於晉州北，斬首五百級。

[1]甲寅，天子出幸鳳翔：《舊五代史考異》："案《新唐書》，帝如鳳翔，李茂貞、韓全誨請召克用入衛，克用間道遣使者奔問，並詔書全忠，勸還汴，全忠不答。"見《新唐書》卷二一八《沙陀傳》。

[2]平陽：地名。位於今山西臨汾市。

天復二年二月，李嗣昭、周德威領大軍自慈、隰進攻晉、絳，營於蒲縣。[1]乙未，汴將朱友寧、氏叔琮將兵十萬，[2]營於蒲縣之南。乙巳，汴帥自領軍至晉州，德威之軍大恐。

[1]蒲縣：縣名。治所在今山西蒲縣。
[2]朱友寧：人名。朱溫之姪，唐末、五代將領。傳見《新五代史》卷一三。

三月丁巳，有虹貫德威之營。戊午，氏叔琮率軍來戰，德威逆擊，爲汴人所敗，兵仗、輜車委棄殆盡。朱友寧長驅至汾州，慈、隰二州復爲汴人所據。辛酉，汴軍營於晉陽之西北，攻城西門，周德威、李嗣昭緣山保其餘衆而旋。武皇驅丁壯登陴拒守，汴軍攻城日急，武皇召李嗣昭、周德威等謀將出奔雲州，嗣昭以爲不可。李存信堅請且入北蕃，續圖進取，嗣昭等固爭之，太妃劉氏亦極言於內，[1]乃止。居數日，亡散之士復集，軍城稍安。李嗣昭與李嗣源夜入汴軍，斬將搴旗，敵人扞禦不暇，自相驚擾。丁卯，朱友寧燒營而遁，周德威追至白壁關，[2]俘斬萬計，因收復慈、隰、汾等三州。

[1]劉氏：李克用妻。傳見本書卷四九。
[2]白壁關：地名。位於今山西孝義縣西北二十里。"白壁關"，《輯本舊史》之影庫本粘籤："原本作'向辟'，今從《歐陽史》改正。"不見於《新五代史》，見《新唐書》卷二一八《沙陀傳》。

天復三年正月，天子自鳳翔歸京。

五月，雲州都將王敬暉殺刺史劉再立，[1]以城歸於劉仁恭。武皇遣李嗣昭討之，仁恭遣將以兵五萬來援雲州，嗣昭退保樂安，[2]燕人擄敬暉，棄城而去。武皇怒，笞嗣昭及李存審而削其官。是時，親軍萬衆皆邊部人，動違紀律，人甚苦之，左右或以爲言，武皇曰："此輩膽略過人，數十年從吾征伐，比年以來，國藏空竭，諸軍之家賣馬自給。今四方諸侯皆懸重賞以募勇士，吾若束之以法，急則棄吾，吾安能獨保此乎！俟時開運泰，吾固自能處置矣。"

[1]王敬暉：人名。籍貫不詳。唐末、五代將領。事見本書卷五二。　劉再立：人名。籍貫不詳。唐末將領。本書僅此一見。

[2]樂安：鎮名。位於今山西代縣北。

天祐元年閏四月，汴帥迫天子遷都於洛陽。[1]

[1]汴帥迫天子遷都於洛陽：《舊五代史考異》："《新唐書》：帝東遷，詔至太原，克用泣謂其下曰：'乘輿不復西矣！'遣使者奔問行在。"見《新唐書》卷二一八《沙陀傳》。

五月乙丑，天子制授武皇叶盟同力功臣，加食邑三千户，實封三百户。

八月，汴帥遣朱友恭弑昭宗於洛陽宮，[1]輝王即位。[2]告哀使至晉陽，[3]武皇南向慟哭，三軍縞素。

[1]朱友恭：人名。壽春（今安徽壽縣）人。本姓李，朱溫養

子。傳見《新唐書》卷二二三下、本書卷一九。

[2]輝王：即唐哀帝李柷。

[3]告哀使：官名。唐時國有大喪，如皇帝死等，遣使於周邊少數民族及諸道方鎮告哀，因稱。後代亦多沿置。

天祐二年春，契丹阿保機始盛，[1]武皇召之，阿保機領部族三十萬至雲州，與武皇會於雲州之東，握手甚歡，結爲兄弟，旬日而去，留馬千匹，牛羊萬計，[2]期以冬初大舉渡河。

[1]阿保機：人名。姓耶律，契丹迭剌部人。唐末契丹族首領、遼開國太祖。紀見《遼史》卷一、卷二。

[2]"天祐二年春"至"牛羊萬計"：《輯本舊史》之案語："武皇會契丹於雲州，《通鑑》作開平元年，《新唐書》作天祐元年，與《薛史》異。《歐陽史》與《薛史》同。又，《契丹國志》作晉王存勖與契丹連和，會於東城，殊誤。《東都事略》：契丹與晉王會在天祐三年。《遼史》太祖紀與《薛史》同。"雲州之會，《通鑑》卷二六六開平元年（907）五月條《考異》："《莊宗列傳》《薛史》皆在天祐四年，而《紀年録》獨在天祐二年；又云'約今年冬同收汴、洛，會昭宗遇盜而止'。如此則應在天祐元年昭宗崩已前，不應在二年也。且昭宗遇盜則尤宜興兵討之，何故止也！按武皇云'唐室爲賊臣所簒'，此乃四年語也；其冬武皇寢疾，蓋以此不果出兵耳。今從之。"對此案語，中華書局本有校勘記："武皇會契丹……殊誤，以上五十五字原闕，據《舊五代史考異》卷二補。"

天祐三年正月，魏博既殺牙軍，魏將史仁遇據高唐以叛，[1]遣人乞師於武皇，武皇遣李嗣昭率三千騎攻邢州以應之，遇汴將牛存節、張筠於青山口，[2]嗣昭不利而還。

[1]史仁遇：人名。籍貫不詳。唐末軍閥。事見本書卷二、卷一四、卷二一。　高唐：縣名。治所在今山東高唐縣。

[2]牛存節：人名。青州博昌（今山東博興縣）人。唐末將領。傳見本書卷二二、《新五代史》卷二二。　張筠：人名。海州（今江蘇連雲港市海州區）人。唐末軍閥。傳見本書卷九〇、《新五代史》卷四七。

九月，汴帥親率兵攻滄州，幽州劉仁恭遣使來乞師，武皇乃徵兵於仁恭，將攻潞州，以解滄州之圍。仁恭遣掌書記馬郁、都指揮使李溥等將兵三萬，[1]會於晋陽，武皇遣周德威、李嗣昭合燕軍以攻澤、潞。[2]

[1]掌書記：官名。唐制，唐、五代節度、觀察等使所屬均有掌書記一職，位在副使、判官之下，掌表奏書檄。遼節度使亦置。　馬郁：人名。范陽（今河北涿州市）人。唐末、五代大臣。傳見本書卷七一。　李溥：人名。籍貫不詳。唐末、五代將領。事見本書卷一三五、《通鑑》卷二六五。《輯本舊史》之影庫本粘籤：“原本作‘李俌’，考《册府元龜》及《通鑑》俱作‘溥’，今改正。”見《通鑑》卷二六五天祐三年（906）十月丙戌條，《册府》無此李溥之記載。

[2]劉仁恭乞師事，《通鑑》卷二六五略詳，繫於天祐三年十月。

十二月，潞州節度使丁會開門迎降，命李嗣昭爲潞州節度使，以丁會歸於晉陽。

天祐四年正月甲申，汴帥聞潞州失守，自滄州燒營而遁。

四月，天子禪位於汴帥，奉天子爲濟陰王，改元爲開平，[1] 國號大梁。是歲，西川王建遣使至，[2] 勸武皇各王一方，俟破賊之後，訪唐朝宗室以嗣帝位，然後各歸藩守。武皇不從，以書報之曰：

[1] 開平：後梁太祖朱温年號（907—911）。

[2] 西川：方鎮名。治所在成都（今四川成都市）。中華書局本有校勘記："'西川'，原作'四川'，據《通曆》卷一三、《册府》卷七改。"見《宋本册府》卷七《帝王部·創業門三》。　王建：人名。許州舞陽（今河南舞陽縣）人。唐末軍閥，五代十國前蜀開國皇帝。傳見本書卷一三六、《新五代史》卷六三。

竊念本朝屯否，[1] 巨業淪胥，攀鼎駕以長違，撫彤弓而自咎。默默終古，悠悠蒼生，遭此屬階，[2] 永爲痛毒，視横流而莫救，徒誓檝以興言。別捧函題，過垂獎諭，[3] 省覽周既，駭惕異常。淚下霑衿，倍鬱申胥之素；[4] 汗流浹背，如聞蔣濟之言。[5] 僕經事兩朝，受恩三代，位叨將相，籍係宗枝，賜鈇鉞以專征，徵苞茅而問罪。鏖兵校戰，[6] 二十餘年，竟未能斬新莽之頭顱，[7] 斷蚩尤之肩髀，[8] 以至廟朝顛覆，豺虎縱横。且授任分憂，叨榮冒寵，[9] 龜玉毁櫝，誰之咎歟！俯閱指陳，[10] 不勝慚恧。然則君臣無常位，陵谷有變遷，或篲塞長河，[11]泥封函谷，[12]時移事改，理有萬殊。即如周末虎爭，魏初鼎據。孫權父子，不顯授於漢恩；劉備君臣，自微興於涿郡。[13]得之不謝於家世，失之無損於功名，適當逐鹿之秋，何惜華蟲之服。[14]唯僕累朝席寵，[15]奕世輸忠，忝佩訓詞，粗存家法。善博弈者唯先守道，治蹊田者不可奪牛。誓於此生，靡敢失節，仰憑廟勝，早殄寇讎。如其事與願違，則共臧洪遊於地下，亦無恨矣。唯公社稷元勳，嵩衡降祉，[16]鎮九州之上地，負一代之弘才，合於此時，自求多福。所承良訊，非僕深心，天下其謂我何，有國非吾節也。悢悢孤懇，此不盡陳。

[1]屯否：《易經》"屯"卦與"否"卦的合稱。"屯"爲難，"否"有隔塞之義。後因用屯否以喻世道艱難隔絕。

[2]悠悠蒼生，遭此屬階：《輯本舊史》原作"悠悠彼蒼生此屬階"，中華書局本有校勘記："據《册府》卷七改。彭校作'悠悠彼蒼遭此屬階'。"見明本《册府》卷七《帝王部·創業門三》。

[3]過垂獎諭："諭"，明本《册府》卷七作"論"。

[4]申胥：人名。即伍子胥，名員。春秋吳國大夫。傳見《史記》卷六六。

[5]蔣濟：人名。楚國平阿（今安徽懷遠縣）人。三國時魏太尉。傳見《三國志》卷一四。《輯本舊史》之影庫本粘籤："原本作'蔣沇'，今從《册府元龜》改正。"見明本《册府》卷七。

[6]鏖兵校戰："校"，明本《册府》卷七作"接"。

[7]新莽：即王莽。元城（今河北大名縣東）人。新朝建立者。傳見《漢書》卷九九。

[8]蚩尤：古史傳説中東夷集團的首領。相傳他開始以銅作兵器。曾與黄帝戰於涿鹿，失敗被殺。事見《史記》卷一。

[9]叨榮冒寵：中華書局本有校勘記："'榮'原作'策'，據彭校及《册府》卷七改。"

[10]俯閲指陳："俯"，明本《册府》卷七作"備"。

[11]長河：即黄河。

[12]函谷：即函谷關。戰國至秦，位於今河南靈寶市；漢武帝時移至今河南新安縣。

[13]涿郡：郡名。治所在今河北涿州市。

[14]何惜華蟲之服："何惜"，明本《册府》卷七作"可斬"。

[15]唯僕累朝席寵："席寵"，《輯本舊史》之影庫本粘籤："原本作'膺寵'，今從《册府元龜》改正。"見明本《册府》卷七。

[16]嵩衡：即嵩山、衡山。皆爲五嶽之一。中華書局本有校勘記："《册府》卷七作'華嵩'。"

五月，梁祖遣其將康懷英率兵十萬圍潞州，懷英驅率士衆，築壘環城，城中音信斷絶。武皇遣周德威將兵赴援，德威軍於余吾，[1]率先鋒挑戰，日有俘獲，懷英不敢即戰。梁祖以懷英無功，乃以李思安代之。[2]思安引軍將營於潞城，[3]周德威以五千騎搏之，梁軍大敗，斬首千餘級。思安退保堅壁，別築外壘，謂之"夾寨"，[4]以抗我之援軍。梁祖調發山東之民以供饋運，[5]德威日以輕騎掩之，運路艱阻，衆心益恐。李思安乃自東南山口築夾道，連接夾寨，以通饋運，自是梁軍堅保夾寨。

[1]余吾：地名。位於今山西屯留縣城西北余吾鎮。

[2]李思安：人名。河南陳留（今河南開封市陳留鎮）人。後梁將領。傳見本書卷一九。 梁祖以懷英無功，乃以李思安代之：《舊五代史考異》：“李思安之代懷英，《通鑑》作七月事，與《薛史》繫五月異。”見《通鑑》卷二六六開平元年（907）八月丁巳條。

[3]思安引軍將營於潞城：“潞城”，《輯本舊史》之影庫本粘籤：“原本作‘澤城’，考《通鑑》《歐陽史》《五代春秋》俱作李思安圍潞城，今改正。”見《新五代史》卷四四《劉知俊傳》、《通鑑》卷二六六開平元年八月丁巳條。《五代春秋》卷上載，梁太祖開平二年（908）五月晉人救潞州，破夾城，遂攻澤州。

[4]夾寨：地名。又作“夾城”，位於今山西長治市南寨村、北寨村。《通鑑》卷二六六載，後梁開平元年八月，潞州行營都統李思安“至潞州城下，更築重城，內以防奔突，外以拒援兵，謂之夾寨”。

[5]山東：太行山以東。

冬十月，武皇有疾。是時晉陽城無故自壞，占者惡之。

天祐五年正月戊子朔，武皇疾革。辛卯，崩於晉陽，年五十三。遺令薄葬，發喪後二十七日除服。莊宗即位，[1]追謐武皇帝，廟號太祖，陵在雁門。[2]《永樂大典》卷七千一百五十四。[3]

[1]莊宗：後唐李存勗廟號。李存勗，代北沙陀部人，後唐開國皇帝，923年至926年在位。紀見本書卷二七至卷三四、《新五代史》卷四至卷五。

[2]雁門：方鎮名。治所在代州（今山西代縣）。

[3]《大典》卷七一五四“唐”字韻“后唐莊宗”事目一，此

後《輯本舊史》録《五代史補》及《五代史闕文》。録《五代史補》："太祖武皇，本朱耶赤心之後，沙陀部人也。其先生于雕窠中，酋長以其異生，諸族傳養之，遂以'諸爺'爲氏，言非一父所養也。其後言訛，以'諸'爲'朱'，以'爺'爲'耶'。至太祖生，眇一目，長而驍勇，善騎射，所向無敵，時謂之'獨眼龍'，大爲部落所疾。太祖恐禍及，遂舉族歸唐，授雲州刺史，賜姓李，名克用。黃巢犯長安，自北引兵赴難，功成，遂拜太原節度使，封晉王。武皇之有河東也，威聲大振，淮南楊行密常恨不識其狀貌，因使畫工詐爲商賈，往河東寫之。畫工到未幾，人有知其謀者，擒之。武皇初甚怒，既而，謂所親曰：'且吾素眇一目，試召之使寫，觀其所爲如何。'及至，武皇按膝厲聲曰：'淮南使汝來寫吾真，必畫工之尤也，寫吾不及十分，即階下便是死汝之所矣。'畫工再拜下筆。時方盛暑，武皇執八角扇，因寫扇角半遮其面。武皇曰：'汝詒吾也'。遽使別寫之，又應聲下筆，畫其臂弓撚箭之狀，仍微合一目以觀箭之曲直。武皇大喜，因厚賂金帛遣之。《五代史闕文》：世傳武皇臨薨，以三矢付莊宗曰：'一矢討劉仁恭，汝不先下幽州，河南未可圖也。一矢擊契丹，且曰阿保機與吾把臂而盟，結爲兄弟，誓復唐家社稷，今背約附賊，汝必伐之。一矢滅朱溫，汝能成吾志，死無憾矣。'莊宗藏三矢於武皇廟庭。及討劉仁恭，命幕吏以少牢告廟，請一矢，盛以錦囊，使親將負之以爲前驅。凱旋之日，隨俘馘納矢於太廟。伐契丹，滅朱氏亦如之。又，武皇眇一目，世謂之'獨眼龍'。性喜殺，左右有小過失，必置於死。初諱眇，人無敢犯者，嘗令寫真，畫工即爲撚箭之狀，微瞑一目，圖成而進，武皇大悅，賜予甚厚。'"見《五代史補》卷二太祖號獨眼龍及淮南寫太祖真兩條及《五代史闕文》武皇條。以上文字中華書局本有校勘記："謂所親曰"，原作"新謂曰"，據《五代史補》改；"試召亟使寫之"，原作"試召之使寫"，據殿本、孔本、《五代史補》卷二改；"武皇按膝厲聲曰"，"按"原作"接"，據殿本、劉本、《五代史補》卷二改。

　　史臣曰：武皇肇跡陰山，赴難唐室，逐豺狼於魏闕，[1]殄氛祲於秦川，[2]賜姓受封，奄有汾、晋，可謂有功矣。然雖茂勤王之績，而非無震主之威。及朱旗屯渭曲之師，[3]俾翠輦有石門之幸，比夫桓、文之輔周室，無乃有所愧乎！洎失援於蒲、絳，久垂翅於并、汾，若非嗣子之英才，豈有興王之茂業。矧累功積德，未比於周文；創業開基，尚虧於魏祖。追謚爲“武”，斯亦幸焉。《永樂大典》卷七千一百五十四。[4]

[1]魏闕：代指朝廷。
[2]秦川：地區名。泛指今陝西、甘肅二省秦嶺以北的平原。
[3]渭曲：地名。位於今陝西大荔縣東南。
[4]《大典》卷七一五四“唐”字韻“後唐莊宗”事目一。

舊五代史　卷二七

唐書三

莊宗紀第一

　　莊宗光聖神閔孝皇帝,[1]諱存勗，武皇帝之長子也。[2]母曰貞簡皇后曹氏,[3]以唐光啓元年歲在乙巳,[4]冬十月二十二日癸酉,[5]生帝於晋陽宮。[6]姙時，曹后嘗夢神人，黑衣擁扇，夾侍左右。載誕之辰，紫氣出於牕户。及爲嬰兒，體貌奇特，沈厚不群，武皇特所鍾愛。及武皇之討王行瑜,[7]帝時年十二,[8]從行。初令入覲獻捷，迎駕還宮，昭宗一見駭異之,[9]曰：“此兒有奇表。”因撫其背曰：“兒將來之國棟也，勿忘忠孝于予家。”[10]因賜鸂鶒酒巵、翡翠盤。[11]賊平，授檢校司空、隰州刺史,[12]尋改汾、晋二郡,[13]皆遥領之。帝洞曉音律，武皇常令歌舞于前。[14]十三習《春秋》,[15]手自繕寫，略通大義。及壯，便射騎，膽略絕人，其心豁如也。[16]

　　[1]光聖神閔孝皇帝：後唐莊宗李存勗謚號。明宗天成元年

（926）七月，有司上謚。陵號爲雍。

[2]武皇帝：後唐太祖李克用謚號。莊宗即位，追謚武皇帝，廟號太祖，陵在雁門。李克用，沙陀部人，生於神武川新城（一説今山西朔州市朔城區之梵王寺村，一説今山西應縣縣城，一説今山西懷仁縣之日中城）。五代後唐實際奠基者。紀見本書卷二五至卷二六。

[3]貞簡皇后：後唐李克用妻曹氏謚號。曹氏，太原（今山西太原市）人。後唐莊宗之母。傳見本書卷四九、《新五代史》卷一四。

[4]光啓：唐僖宗李儇年號（885—888）。

[5]冬十月二十二日癸酉：中華書局本有校勘記："是月壬子朔，二十二日爲癸酉。按《册府》卷二：'同光元年十月壬辰萬壽節'，十月辛未朔，壬辰爲二十二日。影庫本粘籤：'癸亥，原本作"癸巳"，《五代會要》作癸亥。考《舊唐書》，光啓元年十月壬寅朔，無癸巳，今從《五代會要》改正。'今檢《五代會要》未記莊宗誕日干支。"中華書局本仍作癸亥。《會要》卷一帝號條明載莊宗光啓元年（885）二十二日生，爲癸酉，據改。

[6]晉陽宮：宮殿名。位於今山西太原市。

[7]王行瑜：人名。邠州（今陝西彬縣）人。唐末軍閥。傳見《舊唐書》卷一七五、《新唐書》卷二二四下。

[8]帝時年十二：《舊五代史考異》："《歐陽史》從《薛史》作十一。吳縝《纂誤》據徐無黨注，莊宗年四十三，逆推之，當以甲辰年生，乾寧二年破王行瑜時當云年十二。今考《五代會要》，莊宗以光啓元年生，年四十二。《北夢瑣言》載莊宗獻王行瑜年十一，《薛》《歐陽》二史俱同，徐注作年四十三，誤。"《新五代史》卷四《莊宗本紀上》，記武皇討王行瑜在乾寧二年（895）八至十一月，《會要》卷一《帝號》條記莊宗光啓元年生，崩於同光四年（926）四月，年四十二。又可參《北夢瑣言》卷一七晉世子入覲賜鸂鶒酒器條。武皇討王行瑜時，莊宗確爲十二歲，據改。

[9]昭宗：即唐昭宗李曄，888年至904年在位。紀見《舊唐書》卷二〇上、《新唐書》卷一〇。　昭宗一見駭異之：《輯本舊史》原無異字，中華書局本有校勘記："'異'字原闕，據《册府》卷四四、《北夢瑣言》卷一七、《南部新書》癸補。"見《宋本册府》卷四四《帝王部·奇表門》、《北夢瑣言》卷一七、《南部新書》卷一〇。

[10]勿忘忠孝于予家："勿忘"，《宋本册府》卷四四作"慎勿忘"。

[11]鸂（xī）鶒（chì）：水鳥名。形似鴛鴦，多紫色，亦稱"紫鴛鴦"。　因賜鸂鶒酒卮、翡翠盤：《輯本舊史》原輯者案語："《北夢瑣言》云：昭宗曰：'此子可亞其父。'時人號曰'亞子'。"見《北夢瑣言》卷一七。

[12]檢校司空：官名。爲散官或加官，以示恩寵，無實際執掌。　隰州：州名。治所在今山西隰縣。　刺史：官名。漢武帝時始置。州一級行政長官，總掌考覈官吏、勸課農桑、地方教化等事。唐中期以後，節度使、觀察使轄州而設，刺史爲其屬官，職任漸輕。從三品至正四品下。

[13]汾：州名。治所在今山西汾陽市。　晉：州名。治所在今山西臨汾市。　尋改汾、晉二郡：中華書局本有校勘記："'尋'字原闕，據《册府》卷八補。"見明本《册府》卷八《帝王部·創業門四》。

[14]武皇常令歌舞于前：中華書局本有校勘記："'武皇'二字原闕，據《册府》卷四三補。"亦見明本《册府》卷四三《帝王部·多能門》。

[15]《春秋》：即《春秋經》。中國古代儒家經典。是中國第一部編年體史書，記魯隱公元年（前722）至魯哀公十六年（前479）魯國國史。現存版本由孔子修訂而成。

[16]及壯，便射騎，膽略絶人，其心豁如也：《北夢瑣言》卷一七作："十三讀《春秋》，略知大義。騎射絶倫，其心豁如，採録

善言，聽納容物，殆劉聰之比也。"

　　武皇起義雲中，[1]部下皆北邊勁兵，及破賊迎鑾，功居第一，由是稍優寵士伍，[2]因多不法，或陵侮官吏，豪奪士民，白晝剽攘，酒博喧競。武皇緩於禁制，唯帝不平之，因從容啟於武皇，武皇依違之。[3]及安塞不利之後，[4]時事多難，梁將氏叔琮、康懷英頻犯郊圻，[5]土疆日蹙，城門之外，鞠爲戰場，武皇憂形于色。帝因啟曰："夫盛衰有常理，禍福繫神道。家世三代，盡忠王室，勢窮力屈，無所愧心。物不極則不反，惡不極則不亡。今朱氏攻逼乘輿，窺伺神器，陷害良善，誣詆神祇。以臣觀之，殆其極矣。大人當遵養時晦，以待其衰，何事輕爲沮喪！"太祖釋然，因奉觴作樂而罷。[6]

　　[1]雲中：縣名。治所在今山西大同市。
　　[2]由是稍優寵士伍：《輯本舊史》之影庫本粘籤："'優寵'原本作'擾寵'，今據文改正。"明本《冊府》卷四六《帝王部·智識門》正作"優寵"。此爲書證，遠勝"據文改正"，應爲形近之誤。
　　[3]"因多不法"至"武皇依違之"：《通鑑》卷二六三天復二年（902）三月條作："克用親軍皆沙陀雜虜，喜侵暴良民，河東甚苦之。其子存勗以爲言，克用曰：'此輩從吾攻戰數十年，比者帑藏空虛，諸軍賣馬以自給；今四方諸侯皆重賞以募士，我若急之，則彼皆散去矣，吾安與同保此乎！'"
　　[4]安塞：地名。位於今河北蔚縣。《輯本舊史》之影庫本粘籤："'安塞'，原作'安寒'，今據《通鑑》改正。"見《通鑑》卷二六一乾寧四年（897）九月丁丑條胡注："安塞軍在蔚州之東，媧

州之西。《新志》：幽州丁零川西南有安塞軍。”明本《册府》卷四六亦作安塞。

[5]梁：指後梁。　氏叔琮：人名。河南尉氏（今河南尉氏縣）人。唐末將領。傳見本書卷一九、《新五代史》卷四三。　康懷英：人名。本名懷貞，避後梁末帝朱友貞諱改懷英。兗州（今山東濟寧市兗州區）人。唐末、五代將領。傳見本書卷二三、《新五代史》卷二二。　梁將氏叔琮、康懷英頻犯郊圻：《舊五代史考異》：“懷英本名懷貞，後因避梁末帝諱，始改名懷英。《薛史》前後統作懷英，今仍其舊。”明本《册府》卷四六云“氏叔琮屢傾郡邑，康懷貞頻犯郊圻”。

[6]朱氏：此處指朱温。宋州碭山（今安徽碭山縣）人。後梁太祖，907年至912年在位。紀見本書卷一至卷七、《新五代史》卷一至卷二。　“武皇憂形于色”至“因奉觴作樂而罷”：明本《册府》卷四六略同。

及滄州劉守文爲梁朝所攻，[1]其父仁恭遣使乞師，[2]武皇恨其翻覆，不時許之，帝白曰：“此吾復振之道也，不得以嫌怨介懷。且九分天下，朱氏今有六七，趙、魏、中山在佗廡下，[3]賊所憚者，唯我與仁恭爾，我之興衰，繫此一舉，不可失也。”太祖乃徵兵於燕，攻取潞州，[4]既而丁會果以城來降。

[1]滄州：州名。治所在今河北滄縣舊州鎮。　劉守文：人名。深州（今河北深州市）人。唐末盧龍節度使劉仁恭長子。唐末軍閥。後梁開平三年（909），被其弟劉守光殺死。事見本書卷二、卷四、卷九八及《新五代史》卷五六、卷七二。　梁朝：此處指後梁朱温政權。

[2]仁恭：人名。深州（今河北深州市）人。唐末、五代軍

閥。傳見《新唐書》卷二一二。

　　[3]趙：周代諸侯國名。位於今河北南部及山西北部一帶。
魏：周代諸侯國名，位於今河南北部、陝西東部、山西西南部和河
北南部等地。　中山：周代諸侯國名。位於今河北正定縣東北。

　　[4]潞州：州名。治所在今山西長治市。

　　天祐五年春正月，[1]武皇疾篤，召監軍張承業、大
將吳珙謂曰：[2]"吾常愛此子志氣遠大，可付後事，唯卿
等所教。"及武皇厭代，帝乃嗣王位于晉陽，[3]時年二十
有四。汴人方寇潞州，[4]周德威宿兵於亂柳，[5]以軍城易
帥，竊議悩悩，訛言播於行路。帝方居喪，將吏不得謁
見，監軍使張承業排闥至廬所，言曰："大孝在不墜家
業，[6]不同匹夫之孝。且君父厭世，嗣主未立，竊慮兇
猾不逞之徒，有懷覬望。又汴寇壓境，利我凶衰，苟或
搖動，則倍張賊勢，訛言不息，懼有變生。請依顧命，
墨縗聽政，保家安親，此惟大孝。"[7]帝於是始聽斷
大事。

　　[1]天祐：唐昭宗李曄開始使用的年號（904）。唐哀帝李柷即
位後沿用（904—907）。唐亡後，河東李克用、李存勗仍稱天祐，
沿用至天祐二十年（923）。五代其他政權亦有行此年號者，如南
吳、吳越等，使用時間長短不等。

　　[2]監軍：官名。全稱爲監軍使。五代時期後唐設置，派於諸
道，掌監護軍隊。　張承業：人名。同州（今陝西大荔縣）人。唐
末五代宦官，河東監軍。傳見本書卷七二、《新五代史》卷三八。

　　吳珙：人名。籍貫不詳。五代後唐將領。事見本書本卷。

　　[3]晉陽：縣名。治所在今山西太原市。

　　[4]汴：州名。治所在今河南開封市。此處指朱溫政權。　潞
州：州名。治所在今山西長治市。

　　[5]周德威：人名。馬邑（今山西朔州市朔城區）人。唐末、
五代河東將領。傳見本書卷五六、《新五代史》卷二五。　亂柳：
地名。位於今山西沁縣。《舊五代史考異》："原本作'亂楊'，考
《歐陽史》作亂柳。胡三省《通鑑》注云：亂柳在潞州屯留縣界。
今改正。"見《新五代史》卷四《唐莊宗本紀上》天復七年（即天
祐四年）條、卷二二《康懷英傳》，《通鑑》卷二六六開平二年
（908）正月辛卯條胡注。

　　[6]大孝在不墜家業：中華書局本有校勘記："'大'，原作
'夫'，據邵本校、彭校、《册府》卷二七、《通鑑》卷二六六改。"
明本《册府》卷二七《帝王部·孝德門》、《通鑑》卷二六六開平
二年正月條作"大孝在不墜基業"。

　　[7]墨縗（cuī）：黑色喪服。　墨縗聽政，保家安親，此惟大
孝：明本《册府》卷二七作："墨縗聽政，然後經略南征，保家安
親，此爲大孝。勿拘常制以敗遠圖。"

　　時振武節度使克寧，[1]即帝之季父也，爲管内蕃漢
馬步都知兵馬使，典握兵柄。帝以軍府事讓季父，曰：
"兒年幼稚，未通庶政，雖承遺命，恐未能彈壓。季父
勳德俱高，衆情推伏，且請制置軍府，俟兒有立，聽季
父處分。"[2]克寧曰："亡兄遺命，屬在我兒，孰敢異
議！"[3]因率先拜賀。初，武皇獎勵戎功，多畜庶孽，衣
服禮秩如嫡者六七輩，比之嗣王，年齒又長，部下各綰
強兵，朝夕聚議，欲謀爲亂。及帝紹統，或強項不拜，
鬱鬱憤惋，託疾廢事。會李存顥以陰計干克寧曰：[4]"兄
亡弟立，古今舊事，季父拜姪，理所未安。"克寧妻素

剛狠，因激怒克寧，陰圖禍亂。存顥欲於克寧之第謀害張承業、李存璋等，[5]以并汾九州歸附於梁，[6]送貞簡太后爲質。克寧意將激發，乃擅殺大將李存質，[7]請授己雲州節度使，[8]割蔚、朔、應三州爲屬郡，[9]帝悉俞允，然知其陰禍有日矣。克寧俟帝過其第則圖竊發。時幸臣史敬鎔者，[10]亦爲克寧所誘，盡得其情，乃來告帝。帝謂張承業曰："季父所爲如此，無猶子之情，骨肉不可自相魚肉，予當避路，則禍亂不作矣。"承業曰："臣受命先王，[11]言猶在耳。存顥輩欲以太原降賊，王欲何路求生？不即誅除，亡無日矣。"因召吳珙、李存璋、李存敬、朱守殷諭其謀，[12]衆咸憤怒。

[1]振武：方鎮名。後梁貞明二年（916）以前，治所在單于都護府城（今内蒙古和林格爾縣）。貞明二年單于都護府城爲契丹占據。此后至後唐清泰三年（936），治所在朔州（今山西朔州市朔城區）。後晉隨燕雲十六州割予契丹，改名順義軍。　克寧：即李克寧。沙陀部人，唐末李克用之弟。後爲李存勗所殺。傳見本書卷五〇及《新五代史》卷一四。

[2]且請制置軍府，俟兒有立，聽季父處分：《宋本册府》卷六六八《内臣部·翊佐門張承業》條作："請當制置，以鎮群心。"

[3]亡兄遺命，屬在我兒，孰敢異議：《宋本册府》卷六六八作："但嗣世，中外之事，何憂不辦。"

[4]李存顥：人名。籍貫不詳。唐末李克用義子。事見本書卷五〇、《新五代史》卷一四。

[5]李存璋：人名。雲中（今山西大同市）人。唐末、五代後唐將領。傳見本書卷五三。　存顥欲於克寧之第謀害張承業、李存璋等：中華書局本有校勘記："'存顥'，《册府》卷六六八作'存

顥存實’。"

[6]并：州名。治所在今山西太原市。　汾：州名。治所在今山西汾陽市。　并汾九州：《舊五代史考異》："《通鑑》作河東九州。胡三省注云：河東領并、遼、沁、汾、石、忻、代、嵐、憲九州。附識于此。"見《通鑑》卷二六六開平二年（908）二月條。

[7]李存質：人名。回鶻人。本姓張，名汙落。唐末李克用部將。初爲李國昌親信，後從李克用入關征戰，始補軍職，賜姓名，收爲義子。事見《舊唐書》卷一四二、本書本卷、《通鑑》卷二七一。

[8]雲州：方鎮名。治所在雲州（今山西大同市）。

[9]蔚：州名。治所在今河北蔚縣。　朔：州名。治所在今山西朔州市朔城區。　應：州名。治所在今山西應縣。

[10]史敬鎔：人名。唐末、五代後唐將領。傳見本書卷五五。

[11]先王：中華書局本沿《輯本舊史》作"先帝"，並有校勘記："‘先帝’，殿本作‘先王’。《舊五代史考異》卷二：‘案原本作"先帝"，考晉王嗣位之初，武皇尚未追稱爲帝，今改正。’"但未改。莊宗追尊武皇爲帝在同光三年（925）閏四月，見《輯本舊史》卷二九，今據改。

[12]李存敬：人名。籍貫不詳。唐末李克用義子。事見本書本卷、《新五代史》卷三三。　朱守殷：人名。籍貫不詳。五代後唐將領。傳見本書卷七四、《新五代史》卷五一。

　　二月壬戌，[1]命存璋伏甲以誅克寧，遂靖其難。是月，唐少帝崩於曹州，[2]梁祖使人酖之也。[3]帝聞之，舉哀號慟。

[1]二月壬戌："壬戌"，《舊五代史考異》："原本作‘丙戌’，今據《通鑑》改正。"見《通鑑》卷二六六開平二年（908）二月

壬戌條。開平二年二月壬寅朔，無丙戌，壬戌爲二十一日。

[2]唐少帝：即唐哀帝李柷。唐昭宗之子。904 年至 907 年在位，年號天祐。爲朱温所殺。紀見《舊唐書》卷二〇下、《新唐書》卷一〇。　曹州：州名。治所在今山東曹縣西北。

[3]梁祖：即後梁太祖朱温。

　　三月，周德威尚在亂柳，梁將李思安屢爲德威所敗，[1]閉壁不出。是時，梁祖自將兵至澤州，[2]以劉知俊爲招討使以代思安，[3]以范居實、劉重霸爲先鋒，[4]牛存節爲撫遏，[5]統大軍營於長子。[6]

[1]李思安：人名。陳留（今河南開封市）人。後梁將領。傳見本書卷一九。

[2]澤州：州名。治所在今山西澤州縣。

[3]劉知俊：人名。徐州沛縣（今江蘇沛縣）人。唐末、五代將領。傳見本書卷一三、《新五代史》卷四四。　招討使：官名。唐貞元始置。戰時任命，兵罷則省。常以大臣、將帥或地方軍政長官兼任。掌招撫討伐等事務。

[4]范居實：人名。絳州翼城（今山西翼城縣）人。後梁將領。傳見本書卷一九。中華書局本有校勘記：“原作‘范君寔’，據本書卷一九《范居實傳》改。”亦可據《通鑑》卷二六六開平元年六月條、明本《册府》卷三四六《將帥部·佐命門》范居實條、《宋本册府》卷三八六《將帥部·褒異門十二》范居實條、卷四一四《將帥部·赴援門》范居實條。　劉重霸：人名。籍貫不詳。五代將領。事見《舊五代史》卷四、卷六、卷九、卷十三。

[5]牛存節：人名。青州博昌（今山東博興縣）人。唐末、五代後梁將領。傳見本書卷二二、《新五代史》卷二二。

[6]長（zhǎng）子：縣名。治所在今山西長子縣。

四月，帝召德威軍歸晉陽。汴人既見班師，知我國禍，以爲潞州必取，援軍無俟再舉，遂停斥候。梁祖亦自澤州歸洛。[1]帝知其無備，乃謂其將曰：[2]"汴人聞我有喪，必謂不能興師；又以我少年嗣位，未習戎事，必有驕怠之心。[3]若簡練兵甲，倍道兼行，出其不意，以吾憤激之衆，擊彼驕惰之師，拉朽摧枯，未方其易，[4]解圍定霸，在此一役。"甲子，軍發自太原。己巳，至潞州北黃碾下營。[5]

[1]洛：地名。即洛陽。位於今河南洛陽市。

[2]乃謂其將曰：中華書局本有校勘記："'其'字原闕，據《通曆》卷一三補。彭本作'將佐'。"見《通曆》卷一三《後唐莊宗》。

[3]"汴人聞我有喪"至"必有驕怠之心"：《宋本册府》卷四五《帝王部·謀略門》後唐莊宗條略同，卷五七《帝王部·英斷門》略詳："賊帥寢謀，唯憚先帝。今聞我新有家禍，必謂不能興師；又以我少年嗣位，未習戎事，幸聞變故，必有驕怠之心。"

[4]未方其易：中華書局本有校勘記："'方'，原作'云'，據《册府》卷四五、卷五七改。"

[5]黃碾：地名。位於今山西長治市黃碾鎮。《舊五代史考異》："原本作'黃碦'，《通鑑》作黃碾。胡三省注云：黃碾村在潞州潞城縣。今改正。"見《通鑑》卷二六六開平二年（908）四月己巳條胡注。又見《宋本册府》卷四五《帝王部·謀略門》及《新五代史》卷二二《康懷英傳》。

五月辛未朔，晨霧晦暝，帝率親軍伏三垂崗下，[1]詰旦，天復昏霧，進軍直抵夾城。時李嗣源總帳下親軍攻東北隅，[2]李存璋、王霸率丁夫燒寨，[3]斸夾城爲二道，[4]周德威、李存審各分道進攻，[5]軍士鼓譟，三道齊進。李嗣源壞夾城東北隅，率先掩擊，梁軍大恐，[6]南向而奔，投戈委甲，噎塞行路，斬萬餘級，[7]獲其將副招討使符道昭泊大將三百人，[8]芻粟百萬。梁招討使康懷英得百餘騎，出天井關而遁。[9]梁祖聞其敗也，既懼而歎曰：[10]“生子當如是，李氏不亡矣！吾家諸子乃豚犬爾。”初，唐龍紀元年，帝纔五歲，[11]從武皇校獵於三垂崗，崗上有玄宗原廟在焉。[12]武皇於祠前置酒，樂作，伶人奏《百年歌》者，陳其衰老之狀，聲調悽苦。武皇引滿，捋鬚指帝曰：“老夫壯心未已，二十年後，此子必戰於此。”[13]及是役也，果符其言焉。是月，周德威乘勝攻澤州，刺史王班登城拒守，[14]梁將劉知俊自晉、絳將兵赴援，德威退保高平。[15]帝遂班師於晉陽，告廟飲至，賞勞有差。乃下令於國中，禁賊盜，恤孤寡，徵隱逸，止貪暴，峻隄防，寬獄訟，朞月之間，其俗丕變。帝每出，於路遇饑寒者，必駐馬而臨問之，由是人情大悅，王霸之業，自茲而基矣。

[1]三垂崗：山名。一作“三垂岡”，又名三垂山。位於今山西長治市潞城區。

[2]李嗣源：人名。沙陀部人。原名邈佶烈，李克用養子。五代後唐明宗，926年至933年在位。紀見《舊五代史》卷三五至卷四四、《新五代史》卷六。

[3]王霸：人名。籍貫不詳。五代後唐將領。本書僅此一見。

[4]夾城：地名。又作“夾寨”。位於今山西長治市南寨村、

北寨村。《通鑑》卷二六六載，後梁開平元年（907）八月，潞州行營都統李思安“至潞州城下，更築重城，内以防奔突，外以拒援兵，謂之夾寨”。

[5]李存審：人名。原姓符，名存。陳州宛丘（今河南淮陽縣）人。五代後唐將領。傳見本書卷五六、《新五代史》卷二五。

[6]率先掩擊，梁軍大恐：《宋本册府》卷四五《帝王部‧謀略門》作：“率先掩賊，不意我師遽至，賊黨大恐。”

[7]斬萬餘級：中華書局本作“俘斬萬餘級”，有校勘記：“‘俘’字原闕，據《册府》卷四五、卷五七補。”見《宋本册府》卷四五及卷五七《帝王部‧英斷門》。但祇能云斬若干級，不能云俘若干級，如《輯本舊史》卷二五《唐武皇紀上》光啓元年（885）五月之“斬首萬余級”，二年九月之“斬首數千級”，文德元年（888）十月之“斬首萬級”，但無俘若干級之記載，“俘”字誤補，今删。

[8]副招討使：官名。招討使副職。戰時任命，兵罷則省。掌招撫討伐等事務。《宋本册府》卷四五作：“副招討使、前鋒都指揮使。” 符道昭：人名。蔡州（今河南汝南縣）人。唐末、五代後梁將領。傳見本書卷二一、《新五代史》卷二一。

[9]天井關：關隘名。又稱太行關。位於今山西省晋城市南太行山頂。

[10]既懼而歎曰：《宋本册府》卷四五、卷五七作：“大懼，既而歎曰。”

[11]龍紀：唐昭宗李曄年號（889）。 初，唐龍紀元年，帝纔五歲：《舊五代史考異》：“《歐陽史》：克用破孟方立于邢州，還軍上黨，置酒三垂岡。時莊宗在側，方五歲。考克用邢州之役在文德元年，今以莊宗生年計之，當從薛史作龍紀元年。”見《新五代史》卷五《莊宗本紀下》、卷四二《孟方立傳》。文德元年（888）爲戊申年，龍紀元年（889）爲己酉年，推差一年。

[12]玄宗：人名。即李隆基。唐代君主，睿宗的第三子。在位

四十三年（712—756）。紀見《舊唐書》卷八、卷九，《新唐書》卷五。

[13]老夫壯心未已，二十年後，此子必戰於此："老夫"，《宋本冊府》卷一四八《帝王部·知子門》作"老子"。"此子"，《冊府》卷一四八作"此郎子"。武皇校獵及祭祠事，《冊府》卷一四八內容略同，文字稍有異。

[14]王班：人名。籍貫不詳。故河陽將領，累以軍功爲郡守，主留事於襄陽，被小將王求所殺。傳見本書附錄。《輯本舊史》之影庫本粘籤："'王班'，原本作'玉辨'，今據《通鑑》及《歐陽史》改正。"見《通鑑》卷二六六開平二年（908）五月辛未條、《新五代史》卷二《梁太祖紀下》開平三年七月甲申條。

[15]絳：州名。治所在今山西新絳縣。　高平：縣名。治所在今山西高平市。　梁將劉知俊自晋、絳將兵赴援，德威退保高平：《舊五代史考異》："澤州因牛存節之救得全。《通鑑考異》引《莊宗實錄》云：'李存璋進攻澤州，刺史王班棄城而去，澤潞皆平。'殊失事實。《通鑑》從薛史。"見《通鑑》卷二六六開平二年五月辛未條《考異》。《舊五代史考異》所引《通鑑考異》中華書局本有校勘記："'列傳'，原作'實錄'，據邵本校、《通鑑》卷二六六《考異》引《莊宗列傳》改。"見《通鑑》卷二六六開平二年五月辛未條《考異》引《莊宗列傳朱溫傳》）。

六月，鳳翔李茂貞、邠州楊崇本合西川王建之師五萬，[1]以攻長安，[2]遣使會兵於帝，帝遣張承業率師赴之。

[1]鳳翔：方鎮名。治所在鳳翔府（今陝西鳳翔縣）。　李茂貞：人名。深州博野（今河北蠡縣）人。唐末、五代軍閥。傳見本書卷一三二、《新五代史》卷四〇。　邠州：州名。治所在今陝西

彬縣。　楊崇本：人名。李茂貞義子，唐末軍閥。傳見本書卷一
三、《新五代史》卷四〇。　西川：方鎮名。劍南西川簡稱。治所
在成都府（今四川成都市）。　王建：人名。許州舞陽（今河南舞
陽縣）人。唐末軍閥，五代十國前蜀開國皇帝。傳見本書卷一三
六、《新五代史》卷六三。

　　[2]長安：地名。位於今陝西西安市。

　　九月，邠、岐、蜀三鎮復大舉攻長安，[1]帝遣李嗣
昭、周德威將兵三萬攻晉州以應之。[2]德威與梁將尹皓
戰于神山北，[3]梁人大敗。是時，晋之騎將夏侯敬受以
一軍奔于梁，德威乃退保隰州。[4]

　　[1]岐：封國名。時鳳翔節度使李茂貞爲岐王，故稱。　蜀：
五代十國之前蜀。

　　[2]李嗣昭：人名。汾州（今山西汾陽市）人。唐末、五代李
克用義子、部將。傳見本書卷五二、《新五代史》卷三六。　帝遣
李嗣昭、周德威將兵三萬攻晉州以應之：中華書局本有校勘記：
“‘帝’字原闕，據《册府》卷八補。”見《宋本册府》卷八《帝
王部·創業門四》。

　　[3]尹皓：人名。籍貫不詳。後梁將領。傳見本書附録。　神
山：縣名。治所在今山西浮山縣。

　　[4]夏侯敬：人名。籍貫不詳。後唐將領。本書僅此一見。
隰州：州名。治所在今山西隰縣。　“是時”至“德威乃退保隰
州”：《輯本舊史》之案語：“《歐陽史》：九月丁丑，如懷州。《通
鑑》作周德威等聞梁帝將至，乙未，退保隰州。是德威之退師，因
梁祖之親至也。《薛史》唐紀不載。”《新五代史》卷二《梁太祖紀
下》開平二年（908）九月丁丑條作“如陝州”。《通鑑》卷二六七
載，太祖開平二年九月丁丑發大梁，乙酉至陝州，戊子岐王所署延

州節度使胡敬璋寇上平關，劉知俊擊破之，周德威聞帝將至，乙未退保隰州。

天祐六年秋七月，邠、岐二帥及梁之叛將劉知俊俱遣使來告，[1]將大舉以伐靈、夏，兼收關輔，請出兵晉、絳，以張兵勢。[2]

[1]邠、岐二帥及梁之叛將劉知俊俱遣使來告：《輯本舊史》之影庫本粘籤：“‘叛將’，原本作‘判將’，今據文改正。”“叛將”一詞常見，“判將”無解，應爲音同之誤。

[2]靈：此處指靈州節度使，方鎮名。又稱朔方、靈鹽。治所在靈州（今寧夏吳忠市）。　夏：此處指夏州節度使，方鎮名。又名定難軍。治所在朔方縣（今陝西靖邊縣）。　關輔：地名。漢景帝二年（前155）分內史爲左、右內史，與主爵中尉（不久改爲主爵都尉）同治長安，管轄京畿地區，合稱“三輔”。武帝太初元年（前104）改爲京兆尹、左馮翊、右扶風。轄境相當今陝西中部地區。　“將大舉以伐靈、夏”至“以張兵勢”：《宋本册府》卷八《帝王部·創業門四》略同，“以張兵勢”作“以張犄角”。

八月，帝御軍南征，先遣周德威、李存審、丁會統大軍出陰地關，攻晉州，爲地道，壞城二十餘步，城中血戰拒守。梁祖遣楊師厚領兵赴援，德威乃收軍而退。[1]

[1]丁會：人名。壽春（今安徽壽縣）人。唐末、五代將領。傳見本書卷五九、《新五代史》卷四四。　陰地關：關隘名。位於今山西靈石縣西南。　楊師厚：人名。潁州斤溝（今安徽太和縣阮

橋鎮斤溝村）人。唐末、五代將領。傳見本書卷二二、《新五代史》卷二三。 "八月"至"德威乃收軍而退"：《舊五代史考異》："案《通鑑》引《莊宗實錄》云：汴軍至蒙阮，周德威逆戰，敗之，斬首三百級，楊師厚退保絳州。是役也，小將蕭萬通戰歿，師厚進營平陽，德威收軍而退。"見《通鑑》卷二六七開平三年（909）八月條《考異》。"斬首三百級"，《考異》引文原作"斬首二百級"；"楊師厚退保絳州"，《考異》引文原作"師厚退絳州"。並云"蓋晉軍實敗走，《莊宗實錄》妄言耳"。

天祐七年秋七月，鳳翔李茂貞、邠州楊崇本皆遣師來會兵，同討靈、夏。且言劉知俊三敗汴軍於寧州，[1]靈、夏危蹙，岐、隴之師大舉，[2]決取河西。[3]帝令周德威將兵萬人，西渡河以應之。是役也，劉知俊爲岐人所搆，乃自退。

[1]寧州：州名。治所在今甘肅寧縣。

[2]岐、隴：山名。分別爲岐山和隴山。此處代指鳳翔節度使李茂貞政權。岐山，位於今陝西岐山縣。隴山，位於今甘肅、陝西交界地方。

[3]河西：地名。此處指延州。

九月，德威班師。

冬十月，梁祖遣大將李思安、楊師厚率師營於澤州，以攻上黨。[1]

[1]上黨：即潞州。治所在今山西長治市。

十一月，鎮州王鎔遣使來求援。[1]是時，梁祖以羅紹威初卒，[2]全有魏博之地，[3]因欲兼并鎮、定，[4]遣供奉官杜廷隱、丁延徽督魏軍三千人入于深、冀，[5]鎮人懼，故來告難。帝集軍吏議之，咸欲按甲治兵，徐觀勝負，唯帝獨斷，堅欲救之，乃遣周德威率軍屯于趙州。[6]是月，行營都招討使丁會卒。[7]

[1]鎮州：此處指成德軍。治所在鎮州（今河北正定縣）。王鎔：人名。回鶻人。唐末、五代軍閥，朱溫後封趙王。傳見本書卷五四、《新五代史》卷三九。

[2]羅紹威：人名。魏州貴鄉（今河北大名縣）人。唐末、五代軍閥。傳見本書卷一四、《新五代史》卷三九。

[3]魏博：方鎮名。唐廣德元年（763）所置河北三鎮之一。治所在魏州（今河北大名縣）。天祐三年（904）號天雄軍。五代後梁乾化二年（912）爲梁所併。　鎮：州名。治所在今河北正定縣。　定：州名。治所在今河北定州市。

[4]因欲兼并鎮、定：《輯本舊史》之影庫本粘籤：“兼并，原本作‘兼兵’，今據文改正。”《宋本冊府》卷八《帝王部·創業門四》本作“兼并”，此爲書證，何須據文改正。且“兼并”常見，“兼兵”在此處無解，應爲音同或音近之誤。

[5]供奉官：官名。泛指侍奉皇帝左右的臣僚，亦爲東、西頭供奉官通稱。　杜廷隱：人名。籍貫不詳。五代後梁將領。事見《通鑑》卷二六七。　丁延徽：人名。籍貫不詳。五代後梁將領。事見本書本卷、卷四三、卷九七。　深：州名。治所在今河北深州市。　冀：州名。治所在今河北衡水市冀州區。

[6]趙州：州名。治所在今河北趙縣。　乃遣周德威率軍屯于趙州：《宋本冊府》卷八同。

[7]行營都招討使：官名。五代時掌一方招撫討伐等事務。戰

時任命，兵罷則省。常以大臣、將帥或地方軍政長官兼任。

十二月丁巳朔，梁祖聞帝軍屯趙州，命寧國軍節度使王景仁爲北面行營招討使，[1]韓勍爲副，[2]相州刺史李思安爲前鋒，[3]會魏州之兵以討王鎔。[4]又令閻寶、王彥章率二千騎，[5]會景仁於邢、洺。[6]丁丑，景仁營於柏鄉，[7]帝遂親征，自贊皇縣東下。[8]辛巳，至趙州，與周德威兵合。帝令史建瑭以輕騎嘗寇，[9]獲芻牧者二百人，問其兵數，精兵七萬。是日，帝觀兵於石橋南，[10]詰旦進軍，距柏鄉一舍，周德威、史建瑭率蕃落勁騎以挑戰，四面馳射，梁軍閉壁不出，乃退。翌日進軍，距柏鄉五里，[11]遣騎軍逼其營。梁將韓勍、李思安率步騎三萬，鎧甲炫曜，其勢甚盛，分道以薄帝軍。德威且戰且退，距河而止。既而德威偵知梁人造浮橋，乃退保高邑。[12]乙酉，致師於柏鄉，帝禱戰於光武廟。[13]柏鄉無芻粟之備，梁軍以樵採爲給，爲帝之遊軍所獲，由是堅壁不出，剝屋茅坐席以秣其馬，衆心益恐。

[1]寧國軍：方鎮名。治所在宣州（今安徽宣城市）。天復三年（903）廢，五代吳復置。　王景仁：人名。廬州合肥（今安徽合肥市）人。本名王茂章。五代後梁將領。傳見本書卷二三、《新五代史》卷二三。　行營招討使：官名。唐始置。戰時任命，兵罷則省。常以大臣、將帥或地方軍政長官兼任。掌招撫討伐等事務。

[2]韓勍：人名。籍貫不詳。五代後梁將領。事見本書卷七、《新五代史》卷四五。

[3]相州：州名。治所在今河南安陽市。

[4]魏州：州名。治所在今河北大名縣。

[5]閻寶：人名。鄆州（今山東東平縣）人。五代後梁、後唐將領。傳見《新五代史》卷四四。　　王彥章：人名。鄆州壽張（今山東陽穀縣壽張集）人。五代後梁將領。傳見本書卷二一、《新五代史》卷三二。

[6]邢：州名。治所在今河北邢臺市。　　洺：州名。治所在今河北邯鄲市永年區。

[7]柏鄉：地名。位於今河北柏鄉縣。

[8]贊皇縣：縣名。治所在今河北贊皇縣。

[9]史建瑭：人名。雁門（今山西代縣）人。五代後唐將領。傳見本書卷五五、《新五代史》卷二五。

[10]石橋：橋名。即趙州橋。位於今河北趙縣城南。

[11]距柏鄉五里：“五里”，《舊五代史考異》：“原本作‘七里’，今據《歐陽史》及《通鑑》改正。”見《新五代史》卷二五《周德威傳》、《通鑑》卷二六七開平四年（910）十二月癸未條。

[12]高邑：縣名。一作“鄗（hào）邑”。治所在今河北高邑縣。

[13]光武廟：高邑原名“鄗上”，東漢光武帝在此即位，改名高邑，故建光武廟。

天祐八年正月丁亥，周德威、史建瑭帥三千騎致師於柏鄉，設伏於村塢間，遣三百騎直壓其營。梁將怒，悉其軍結陣而來，德威與之轉戰至高邑南，梁軍列陣，橫亘六七里。時帝軍未成列，李存璋引諸軍陣於野河之上，[1]梁軍以五百人爭橋，[2]鎮、定之師與血戰，梁軍敗而復整者數四。帝與張承業登高觀望，梁人戈矛如束，申令之後，囂聲若雷，王師進退有序，[3]步騎嚴整，寂

然無聲。帝臨陣誓衆，人百其勇，短兵既接，無不奮
力。梁有龍驤、神威、拱宸等軍，[4]皆武勇之士也，每
一人鎧仗，費數十萬，裝以組繡，飾以金銀，人望而畏
之。自巳及午，騎軍接戰，至晡，梁軍欲抽退，塵埃漲
天，德威周麾而呼曰：“汴人走矣！”帝軍齊譟以進，魏
人收軍漸退。李嗣源率親軍與史建瑭、安金全兼北部吐
渾諸軍衝陣夾攻，梁軍大敗，棄鎧投仗之聲，震動天
地，龍驤、神威、神捷諸軍，殺戮殆盡，[5]自陣至柏鄉
數十里，殭屍枕籍，敗旗折戟，所在蔽地。夜漏一鼓，
帝軍入柏鄉，梁軍輜重、帳幄、資財、奴僕，皆爲帝軍
所有。梁將王景仁、韓勍、李思安等以數十騎夜遁。是
役也，斬首二萬級，獲馬三千匹，鎧甲兵仗七萬，輜車
鍋幕不可勝計。擒梁將陳思權以下二百八十五人。[6]帝
號令收軍於趙州。既而梁人棄深、冀二州而遁。初，杜
廷隱之襲深、冀也，[7]聲言分兵就食。時王鎔將石公立
戍深州，[8]欲杜關不納，鎔遽令啟關，命公立移軍於外，
廷隱遂據其城。公立既出，指城闉而言曰：“開門納盜，
後悔何追，此城數萬生靈，生爲俘馘矣！”因投刃泣下。
數日，廷隱閉城殺鎮兵數千人，遂登陴拒守，王鎔方命
公立攻之，即有備矣。及柏鄉之敗，兩州之人悉爲奴
擄，老弱者皆坑之。己亥，遣史建瑭、周德威徇地于
邢、魏，先馳檄以諭之。[9]帝御親軍南征。庚子，至洺
州，梁祖令其將徐仁溥將兵五百，[10]夜入邢州。張承
業、李存璋以三鎮步兵攻邢州，遣周德威、史建瑭將三
千騎，長驅至澶、魏，[11]帝與李嗣源率親軍繼進。

[1]野河：水名。又稱槐水。上游即今河北贊皇縣槐河，唐時下游流經今趙縣南東入洨水，五代下游改經高邑縣東南、柏鄉縣北五里，東入洨河。

[2]梁軍以五百人爭橋：《舊五代史考異》：“《通鑑》作梁軍橫亘數里，競前奪橋，鎮、定步兵禦之，勢不能支。與此微異。”見《通鑑》卷二六七乾化元年（911）正月條。

[3]王師進退有序：《輯本舊史》之影庫本粘籤：“‘王師’，原本作‘王追’，今據文改正。”

[4]龍驤：部隊番號。五代禁軍之一部。　神威：部隊番號。唐代禁軍。分左、右神威軍。　拱宸：部隊番號。五代禁軍之一部。

[5]安金全：人名。代北（今山西北部）人。五代後唐將領。傳見《舊五代史》卷六一、《新五代史》卷二五。　吐渾：部族名。吐谷渾的省稱。源出鮮卑，後游牧於今甘肅、青海一帶。參見周偉洲《吐谷渾資料輯錄》（增訂本），商務印書館2017年版。神捷：部隊番號。五代禁軍之一部。　“李嗣源率親軍與史建瑭”至“殺戮殆盡”：《輯本舊史》之影庫本粘籤：“《通鑑》云：趙人以深、冀之憾，不顧剽掠，但奮白刃追之，梁之龍驤、神捷精兵皆盡。與《薛史》互有詳略，今附識於此。”

[6]陳思權：人名。籍貫不詳。五代後梁將領。本書僅此一見。

[7]杜廷隱：人名。籍貫不詳。五代後梁將領。事見《通鑑》卷二六七。

[8]石公立：人名。籍貫不詳。五代將領。事見本書本卷、卷二六。

[9]“己亥”至“先馳檄以諭之”：《輯本舊史》之案語：“《册府元龜》載晉王諭邢、洺、魏、博、衛、滑諸郡縣檄。天祐八年正月，周德威等破賊，徇地邢、洺，先馳檄諭邢、洺、魏、博、衛、滑諸郡縣曰：‘王室遇屯，七廟被陵夷之酷；昊天不弔，萬民罹塗炭之災。必有英主奮庸，忠臣仗順，斬長鯨而清四海，靖祅祲以泰三靈。予位忝維城，任當分閫，念茲顛覆，詎可宴安。故仗桓文輔

合之規，問羿浞凶狂之罪。逆溫碭山庸隸，巢孽餘凶，當僖宗奔播之初，我太祖掃平之際，束身泥首，請命牙門，苞藏姦詐之心，惟示婦人之態。我太祖俯憐窮鳥，曲爲開懷，特發表章，請帥梁汴，纔出崔蒲之澤，便居茅社之尊，殊不感恩，遽行猜忍。我國家祚隆周漢，跡盛伊唐，二十聖之鑱基，三百年之文物。外則五侯九伯，内則百辟千官，或代襲簪纓，或門傳忠孝，皆遭陷害，永抱沉冤。且鎮、定兩藩，國家巨鎮，冀安民而保族，咸屈節以稱藩。逆溫唯仗陰謀，專行不義，欲全吞噬，先據屬州。趙州特發使車，來求援助。予情惟盪寇，義切親仁，躬率賦輿，赴茲盟約。賊將王景仁將兵十萬，屯據柏鄉，遂驅三鎮之師，授以七擒之略。鸛鵝纔列，梟獍大奔，易如走坂之丸，勢若燎原之火。僵尸仆地，流血成川。組甲雕戈，皆投草莽；謀夫猛將，盡作俘囚。群凶既快於天誅，大憝須垂於鬼録。今則選蒐兵甲，簡練車徒，乘勝長驅，翦除元惡。凡爾魏博、邢洺之衆，感恩懷義之人，乃祖乃孫，爲聖唐赤子，豈狗虎狼之黨，遂忘覆載之恩。蓋以封豕長蛇，馮陵薦食，無方逃難，遂被脅從。空嘗膽以銜冤，竟無門而雪憤，既聞告捷，想所慰懷。今義旅徂征，止於招撫。昔耿純焚盧而向順，蕭何舉族以從軍，皆審料興亡，能圖富貴，殊勳茂業，翼子貽孫，轉禍見機，決在今日。若能詣轅門而效順，開城堡以迎降，長官則改補官資，百姓則優加賞賜，所經註誤，更不推窮。三鎮諸軍，已申嚴令，不得焚燒廬舍，剽掠馬牛，但仰所在生靈，各安耕織。予恭行天罰，罪止元凶，已外歸明，一切不問，凡爾士衆，咸諒予懷。’”見明本《册府》卷六五《帝王部・發號令門四》。中華書局本對《輯本舊史》案語所引之《册府》，有校勘記：“故仗桓文輔合之規”，“‘桓’，原作‘威’，據殿本、《册府》卷八改。”“逆溫唯仗陰謀”，‘仗’，原作‘伏’，據劉本、《舊五代史考異》卷二、《册府》卷八改。”

　[10]徐仁溥：人名。籍貫不詳。五代後梁將領。本書僅此一見。中華書局本有校勘記：“原作‘徐仁浦’，據《册府》卷八、《通鑑》卷二六七改。影庫本粘籤：‘徐仁浦，《通鑑》作“仁溥”，

考《薛史》前後俱作"仁浦"，今姑仍其舊。'按徐仁浦，本書僅此一見。"《宋本册府》卷八《帝王部·創業門四》、《通鑑》卷二六七乾化元年正月己亥條載此事均作"徐仁溥"。

[11] 澶：州名。唐、五代初，治所在河南清豐縣。後晉天福四年（939），移治於今河南濮陽縣。

二月戊午，師次洹水，[1]周德威進至臨河。[2]己未，魏帥羅周翰出兵五千，[3]塞石灰窰口，[4]周德威以騎掩擊，迫入觀音門。[5]是日，王師迫魏州，帝舍於狄公祠西。[6]周翰閉壁自固，帝軍攻之，其城幾陷。帝歎曰："予爲兒童時，從先王渡河，今其忘矣。方春桃花水滿，思一觀之，誰從予者？"癸亥，帝觀河於黎陽。[7]是時，梁祖發兵萬餘將渡河，聞王師至，棄舟而退。黎陽都將張從楚、曹儒以部下兵三千人來降，[8]立其軍爲左右匡霸使。[9]乙丑，周德威自臨清狗地貝郡，[10]攻博州，[11]下東武、朝城。[12]時澶州刺史張可臻棄城而遁，[13]遂攻黎陽，[14]下臨河、淇門。[15]庚午，梁祖在洛，聞王師將攻河陽，[16]率親軍屯白司馬陂。[17]壬申，帝下令班師。帝至趙州，王鎔迎謁。翌日，大饗諸軍。壬午，帝發趙州，歸晉陽，留周德威戍趙州。

[1] 洹（huán）水：縣名。治所在今河北魏縣。因境有洹水，故名。

[2] 臨河：縣名。治所在今河南浚縣東北。

[3] 羅周翰：人名。籍貫不詳。五代後梁將領。事見本書本卷、卷八。

[4] 石灰窰：地名。位於今河北大名縣。

[5]觀音門：城門名。爲魏州城羅城西門。位於今河北大名縣。

[6]狄公祠：祠廟。《通鑑》卷二七一龍德元年（921）正月戊戌條胡注：“唐狄仁傑刺魏州，有惠政，州人爲之立祠。”

[7]河：即黃河。　黎陽：縣名。治所在今河南浚縣。

[8]都將：官名。唐、五代時節度使屬將。　張從楚：人名。後唐莊宗賜名爲李紹文。鄆州（今山東東平縣）人。五代後梁、後唐將領。傳見本書卷五九。　曹儒：人名。籍貫不詳。五代後梁、後唐將領。事見本書本卷、卷五九。

[9]匡霸：軍隊番號。李存勗收編後梁軍隊設置，編制三千人。

[10]臨清：縣名。治所在今河北臨西縣。　貝郡：州名。即貝州。治所在今河北清河縣。

[11]博州：州名。治所在今山東聊城市。

[12]東武：地名。位於朝城縣（今山東莘縣）境内。　朝城：縣名。治所在今山東莘縣。

[13]張可臻：人名。籍貫不詳。本書僅此一見。

[14]遂攻黎陽：中華書局本有校勘記：“‘攻’，原作‘入’，據殿本改。《通鑑》卷二六七敘其事作‘進攻黎陽’，《册府》卷八略同。影庫本批校云：‘“入”應作“攻”字’。”《宋本册府》卷八《帝王部·創業門四》實作“進擊黎陽”，《通鑑》卷二六七乾化元年（911）二月條作“進攻黎陽”。

[15]臨河：縣名。治所在今河南浚縣東北。　淇門：地名。位於今河南浚縣西南。

[16]河陽：縣名。治所在今河南孟州市。

[17]白司馬陂：地名。位於今河南洛陽北邙山北。《輯本舊史》原作“白馬坡”，中華書局本沿之。《舊五代史考異》卷二：“《通鑑》作白馬阪。”《通鑑》卷二八〇天福元年（936）閏十一月庚午條胡注：“白司馬阪，在洛陽城北。”今據改。

三月己丑，鎮、定州各遣使言幽州劉守光凶僭之
狀，[1]請推爲尚父，[2]以稔其惡。乙未，帝至晉陽宮，召
監軍張承業諸將等議幽州之事，乃遣牙將戴漢超齎墨制
并六鎮書，[3]推劉守光爲尚書令、尚父，[4]守光由是凶燄
日甚，遂邀六鎮奉册。

[1]幽州：州名。治所在今北京市。　劉守光：人名。深州樂
壽（今河北獻縣）人。唐末幽州節度使劉仁恭之子。劉守光囚父自
立，後號大燕皇帝，爲晉王李存勗俘殺。傳見本書卷一三五、《新
五代史》卷三九。

[2]尚父：尊號名。意爲可尊尚的父輩。

[3]戴漢超：人名。籍貫不詳，五代後唐將領。本書僅此一見。
六鎮：《舊五代史考異》：“原本作‘大鎮’，今據《通鑑》改
正。”《輯本舊史》之影庫本粘籤：“六鎮，原本作‘大鎮’，據
《通鑑》：晉王與王鎔及義武王處直、昭義李嗣昭、振武周德威、天
德宋瑤六節度使共奉册于守光。胡三省云：五鎮并河東而六。知原
本‘大’字係傳寫之訛，今改正。”見《通鑑》卷二六八乾化元年
（911）六月癸丑條及該條《考異》。該條胡注云：“五鎮並河東爲
六，然自昭義以下皆屬河東。”

[4]尚書令：官名。秦始置。隋、唐前期爲尚書省長官，與中書
令、侍中並爲宰相。唐後期多爲大臣加銜，不參與政務。正二品。

五月，六鎮使至幽，梁使亦集。[1]是月，梁祖遣都
招討使楊師厚將兵三萬屯邢州，帝令李嗣昭出師掠相、
衛而還。[2]

[1]五月，六鎮使至幽，梁使亦集：《舊五代史考異》：“《通鑑

考異》引《莊宗實錄》云：三月己丑，鎮州遣押衙劉光業至，言劉守光凶淫縱毒，欲自尊大，請稔其惡以咎之，推爲尚父。乙未，上至晋陽宮，召張承業諸將等議討燕之謀，諸將亦云宜稔其惡。上令押衙戴漢超持墨制及六鎮書如幽州，其辭曰：‘天祐八年三月二十七日，天德軍節度使宋瑤、振武節度使周德威、昭義節度使李嗣昭、易定節度使王處直、鎮州節度使王鎔、河東節度使尚書令晋王謹奉册進盧龍橫海等軍節度、檢校太尉、中書令、燕王爲尚書令、尚父。’五月，六鎮使至，汴使亦集。六月，守光令有司定尚父、採訪使儀則。”見《通鑑》卷二六八乾化元年（911）六月乙卯條《考異》。中華書局本有校勘記：“‘鎮州遣押衙劉光業至言劉’十一字原闕，據殿本、劉本、《通鑑》卷二六八《考異》引《莊宗實錄》補。‘儀則’，原作‘議’，據《通鑑》卷二六八《考異》引《莊宗實錄》改。”

[2]衛：州名。治所在今河南衛輝市。

　　秋七月，帝會王鎔於承天軍。[1]鎔，武皇之友也，帝奉之盡敬，捧巵酒爲壽，鎔亦捧酒醻帝。鎔幼子昭誨從行，[2]因許爲婚。

[1]承天軍：方鎮名。治所在今山西平定縣。

[2]昭誨：人名。即王昭誨。回鶻部人。王鎔之子，後唐莊宗李存勗婿。事見本書本卷。

　　八月甲子，幽州劉守光僭稱大燕皇帝，年號應天。[1]

[1]應天：五代大燕皇帝劉守光年號（911—913）。

九月庚子，梁祖將親軍自洛渡河而北，至相州，聞帝軍未出，乃止。

十月，幽州劉守光殺帝之行人李承勳，[1]忿其不行朝禮也。

[1]李承勳：人名。籍貫不詳。李克用牙將。傳見本書卷五六。

十一月辛丑，燕人侵易、定，[1]王處直來告難。[2]

[1]易：州名。治所在今河北易縣。　十一月辛丑，燕人侵易定：《舊五代史考異》："《通鑑》作戊申，燕主守光將兵二萬寇易定。《薛史》作辛丑，與《通鑑》異。"《通鑑》卷二六八乾化元年（911）十一月戊申條云："燕主守光將兵二萬寇易定，攻容城。"天祐八年（911）十一月辛巳朔，辛丑二十一日，戊申二十八日。

[2]王處直：人名。京兆萬年（今陝西西安市長安區）人。唐末、五代軍閥。傳見本書卷五四、《新五代史》卷三九。

十二月甲子，帝遣周德威、劉光濬、李嗣源及諸將率蕃漢之兵發晉陽，伐劉守光於幽州。《永樂大典》卷七千一百五十五。[1]

[1]《大典》卷七一五五"唐"字韻，"莊宗"事目二。

舊五代史　卷二八

唐書四

莊宗紀第二

天祐九年春正月庚辰朔,[1]周德威等自飛狐東下。[2]丙戌,會鎮、定之師進營祁溝。[3]庚子,[4]次涿州,[5]刺史劉知温以城歸順。[6]德威進迫幽州,[7]守光出兵拒戰,[8]燕將王行方等以部下四百人來奔。[9]

[1]天祐：唐昭宗李曄開始使用的年號（904）。唐哀帝李柷即位後沿用（904—907）。唐亡後，河東李克用、李存勗仍稱天祐，沿用至天祐二十年（923）。五代其他政權亦有行此年號者，如南吳、吳越等，使用時間長短不等。

[2]周德威：人名。朔州馬邑（今山西朔州市朔城區東北）人。唐末、五代河東將領。傳見本書卷五六、《新五代史》卷二五。

飛狐：路名。北起今山西大同市，南抵今河北定州市。

[3]鎮：州名。治所在今河北正定縣。　定：州名。治所在今河北定州市。　祁溝：關隘名。又名岐溝關。位於今河北涿州市西南。《輯本舊史》之影庫本粘籤："'祁溝'，原本作'禮溝'，據胡

三省《通鑑》注云：祁溝關在涿州南，易州巨馬河之北。今改正。」見《通鑑》卷二六八乾化二年（912）正月丙辰條胡注。五代亦無禮溝。

[4]庚子：中華書局本有校勘記：「《通鑑》卷二六八繫其事於戊子。按《通鑑》繫周德威進迫幽州事於丁酉，是月庚辰朔，戊子爲初九，庚子爲二十一日，丁酉爲十八日，庚子不當在丁酉前。」《通鑑》卷二七八記周德威出飛狐、下祁溝之時均與《輯本舊史》同，記戊子（初九）「圍涿州」，與《輯本舊史》之庚子（二一）「次涿州」，乃記載之不同，非時序顛倒。

[5]涿州：州名。治所在今河北涿州市。

[6]刺史：官名。漢武帝時始置。州一級行政長官。總掌考覈官吏、勸課農桑、地方教化等事。唐中期以後，節度使、觀察使轄州而設，刺史爲其屬官，職任漸輕。從三品至正四品下。　劉知溫：人名。籍貫不詳。五代官員。事見本書本卷、卷五六。

[7]幽州：州名。治所在今北京市。

[8]守光：人名。即劉守光。深州樂壽（今河北獻縣）人。唐末幽州節度使劉仁恭之子。劉守光囚父自立，後號大燕皇帝，爲晉王李存勗俘殺。傳見本書卷一三五、《新五代史》卷三九。

[9]燕：即五代劉守光大燕政權。　王行方：人名。籍貫不詳。五代大燕政權將領。本書僅此一見。

二月庚戌朔，梁祖大舉河南之衆以援守光，[1]以陝州節度使楊師厚爲招討使，[2]河陽李周彝爲副；[3]青州賀德倫爲應接使，[4]鄆州袁象先爲副。[5]甲子，梁祖自洛陽趨魏州，[6]遣楊師厚、李周彝攻鎮州之棗强，[7]命賀德倫攻蓨縣。[8]

[1]梁祖：即後梁太祖朱溫。　河南：地名。泛指後梁黄河以

南地區。　梁祖大舉河南之眾以援守光：“大舉”，《宋本冊府》卷
八《帝王部·創業門四》作“率舉”。

　　[2]陝州：州名。治所在今河南三門峽市陝州區。　節度使：
官名。唐時在重要地區所設掌握一州或數州軍政、民政、財政的長
官。　楊師厚：人名。潁州斤溝（今安徽太和縣阮橋鎮斤溝村）
人。唐末、五代將領。傳見本書卷二二、《新五代史》卷二三。
招討使：官名。唐貞元年間始置。戰時任命，兵罷則省。常以大
臣、將帥或地方軍政長官兼任。掌招撫討伐等事務。

　　[3]河陽：方鎮名。全稱“河陽三城”。治所在孟州（今河南
孟州市）。　李周彝：人名。籍貫不詳。唐末、五代軍閥。事見
《新五代史》卷二一、卷二二、卷四〇。

　　[4]青州：州名。治所在今山東青州市。　賀德倫：人名。五
代後梁將領。其先係河西部落人，後居滑州（今河南滑縣）。傳見
本書卷二一、《新五代史》卷四四。　應接使：官名。唐末、五代
於戰時設置。

　　[5]鄆州：州名。治所在今山東東平縣。　袁象先：人名。宋
州下邑（今河南夏邑縣）人。朱溫之甥。五代後梁、後唐將領。傳
見本書卷五九、《新五代史》卷四五。

　　[6]洛陽：地名。即今河南洛陽市。　魏州：州名。治所在今
河北大名縣。

　　[7]棗強：縣名。治所在今河北棗強縣。

　　[8]蓨（tiáo）縣：縣名。治所在今河北景縣。

　　三月壬午，梁祖自督軍攻棗強。甲申，[1]城陷，屠
之。時李存審與史建瑭以三千騎屯趙州，[2]相與謀曰：
“梁軍若不攻蓨城，必西攻深、冀。[3]吾王方北伐，以南
鄙之事付我輩，豈可坐觀其弊。”乃以八百騎趨冀州，
扼下博橋，[4]令史建瑭、李都督分道擒生。[5]翌日，諸軍

皆至，獲芻牧者數百人，盡殺之，縱數人逸去，且告：
"晋王至矣。"[6]建瑭與李都督各領百餘騎，[7]旗幟軍號
類梁軍，與芻牧者雜行，暮及賀德倫營門，殺守門者，
縱火大呼，俘斬而旋。又執芻牧者，斷其手令迴，梁軍
乃夜遁。蔣人持鉏耰白梃追擊之，悉獲其輜重。[8]梁祖
聞之大駭，自棗强馳歸貝州，[9]殺其將張正言、許從實、
朱彥柔，[10]以其亡師於蔣故也。梁祖先抱痼疾，因是愈
甚。辛丑，滄州都將張萬進殺留後劉繼威，[11]自爲滄
帥，遣人送款于梁，亦乞降于帝。戊申，周德威遣李存
暉攻瓦橋關，[12]下之。

[1]甲申：《舊五代史考異》："《通鑑》作丙戌。"見《通鑑》
卷二六八乾化二年（912）三月丙戌條。

[2]李存審：人名。陳州宛丘（今河南淮陽縣）人。原姓符名
存。五代後唐將領。傳見本書卷五六、《新五代史》卷二五。　史
建瑭：人名。雁門（今山西代縣）人。唐九府都督史敬思之子，五
代後唐將領。傳見本書卷五五、《新五代史》卷二五。　趙州：州
名。治所在今河北趙縣。

[3]深：州名。治所在今河北深州市。　冀：州名。治所在今
河北衡水市冀州區。

[4]博橋：橋名。位於今河北棗强縣。

[5]李都督：即李嗣肱。唐末、五代時沙陀部人。傳見本書卷
五〇、《新五代史》卷一四。《通鑑》卷二六八乾化二年三月丁亥
條追述此事云：李存審謂史建瑭、李嗣肱曰：當與公等以奇計破之
云云。所述與《輯本舊史》同，知李都督即李嗣肱。李嗣肱《輯
本舊史》卷五〇《唐宗室列傳二》有傳，爲唐武皇從父弟克修之
次子。

[6]晋王：即李存勖。五代後唐王朝的建立者。紀見本書卷二七至卷三四、《新五代史》卷五。

[7]百餘騎：《通鑑》卷二六八乾化二年三月丁亥條作"三百騎"。

[8]鉏（chú）櫌（yōu）白梃：平民所持武器。鉏櫌，意爲鋤頭和平土農具，泛指農具。白梃，木棍。《漢書‧諸侯王表》："陳吴奮其白梃。"應劭注："白梃，大杖也。" "梁軍乃夜遁"至"悉獲其輜重"：《舊五代史考異》："《通鑑‧後梁紀》云：帝燒營夜遁，迷失道，委曲行百五十里。戊子旦，乃至冀州。蔣之耕者皆荷鉏奮梃逐之，委棄軍資器械不可勝計。"見《通鑑》卷二六八乾化二年三月戊子條。

[9]貝州：州名。治所在今河北清河縣。

[10]張正言：人名。籍貫不詳。五代後梁將領。本書僅此一見。 許從實：人名。籍貫不詳。劉萬子部將。事見本書本卷、卷二三，《新五代史》卷四〇、卷五四。 朱彦柔：人名。籍貫不詳。五代後梁將領。本書僅此一見。

[11]滄州：州名。治所在今河北滄縣舊州鎮。此處指橫海軍節度使。 都將：官名。唐五代時方鎮屬將。 張萬進：人名。雲州（今山西大同市）人。唐末、五代將領。傳見本書卷一三。 留後：官名。唐、五代節度使多以子弟或親信爲留後，以代行節度使職務，亦有軍士、叛將自立爲留後者。掌一州或數州軍政。 劉繼威：人名。深州樂壽（今河北獻縣）人。劉守光之子。五代將領。事見本書卷一三《張萬進傳》，《通鑑》卷二六七、卷二六八。

[12]李存暉：人名。籍貫不詳。五代後唐將領。本書僅此一見。 瓦橋關：關隘名。唐置。位於今河北雄縣。五代後晉初地入契丹。後周顯德六年（959）收復，建爲雄州。與益津、淤口合稱三關。

四月丁巳，梁祖自魏南歸，疾篤故也。戊寅，[1]李嗣源攻瀛州，[2]拔之。

[1]戊寅：中華書局本沿《輯本舊史》作戊申，是月己酉朔，無戊申。《通鑑》卷二六八繫李嗣源攻拔瀛洲之時爲戊寅。

[2]李嗣源：人名。沙陀部人，應州金城（今山西應縣）人。李克用養子，逼宮李存勖後自立爲後唐皇帝。紀見本書卷三五至卷四〇、《新五代史》卷六。　瀛州：州名。治所在今河北河間市。

五月己卯朔，[1]周德威大破燕軍於羊頭岡，[2]擒大將單廷珪，[3]斬首五千餘級。[4]德威自涿州進軍于幽州，營于城下。

[1]五月己卯朔：《輯本舊史》原作“五月乙卯朔”。中華書局本有校勘記：“按是月己卯朔，無乙卯。《通鑑》卷二六八《考異》引《莊宗實錄》：‘四月己卯朔，周德威擒單廷珪，進軍大城莊。’疑《通鑑考異》‘四月’爲‘五月’之訛。”中華書局本未改“乙卯”爲“己卯”，今改正。《通鑑》卷二六八乾化二年（912）五月甲申條《考異》引《莊宗實錄》云四月己卯周德威擒單庭珪，但正文仍繫於五月己卯，不得云《考異》訛。

[2]羊頭岡：《舊五代史考異》：“《通鑑》作龍頭岡，《考異》引《莊宗實錄》作羊頭岡。”見《通鑑》卷二六八乾化二年五月甲申條及該條《考異》。《輯本舊史》卷五六《周德威傳》作龍頭崗。《宋本册府》卷三九六《將帥部・勇敢門》亦作龍頭崗。

[3]單廷珪：人名。籍貫不詳。劉守光麾下將領。事見本書本卷、卷五六、卷七〇。

[4]斬首五千餘級：中華書局本有校勘記：“‘五千’，本書卷五六《周德威傳》、《册府》卷三九六、《通鑑》卷二六八作‘三千’。”

閏月己酉，攻其西門，燕人出戰，敗之。

六月戊寅，梁祖爲其子友珪所弒，[1]友珪僭即帝位于洛陽。

[1]友珪：人名。即朱友珪。後梁太祖朱溫之子，乾化二年（912）殺死朱溫自立爲帝。次年兵敗身死，被廢爲庶人。傳見本書卷一二、《新五代史》卷一三。

秋八月，朱友珪遣其將韓勍、康懷英、牛存節率兵五萬，[1]急攻河中。[2]朱友謙遣使來求援，[3]帝命李存審率師救之。

[1]韓勍：人名。籍貫不詳。五代後梁將領。事見本書卷七、《新五代史》卷四五。　康懷英：人名。本名懷貞，避後梁末帝朱友貞諱改懷英。兗州（今山東濟寧市兗州區）人。唐末、五代將領。傳見本書卷二三、《新五代史》卷二二。　牛存節：人名。青州博昌（今山東博興縣）人。唐末、五代將領。傳見本書卷二二、《新五代史》卷二二。

[2]河中：方鎮名。治所在河中府（今山西永濟市）。

[3]朱友謙：人名。許州（今河南許昌市）人。唐末、五代軍閥。傳見本書卷六三、《新五代史》卷四五。

十月癸未，帝自澤州路赴河中，遇梁將康懷英於平陽，[1]破之，斬首千餘級，追至白徑嶺，[2]朱友謙會帝於猗氏，[3]梁軍解圍而去。十一月庚申，[4]周德威報劉守光三遣使乞和，不報。丁卯，燕將趙行實來奔。[5]

[1]平陽：地名。位於今山西臨汾市。《通鑑》從莊宗天祐九年《實録》作“解縣”，見卷二六八乾化二年（912）十月條及該條《考異》。

[2]白徑嶺：地名。位於今山西運城市東南，爲中條山支嶺。路通陝州（今河南三門峽市陝州區）。《輯本舊史》之影庫本粘籤：“‘白徑嶺’，原本作‘百徑’，據胡三省《通鑑》注云：白徑嶺在河中安邑縣東。今改正。”見《通鑑》卷二六八乾化二年十月條及該條胡注。影庫本粘籤引胡注安邑縣下原無“東”字，中華書局本有校勘記：“‘東’字原闕，據《通鑑》卷二六八胡注補。”

[3]猗氏：縣名。治所在今山西臨猗縣。

[4]十一月庚申：《輯本舊史》原無“十一月”三字，中華書局本有校勘記：“十月乙亥朔，無庚申。十一月乙巳朔，庚申爲十六日，丁卯爲二十三日。‘庚申’上疑脫‘十一月’三字。”但未補。下一條記事爲丁卯，十月無丁卯，故補。

[5]趙行實：人名。籍貫不詳。五代將領。事見本書本卷、卷五五、卷八四。

天祐十年春正月丁巳，周德威攻下順州，[1]獲刺史王在思。[2]

[1]順州：州名。治所在今北京市順義區。
[2]王在思：人名。籍貫不詳。本書僅此一見。

二月甲戌朔，攻下安遠軍，[1]獲燕將一十八人。庚寅，梁朱友珪爲其將袁象先所殺，均王友貞即位於汴州。[2]丙申，周德威報檀州刺史陳確以城降。[3]

[1]安遠軍：方鎮名。治所在安州（今湖北安陸市）。

[2]友貞：人名。即後梁末帝朱友貞。後梁太祖朱温之子。913年至923年在位。紀見本書卷八至一〇、《新五代史》卷三。　汴州：州名。治所在今河南開封市。

[3]檀州：治所在今北京市密雲區。　陳確：人名。籍貫不詳。本書僅此一見。

　　三月甲辰朔，收盧臺軍。[1]乙丑，收古北口。[2]時居庸關使胡令珪等與諸戍將相繼挈族來奔。[3]丙寅，[4]武州刺史高行珪遣使乞降。[5]時劉守光遣愛將元行欽牧馬於山北，[6]聞行珪有變，率戍兵攻行珪，行珪遣其弟行温爲質，[7]且乞應援。周德威遣李嗣源、李嗣本、安金全率兵救武州，[8]降元行欽以歸。

[1]盧臺軍：軍（政區）名。治所在今天津市寧河區。

[2]古北口：地名。位於今北京市密雲區。

[3]居庸關：關隘名。位於今北京市昌平區。　胡令珪：人名。籍貫不詳。本書僅此一見。中華書局本有校勘記：“《通鑑》卷二六八作‘胡令圭’。”見《通鑑》卷二六八乾化三年（913）三月乙丑條。

[4]丙寅：中華書局本有校勘記：“原作‘丙戌’，據殿本改。影庫本批校：‘“寅”訛“戌”。’按是月甲辰朔，無丙戌，丙寅爲十三日。”丙寅爲二十三日，非十三日。

[5]武州：州名。治所在今河北張家口市宣化區。　高行珪：人名。或作“高行周”。幽州（今北京市）人。五代名將。傳見本書卷一二三、《新五代史》卷四八。

[6]元行欽：人名。幽州（今北京市）人。五代後唐將領。傳見本書卷七〇、《新五代史》卷二五。

［7］行溫：人名。即高行周。幽州（今北京市）人。高行珪之弟。五代名將。傳見本書卷一二三、《新五代史》卷四八。《輯本舊史》卷六五《高行珪傳》、《通鑑》卷二六八乾化三年三月條作"行周"，據該條《考異》知《莊宗實録》作"行溫"。行溫應即爲行周。

［8］李嗣本：人名。雁門（今山西代縣）人。李克用義子，本姓張。五代後唐將領。傳見本書卷五二、《新五代史》卷三六。安金全：人名。代北（今山西北部）人。五代後唐將領。傳見本書卷六一、《新五代史》卷二五。

　　四月甲申，燕將李暉等二十餘人舉族來奔。[1]德威攻幽州南門。壬辰，劉守光遣使王遵化致書哀祈於德威，[2]德威戲遵化曰："大燕皇帝尚未郊天，何怯劣如是耶！"[3]守光再遣哀祈，德威乃以狀聞。己亥，劉光濬攻下平州，[4]獲刺史張在吉。[5]

　　［1］李暉：人名。籍貫不詳。本書僅此一見。
　　［2］王遵化：人名。籍貫不詳。劉守光將領。本書僅此一見。
　　［3］何怯劣如是耶：《輯本舊史》之影庫本粘籤："怯劣，原本作'惟劣'，今據文改正。"此應爲形近之訛。
　　［4］劉光濬：人名。籍貫不詳。五代後唐將領。事見本書本卷、卷二七。　平州：州名。治所在今河北盧龍縣。
　　［5］張在吉：人名。籍貫不詳。劉守光政權官員。本書僅此一見。

　　五月壬寅朔，光濬進迫營州，[1]刺史楊靖以城降。[2]乙巳，梁將楊師厚會劉守奇率大軍侵鎮州，[3]時帝之先鋒將史建瑭自趙州率五百騎入真定,[4]師厚大掠鎮、冀之屬邑。王鎔告急於周德威,[5]德威分兵赴援,師厚移軍寇滄州,張萬進懼,遂降于梁。[6]

[1]營州:州名。治所在今遼寧朝陽市。

[2]楊靖:人名。籍貫不詳。本書僅此一見。

[3]劉守奇:人名。深州樂壽(今河北獻縣)人。唐末幽州節度使、燕王劉仁恭之子,劉守光之弟。唐末、五代將領。事見本書卷一三三。

[4]真定:縣名。治所在今河北正定縣。

[5]王鎔:人名。回鶻人。唐末、五代軍閥,朱溫後封趙王。傳見本書卷五四、《新五代史》卷三九。

[6]遂降于梁:《輯本舊史》之影庫本粘籤:"原本作'遂師',今據文改正。"《通鑑》卷二六八乾化三年(913)五月壬子條載,楊師厚與劉守奇逼滄州,張萬進懼,請遷于河南,師厚表徙萬進鎮青州,以守奇為順化節度使。張萬進既接受,即降於梁,何需據文改正。

六月壬申朔,帝遣監軍張承業至幽州,與周德威會議軍事。

秋七月,承業與德威率千騎至幽州西,守光遣人持信箭一隻,乞修和好。承業曰:"燕帥當令子弟一人為質則可。"[1]是日,燕將司全爽等十一人並舉族來奔。[2]辛亥,德威進攻諸城門。壬子,賊將楊師貴等五十人來降。[3]甲子,五院軍使李信攻下莫州。[4]時守光繼遣人乞降,將緩帝軍,陰令其將孟脩、阮通謀於滄州節度使劉守奇,[5]及求援於楊師厚,帝之游騎擒其使以獻。是月,帝會王鎔於天長。[6]

[1] 燕帥當令子弟一人爲質則可：中華書局本有校勘記："'帥'，原作'師'，據殿本、彭校改。"

[2] 司全爽：人名。籍貫不詳。本書僅此一見。

[3] 楊師貴：人名。籍貫不詳。本書僅此一見。

[4] 五院軍使：官名。唐景福（892—893）初，李克用武始置五院兵，以軍使總領。　李信：人名。籍貫不詳。本書僅此一見。莫州：州名。治所在今河北任丘縣。

[5] 孟脩：人名。籍貫不詳。本書僅此一見。　阮通：人名。籍貫不詳。本書僅此一見。

[6] 天長：地名。又名天長鎮。位於今河北井陘縣西南。

九月，劉守光率衆夜出，遂陷順州。[1]

[1] 順州：州名。治所在今北京市順義區。

冬十月己巳朔，守光帥七百騎、步軍五千夜入檀州。庚午，周德威自涿州將兵躡之。壬申，守光自檀州南山而遁，[1]德威追及，大敗之，獲大將李劉、張景紹及將吏八百五十人，[2]馬一百五十匹。守光得百餘騎遁入山谷，德威急馳，扼其城門，守光惟與親將李小喜等七騎奔入燕城。[3]己丑，守光遣牙將劉化脩、周遵業等以書幣哀祈德威。[4]庚寅，守光乘城以病告，復令人獻自乘馬玉鞍勒易德威所乘馬而去。俄而劉光濬擒送守光僞殿直二十五人於軍門，[5]守光又乘城謂德威曰："予俟晉王至，即泥首俟命。"祈德威即馳驛以聞。

[1]守光自檀州南山而遁：《宋本册府》卷八《帝王部·創業門四》作"守光循山而南"。

[2]李劉：人名。籍貫不詳。本書僅此一見。　張景紹：人名。籍貫不詳。本書僅此一見。

[3]李小喜：人名。籍貫不詳。五代將領。事見本書本卷、卷一三五，《新五代史》卷三九。　守光惟與親將李小喜等七騎奔入燕城：《宋本册府》卷八作"守光復之譚城"。五代無譚城，《册府》應爲音近之誤。

[4]劉化脩：人名。籍貫不詳。本書僅此一見。　周遵業：人名。籍貫不詳。事見本書本卷、《新五代史》卷三九。

[5]殿直：官名。五代後晋改殿前承旨爲殿直，爲皇帝的侍從官。

十一月己亥朔，帝下令親征幽州。甲辰，發晋陽。[1]己未，至范陽。[2]辛酉，守光奉禮幣歸款於帝，帝單騎臨城邀守光，辭以佗日，蓋爲其親將李小喜所扼也。是夕，小喜來奔，帝下令諸軍，詰旦攻城。壬戌，梯轀並進，軍士畢登，帝登燕丹塚以觀之。[3]有頃，擒劉仁恭以獻。[4]癸亥，帝入燕城，諸將畢賀。

[1]晋陽：縣名。治所在今山西太原市。　甲辰，發晋陽：《輯本舊史》之案語："《歐陽史》作十月，劉守光請降，王如幽州。據《薛史》則帝發晋陽在十一月甲辰，非十月也。《通鑑》從《薛史》。"《新五代史》卷五《唐莊宗紀下》云："（天祐）十年十月，劉守光請降，王如幽州，守光背約不降，攻破之。"《通鑑》卷二六八乾化三年（913）十一月甲辰條云："晋王以監軍張承業權知軍府事，自詣幽州。"

[2]范陽：縣名。治所在今河北涿州市。

［3］燕丹塚：即戰國時燕國太子丹之墓。

［4］劉仁恭：人名。深州（今河北深州市）人。唐末、五代軍閥。傳見《新唐書》卷二一二。

　　十二月庚午，墨制授周德威幽州節度使。癸酉，檀州燕樂縣人執劉守光并妻李氏祝氏、子繼祚以獻。[1]己卯，帝下令班師，自雲、代而旋。[2]時鎮州王鎔、定州王處直遣使請帝由井陘而西，[3]許之。庚辰，帝發幽州，擄仁恭父子以行。甲申，次定州，舍於關城。翌日，次曲陽，[4]與王處直謁北嶽祠。是日，次行唐，[5]鎮州王鎔迎謁於路。

　　［1］燕樂縣：縣名。治所在今北京密雲區。　李氏祝氏：皆爲劉守光妻，籍貫不詳。本書僅此一見。　繼祚：人名。即劉繼祚。深州樂壽（今河北獻縣）人。劉守光子。本書僅此一見。

　　［2］雲：州名。治所在今山西大同市。　代：州名。治所在今山西代縣。

　　［3］王處直：人名。京兆萬年（今陝西西安市長安區）人。唐末、五代軍閥，長期爲義武節度使。傳見本書卷五四、《新五代史》卷三九。　井陘（xíng）：關隘名。位於今河北井陘縣。

　　［4］曲陽：縣名。治所在今河北曲陽縣。《輯本舊史》之影庫本粘籤："曲陽，原本作'田陽'，今據文改正。"

　　［5］行唐：縣名。治所在今河北行唐縣。中華書局本有校勘記："原作'衡唐'，據劉本、邵本校、《册府》卷八、《通鑑》卷二六九改。按《太平寰宇記》卷六一，鎮州有行唐縣。本卷下一處同。"見《宋本册府》卷八《帝王部·創業門四》、《通鑑》卷二六九乾化三年（913）十二月條及胡注。本卷下一處"畋於行唐之

西”及下卷“餘衆保行唐”，皆爲“行唐”。五代亦無“衡唐”之地名。

天祐十一年春正月戊戌朔，王鎔以履新之日，與其子昭祚、昭誨奉觴上壽置宴。[1]鎔啟曰：“燕主劉太師頃爲隣國，今欲挹其風儀，可乎？”帝即命主者破械，引仁恭、守光至，與之同宴，鎔饋以衣被飲食。己亥，帝發鎮州，因與王鎔畋於行唐之西。壬子，至晉陽，以組練繫仁恭、守光，號令而入。是日，誅守光。遣大將李存霸拘送仁恭于代州，刺其心血奠告于武皇陵，然後斬之。[2]是月，鎮州王鎔、定州王處直遣使推帝爲尚書令。[3]初，王鎔稱藩於梁，梁以鎔爲尚書令，至是鎮、定以帝南破梁軍，北定幽、薊，乃共推崇焉。使三至，帝讓乃從之，遂選日受册，開霸府，建行臺，如武德故事。[4]

[1]昭祚：人名。即王昭祚。回鶻部人。王鎔之子，梁太祖朱温婿。事見《新五代史》卷三九。　昭誨：人名。即王昭誨。回鶻部人。王鎔之子，後唐莊宗李存勖婿。事見《新五代史》卷三九。

[2]李存霸：人名。沙陀部人。李克用子，五代軍閥。傳見本書卷五一、《新五代史》卷一四。　武皇：後唐太祖李克用謚號。莊宗即位，追謚武皇帝，廟號太祖，陵在雁門。李克用，沙陀部人，生於神武川新城（一說今山西朔州市朔城區之梵王寺村，一說今山西應縣縣城，一說今山西懷仁縣之日中城）。五代後唐實際奠基者。紀見本書卷二五至卷二六。　“壬子”至“然後斬之”：“以組練繫仁恭守光”，中華書局本有校勘記：“‘練’字原闕，據殿本、孔本《册府》卷八補。《新五代史》卷三九《劉守光傳》敘其事作

'仁恭父子曳以組練'。"見《宋本册府》卷八《帝王部・創業門四》。《輯本舊史》之案語："《遼史・太祖紀》：七年正月，晋王李存勗拔幽州，擒劉守光。考遼太祖七年即天祐十年，莊宗以天祐十年冬始拔幽州，十一年正月乃凱旋也。遼史誤以次年事先一年書之。"見《遼史》卷一《太祖紀上》。

[3]尚書令：官名。秦始置。隋、唐前期爲尚書省長官，與中書令、侍中並爲宰相。唐後期多爲大臣加銜，不參與政務。正二品。 是月，鎮州王鎔、定州王處直遣使推帝爲尚書令：《舊五代史考異》："《通鑑考異》引《唐實録》云：天祐八年，晋王已稱尚書令。薛史作天祐十一年，與《唐實録》異。"見《通鑑》卷二六八乾化元年（911）六月乙卯條《考異》引《莊宗實録》，載天祐八年（911）三月二十七日，河東節度使、尚書令晋王與天德軍節度使宋瑶等奉册進燕王（即劉守光）爲尚書令、尚父。《通鑑》卷二六九則繫此事於乾化四年（即天祐十一年）正月條，與本條同。

[4]武德：唐高祖李淵年號（618—626）。

秋七月，帝親將自黄沙嶺東下會鎮人，[1]進軍邢、洺。[2]梁將楊師厚軍於漳東，[3]帝軍次張公橋，[4]既而裨將曹進金奔於梁，[5]帝軍不利而退。

[1]黄沙嶺：地名。位於今山西昔陽縣東八十里，與河北贊皇縣交界處。中華書局本有校勘記："《册府》卷八同，本書卷八《梁末帝紀上》作黄澤嶺。按《通鑑》卷二六九胡注：'魏收志，樂平郡遼陽縣有黄澤嶺。'"見《輯本舊史》卷八《梁末帝紀上》乾化四年（914）七月條、《宋本册府》卷八《帝王部・創業門四》、《通鑑》卷二六九貞明元年（915）五月條胡注。

[2]邢：州名。治所在今河北邢臺市。 洺：州名。治所在今河北邯鄲市永年區。

[3]漳：水名。即今漳河。有清漳水（今清漳河）、濁漳水（今濁漳河）兩支上源，分別出自山西長子縣和沁縣，二源至今河南林州市相合，流入河南安陽市北，下游河道屢有變化。

[4]張公橋：地名。位於今河北邢臺市西北。

[5]曹進金：人名。籍貫不詳。事見本書本卷、卷八。

八月，還晉陽。

天祐十二年三月，梁魏博節度使賀德倫遣使奉幣乞盟。時楊師厚卒於魏州，梁主乃割相、衛、澶三州別爲一鎮，[1]以德倫爲魏博節度使，[2]以張筠爲相州節度使，[3]魏人不從。是月二十九日夜，[4]魏軍作亂，囚德倫於牙署，三軍大掠。軍士有張彥者，[5]素實凶暴，爲亂軍之首，迫德倫上章請却復六州之地，梁主不從，遂迫德倫歸於帝，且乞師爲援。帝命馬步副總管李存審自趙州帥師屯臨清，[6]帝自晉陽東下，與存審會。[7]賀德倫遣從事司空頲至軍，[8]密啟張彥狂勃之狀，且曰：“若不翦此亂階，恐貽後悔。”帝默然，遂進軍永濟。張彥謁見，以銀槍効節五百人從，[9]皆被甲持兵以自衛。帝登樓諭之曰：“汝等在城，濫殺平人，奪其妻女，數日以來，迎訴者甚衆，當斬汝等，以謝鄴人。”遽令斬彥及同惡者七人，軍士股慄，帝親加慰撫而退。翌日，帝輕裘緩策而進，令張彥部下軍士被甲持兵，環馬而從，命爲帳前銀槍，衆心大服。梁將劉鄩聞帝至，[10]以精兵萬人自洹水趣魏縣，[11]帝命李存審帥師禦之，帝率親軍於魏縣西北，夾河爲柵。

[1]相：州名。治所在今河南安陽市。 衛：州名。治所在今河南衛輝市。 澶：州名。唐、五代初，治所在今河南清豐縣。後晉天福四年（939）移治於今河南濮陽縣。

[2]魏博：方鎮名。治所在魏州貴鄉縣（今河北大名縣）。

[3]張筠：人名。海州（今江蘇連雲港市海州區）人。五代後梁、後唐軍閥。傳見本書卷九〇、《新五代史》卷四七。《輯本舊史》之影庫本粘籤："原本作'張均'，今從薛史《梁紀》改正。"見《輯本舊史》卷八《梁末帝紀上》貞明元年（即天祐十二年，915）三月己丑條，但卷九十《張筠傳》作"兩使留後"。

[4]是月二十九日夜：《舊五代史考異》："《通鑑考異》引《莊宗實錄》作二十七日，今考《薛史·賀德倫傳》作二十九日，與此紀合。"見《輯本舊史》卷二一《賀德倫傳》。《通鑑》卷二六九貞明元年三月己丑條《考異》所引者爲《莊宗列傳》，非《莊宗實錄》，且云《莊宗列傳》誤"九"爲"七"。

[5]張彥：人名。籍貫不詳。五代後梁軍校。事見本書卷八《梁末帝本紀上》。

[6]馬步副總管：官名。即"蕃漢內外馬步軍副總管"。五代後唐置，爲蕃漢馬步軍總副指揮官。 臨清：縣名。治所在今河北臨西縣。

[7]帝自晉陽東下，與存審會：《舊五代史考異》："《通鑑》：晉王引大軍自黃澤嶺東下，與存審會于臨清，猶疑魏人之詐，按兵不進。"見《通鑑》卷二六九貞明元年五月條。

[8]從事：泛指一般屬官。 司空頲：人名。貝州清陽（今河北清河縣）人。唐末、五代將領。傳見本書卷七一、《新五代史》卷五四。

[9]銀槍効節：部隊番號。原爲魏博牙兵銀槍効節軍，李存勗將其編組爲帳前銀槍軍。後唐建立以後，爲侍衛親軍的一支。掌宿衛宮禁，護衛皇帝出行。

[10]劉鄩：人名。密州安丘（今山東安丘市）人。唐末、五

代將領。傳見本書卷二三、《新五代史》卷二二。

　　[11]洹（huán）水：縣名。治所在今河北魏縣。因境有洹水，故名。《輯本舊史》之影庫本粘籤：“‘洹水’，原本作‘桓水’，今據《通鑑》改正。”見《通鑑》卷二六九貞明元年五月條。洹水，五代數見，無桓水。　魏縣：縣名。治所在今河北大名縣。

　　六月庚寅朔，帝入魏州，賀德倫上符印，請帝兼領魏州，帝從之。墨制授德倫大同軍節度，[1]令取便路赴任。帝下令撫諭鄴人，軍城畏肅，民心大服。是時，以貝州張源德據壘拒命，[2]南通劉鄩，又與滄州首尾相應，聞德州無備，遣別將襲之，遂拔其城。命遼州牙將馬通為德州刺史，[3]以扼滄、貝之路。[4]

　　[1]大同軍：方鎮名。治所在雲州（今山西大同市）。
　　[2]張源德：人名。籍貫不詳。五代後梁將領。傳見本書附錄、《新五代史》卷三三。中華書局本有校勘記：“原作‘張原德’，據殿本，劉本，本書卷五六《符存審傳》，《冊府》卷四五，《通鑑》卷二六九，《新五代史》卷五《唐本紀》、卷三三《張源德傳》改。”見《輯本舊史》卷五六《符存審傳》、《宋本冊府》卷四五《帝王部·謀略門》（但誤繫於十三年二月）、《新五代史》卷三三《張源德傳》、《通鑑》卷二六九貞明元年（915）六月條，《新五代史》卷五《唐莊宗紀下》未記此事。
　　[3]遼州：州名。治所在今山西左權縣。　牙將：節度使衙將領總稱。　馬通：人名。籍貫不詳。本書僅此一見。　德州：州名。治所在今山東德州市陵城區。
　　[4]以扼滄、貝之路：《輯本舊史》之影庫本粘籤：“滄、貝原本作‘滄只’，今據文改正。”見《通鑑》卷二六九貞明元年六月條載：“乃遣騎兵五百，晝夜兼行，襲德州。刺史不意晉兵至，踰

城走，遂克之，以遼州守捉將馬通爲刺史。"有書爲證，何需據文改正。且五代貝州屢見，無只州。

秋七月，梁澶州刺史王彦章棄城而遁，[1]畏帝軍之逼也。以故將李巖爲澶州刺史。[2]帝至魏縣，因率百餘騎覘梁軍之營。是日陰晦，劉鄩伏兵五千於河曲叢木間，帝至，伏兵忽起，大譟而來，圍帝數十重。帝以百騎馳突奮擊，梁軍辟易，決圍而出，[3]有頃援軍至，乃解。帝顧謂軍士曰："幾爲賊所笑。"是月，劉鄩潛師由黃澤西趨晋陽，[4]至樂平而還，[5]遂軍於宗城。[6]初，鄩在洹水，數日不出，寂無聲迹，帝遣騎覘之，無斥候者，城中亦無煙火之狀，但有鳥止於壘上，時見旗幟循堞往來。帝曰："我聞劉鄩用兵，一步百變，必以詭計誤我。"使視城中，乃縛旗於芻偶之上，使驢負之，循堞而行。得城中贏老者詰之，云軍去已二日矣。既而有人自鄩軍至者，言兵已趨黃澤，帝遽發騎追之。時霖雨積旬，鄩軍倍道兼行，皆腹疾足腫，加以山路險阻，崖谷泥滑，緣蘿引葛，方得少進。顛墜巖坂，陷於泥淖而死者十二三。前軍至樂平，糧糒將竭，聞帝軍追躡於後，太原之衆在前，群情大駭。鄩收合其衆還，自邢州陳宋口渡漳水而東，駐於宗城。[7]時魏之軍儲已乏，[8]臨清積粟所在，鄩欲引軍據之。周德威初聞鄩軍之西，自幽州率千騎至土門。[9]及鄩軍東下，急趨南宮，[10]知鄩軍在宗城，遣十餘騎迫其營，擒斥候者，斷其腕令還。德威至臨清，鄩起軍駐貝州。帝率親騎次博州。[11]鄩軍於堂邑，[12]周德威自臨清率五百騎躡之。是日，鄩軍於莘縣，[13]帝營於莘西一舍，城壘相望，日夕交鬥。

[1]王彥章：人名。鄆州壽張（今山東梁山縣壽張集）人。五代後梁將領。傳見本書卷二一、《新五代史》卷三二。

[2]李嚴：人名。籍貫不詳。事見本書本卷、卷二二。《舊五代史考異》：“《通鑑考異》引《莊宗實錄》作李巖。”見《通鑑》卷二六九貞明元年（915）七月條《考異》引《莊宗實錄》，《考異》并云：“今從薛史。”

[3]“帝以百騎馳突奮擊”至“決圍而出”：《舊五代史考異》：“《通鑑》作自午至申，乃得出，亡其七騎。”見《通鑑》卷二六九貞明元年七月條。

[4]黃澤：關隘名。位於今山西左權縣東南。

[5]樂平：地名。位於今山東茌平縣樂平鎮。

[6]宗城：縣名。治所在今河北威縣。《輯本舊史》之影庫本粘籤：“‘宗城’，原本作‘宋城’，今據《歐陽史·劉鄩傳》改正。”不見於《新五代史》卷二二《劉鄩傳》。見《通鑑》卷二六九貞明元年七月條及《考異》所引《薛史》，但《考異》所引薛史與此本紀文字多異。

[7]太原：府名。此處指治所在太原（今山西太原市）的方鎮河東軍。　陳宋口：地名。位於今河北邢臺市西北黃榆嶺北。“前軍至樂平”至“駐於宗城”：此與前文“是月”至“遂軍於宗城”爲重文，其不同應爲有不同之史源。

[8]時魏之軍儲已乏：《輯本舊史》之影庫本粘籤：“‘軍儲’，原本作‘申諸’，今據文改正。”《通鑑》卷二六九貞明元年七月條言劉鄩自莘及河筑甬道以通餽餉。八月條又言劉鄩在莘久，餽運不給，晉人乃攻絕其甬道。

[9]土門：關隘名。即井陘關。位於今河北井陘縣北井陘山上。

[10]南宮：縣名。治所位於今河北南宮市。

[11] 博州：州名。治所在今山東聊城市。

[12] 堂邑：縣名。治所在今山東冠縣東。北宋熙寧初，遷至今山東聊城市西北堂邑。

[13] 莘縣：縣名。治所在今山東莘縣。

八月，梁將賀瓌襲取澶州，[1] 帝遣李存審率兵五千攻貝州，因壍而圍之。

[1] 賀瓌：人名。濮陽（今河南濮陽市）人。五代後梁將領。傳見本書卷二三、《新五代史》卷二三。

冬十月，有軍士自鄆軍來奔，帝善待之，乃劉鄩密令齎酖賂帝膳夫，欲置毒於食中，會有告者，索其黨誅之。

天祐十三年春二月，帝知劉鄩將謀速戰，乃聲言歸晉陽以誘之，實勞軍於貝州也，令李存審守其營。鄩謂帝已歸晉陽，將乘虛襲鄆，遣其將楊延直自澶州率兵萬人，[1] 會於城下，夜半至於南門之外。城中潛出壯士五百人，突入延直之軍，譟聲動地，梁軍自亂。遲明，鄩自莘引軍至城東，與延直兵會。鄩之來也，李存審率兵躡其後，李嗣源自魏城出戰。俄而帝自貝州至，鄩卒見帝，驚曰：“晉王耶！”因引軍漸却，至故元城西，[2] 李存審大軍已成列矣，軍前後爲方陣，梁軍於其間爲圓陣，四面受敵。兩軍初合，梁軍稍衄，再合，鄩引騎軍突西南而走。帝以騎軍追擊之，梁步軍合戰，短兵既接，帝軍鼓譟，圍之數重，埃塵漲天。李嗣源以千騎突

入其間，衆皆披靡，相躏如積。帝軍四面斬擊，棄甲之
聲，聞數十里。衆既奔潰，帝之騎軍追及于河上，十百
爲群，赴水而死，梁步兵七萬殲亡殆盡。劉鄩自黎陽
濟，奔滑州。[3]是月，梁主遣別將王檀率兵五萬，[4]自陰
地關趨晋陽，[5]急攻其城，昭義李嗣昭遣將石嘉才率騎
三百赴援。[6]時安金全、張承業堅守於内，嘉才救援於
外，檀懼，乃燒營而遁，追擊至陰地關。時劉鄩敗於莘
縣，王檀遁於晋陽，梁主聞之曰："吾事去矣！"三月乙
卯朔，分兵以攻衛州。壬戌，刺史米昭以城降。[7]

　　[1]楊延直：人名。籍貫不詳，五代後梁將領。事見本書本卷、
卷八、卷九。
　　[2]元城：縣名。治所在今河北大名縣。
　　[3]黎陽：縣名。治所在今河南浚縣。　滑州：州名。治所在
今河南滑縣。　"天祐十三年"至"奔滑州"："鄩謂帝已歸晋
陽"，中華書局本有校勘記："'歸'，原作'臨'，據彭校、《通曆》
卷一三、《册府》卷四五改。"見《宋本册府》卷四五《帝王部·
謀略門》。"遣其將楊延直自澶州率兵萬人會於城下"，中華書局本
有校勘記："句上原有'三月鄩'三字，據殿本删。按本書卷三五
《唐明宗紀一》、卷五六《符存審傳》、《通鑑》卷二六九皆繫其事
於二月，本卷下文有'三月乙卯朔'。"見《通鑑》卷二六九貞明
二年（916）二月條。《輯本舊史》之影庫本粘籤："楊延直，原本
作'延值'，今據《通鑑》及歐陽史改正。"《通鑑》卷二六九繫於
貞明元年八月條，不見於《新五代史》。又見明本《册府》卷四四
三《將帥部·敗衄門》劉鄩條。"至故元城西"，中華書局本有校
勘記："'元'字原闕，據殿本、邵本校，本書卷八《梁末帝紀上》、
卷二三《劉鄩傳》，《册府》卷四五、卷四四三，《通鑑》卷二六

九、《新五代史》卷五《唐本紀》補。影庫本批校：'"故"下原本有"元"字。'"見《輯本舊史》卷八《梁末帝紀上》貞明二年三月條、《宋本冊府》卷四五《帝王部·謀略門》、明本《冊府》卷四四三《將帥部·敗衂門》劉鄩條、《通鑑》卷二六九貞明二年二月條，又見《新五代史》卷二二《劉鄩傳》。

［4］王檀：人名。京兆（今陝西西安市）人。五代後梁將領。傳見本書卷二二、《新五代史》卷二三。

［5］陰地關：關隘名。位於今山西靈石縣西南。

［6］昭義：方鎮名。治所在潞州（今山西長治市）。　李嗣昭：人名。汾州（今山西汾陽市）人。唐末、五代李克用義子、部將。傳見本書卷五二、《新五代史》卷三六。　石嘉才：人名。籍貫不詳。五代後唐將領。傳見本書卷六五。《舊五代史考異》："《梁紀》作家才，《唐列傳》作家財。"石嘉才在五代文獻中一人而有四名。《輯本舊史》卷六五本傳作石君立，并言"亦謂之石家財"。《輯本舊史》卷九《梁末帝紀》中貞明五年十二月戊戌條作"石家才"。《通鑑》卷二六九貞明二年二月條作"石君立"。

［7］米昭：人名。五代後梁將領。事見本書本卷、《新五代史》卷五。

三月乙卯朔，分兵以攻衛州。壬戌，刺史米昭以城降。

夏四月，攻洺州，下之。

五月，帝還晉陽。

六月，命偏師攻閻寶於邢州，[1]梁主遣捉生都將張溫率步騎五百爲援，[2]至內黃，[3]溫率衆來奔。

［1］閻寶：人名。鄆州（今山東東平縣）人。五代後唐將領。傳見《新五代史》卷四四。

[2]張溫：人名。魏州魏縣（今河北魏縣）人。五代後梁、後唐將領。傳見本書卷五九。

[3]內黃：縣名。治所在今河南內黃縣。

秋七月甲寅朔，帝自晉陽至魏州。

八月，大閱師徒，進攻邢州。相州節度使張筠棄城遁去，以袁建豐爲相州刺史，依舊隸魏州。[1]邢州節度使閻寶請以城降，以忻州刺史、蕃漢副總管李存審爲邢州節度使，[2]以閻寶爲西南面招討使，[3]遥領天平軍節度使。[4]是月，契丹入朔州，[5]振武節度使李嗣本陷於契丹。[6]

[1]袁建豐：人名。籍貫不詳。唐末、五代後唐將領。傳見本書卷六一、《新五代史》卷二五。　　“八月”至“依舊隸魏州”：《舊五代史考異》：“《通鑑》作四月，晉人拔洺州，以魏州都巡檢使袁建豐爲洺州刺史。八月，晉人復以相州隸天雄軍，以李嗣源爲刺史。與《薛史》異。”見《通鑑》卷二六九貞明二年（916）四月條、八月條。

[2]忻州：州名。治所在今山西忻州市。　　蕃漢副總管：官名。即蕃漢馬步軍副總管。五代後唐置，爲蕃漢馬步軍副指揮官。

[3]以閻寶爲西南面招討使：中華書局本有校勘記：“‘西南面’，本書卷五九《閻寶傳》、《册府》卷一六六、《通鑑》卷二六九、《新五代史》卷四四《閻寶傳》作‘東南面’。”見《宋本册府》卷一六六《帝王部·昭懷門四》、明本《册府》卷三六〇《將帥部·立功門一三》、《通鑑》卷二六九貞明二年八月條。

[4]天平軍：方鎮名。治所在鄆州（今山東東平縣）。

[5]朔州：州名。治所在今山西朔州市朔城區。《輯本舊史》

原作蔚州，并有案語："《歐陽史》及《通鑑》俱從《薛史》作《蔚州》。《遼史·太祖紀》：神册元年八月，拔朔州，擒節度使李嗣本。與《薛史》異。"見《新五代史》卷三六《李嗣本傳》、《遼史》卷一《太祖紀上》。《通鑑》卷二六九貞明二年八月條《考異》："開元中，振武軍在朔州西北三百五十里單于都護府城內，隷朔方節度使。乾元元年置振武節度使，領鎮北大都護、麟勝二州。後唐振武節度使亦帶安北都護、麟勝等州觀察等使，石晋以後皆帶朔州刺史。據此乃治蔚州，不知遷徙年月。"該條胡注："契丹攻蔚州，自麟、勝出詭道以掩晋不備也。按麟、勝至蔚州，中間懸隔雲、朔，'蔚州'恐當作'朔州'。"《輯本舊史》卷五二《李嗣本傳》載："幽州平，論功授振武節度使。"振武節度使治朔州。《遼史》卷一《太祖紀》上："神册元年八月，拔朔州，擒節度使李嗣本。"據改。

[6]振武：方鎮名。後梁貞明二年（916）以前，治所在單于都護府城（今內蒙古和林格爾縣）。貞明二年單于都護府城爲契丹占據。此后至後唐清泰三年（936），治所在朔州（今山西朔州市朔城區）。後晋隨燕雲十六州割予契丹，改名順義軍。 李嗣本：人名。雁門（今山西代縣）人。李克用義子，本姓張。五代後唐將領。傳見本書卷五二、《新五代史》卷三六。 契丹：古部族、政權名。公元4世紀中葉宇文部爲前燕攻破，始分離而成單獨的部落，自號契丹。唐貞觀中，置松漠都督府，以其首領爲都督。唐末強盛，916年迭剌部耶律阿保機建立契丹國（遼）。先後與五代、北宋並立，保大五年（1125）爲金所滅。參見張正明《契丹史略》，中華書局1979年版。

九月，帝還晋陽。梁滄州節度使戴思遠棄城遁去，[1]舊將毛璋入據其城，[2]李嗣源帥師招撫，璋以城降。乃以李存審爲滄州節度使，以李嗣源爲邢州節度使。時契丹犯塞，帝領親軍北征，至代州北，聞蔚州陷，乃班師。[3]是月，貝州平，以滄州降將毛璋爲貝州刺史。自是河朔悉爲帝所有。帝自晉陽復至於魏州。[4]

[1]戴思遠：人名。籍貫不詳。五代後梁、後唐將領。傳見本書卷六四。

[2]毛璋：人名。滄州（今河北滄縣舊州鎮）人。五代後唐將領。傳見本書卷七三、《新五代史》卷二六。《輯本舊史》之影庫本粘籤："'毛璋'，原本作'毛章'，今據列傳改正。"見《輯本舊史》卷七三《毛璋傳》，又見《通鑑》卷二六九貞明二年（916）九月條。

[3]蔚州：州名。治所在今河北蔚縣。　"時契丹犯塞"至"乃班師"：《輯本舊史》之案語："《遼史·太祖紀》：十一月，攻蔚、新、武、嬀、儒五州，自代北至河曲，踰陰山，盡有其地。其圍蔚州，敵樓無故自壞，衆軍大譟，乘之，不踰時而破。蓋由朔州進破蔚州也。《通鑑》作晉王自將兵救雲州，契丹聞之，引去。與《遼史》異。"見《通鑑》卷二六九貞明二年九月條、《遼史》卷一《太祖紀上》。

[4]帝自晉陽復至於魏州：《輯本舊史》之影庫本粘籤："'魏州'，原本作'媿州'，今據《通鑑》改正。"見《通鑑》卷二六九貞明二年九月條。五代魏州多見，無媿州。

天祐十四年二月，帝聞劉鄩復收殘兵保守黎陽，遂率師以攻之，不克而還。是月甲午，新州將盧文進殺節度使李存矩，[1]叛入契丹，遂引契丹之衆寇新州。存矩，帝之諸弟也，治民失政，御下無恩，故及於禍。帝以契丹王阿保機與武皇屢盟於雲中，[2]約爲兄弟，急難相救，至是容納叛將，違盟犯塞，乃馳書以讓之。契丹攻新州甚急，刺史安金全棄城而遁，[3]契丹以文進部將劉殷爲刺史。[4]帝命周德威率兵三萬攻之，營於城東。俄而文進引契丹大至，德威拔營而歸，因爲契丹追躡，師徒多喪。契丹乘勝寇幽州。是時言契丹者，或云五十萬，或云百萬，漁陽以北，山谷之間，氈車毳幕，羊馬彌漫。盧文進招誘幽州亡命之人，教契丹爲攻城之具，飛梯、衝車之類，畢陳於城下。鑿地道，起土山，四面攻城，半月之間，機變百端。城中隨機以應之，僅得保全，軍民困弊，上下恐懼。德威間道馳使以聞，帝憂形於色，召諸將會議。時李存審請急救燕、薊，[5]且曰：“我若猶豫未行，但恐城中生事。”李嗣源曰：“願假臣突騎五千，以破契丹。”閻寶曰：“但當蒐選鋭兵，控制山險，强弓勁弩，設伏待之。”帝曰：“吾有三將，無復憂矣！”[6]

[1]新州：州名。治所在今河北涿鹿縣。　盧文進：人名。范陽（今河北涿州市）人。五代後唐將領，先後投降契丹、南唐。傳見本書卷九七、《新五代史》卷四八。　李存矩：人名。沙陀部人。唐末、五代將領。後唐莊宗李存勖之弟。傳見本書附録。

[2]阿保機：人名。姓耶律。契丹迭剌部人。唐末契丹族首領，遼開國皇帝。紀見《遼史》卷一、卷二。　雲中：縣名。治所在今山西大同市。

[3]安金全：人名。代北（今山西北部）人。五代後唐將領。傳見本書卷六一、《新五代史》卷二五。

[4]劉殷：人名。籍貫不詳。盧文進部將。本書僅此一見。

[5]薊：州名。治所在今天津市薊州區。

[6]"天祐十四年二月"至"無復憂矣":《通鑑》卷二六九貞明三年（917）二月至四月諸條略同。

夏四月，命李嗣源率師赴援，次於淶水，[1]又遣閻寶率師夜過祁溝，俘擒而還。周德威遣人告李嗣源曰："契丹三十萬，馬牛不知其數，近日所食羊馬過半，阿保機責讓盧文進，深悔其來。契丹勝兵散布射獵，阿保機帳前不滿萬人，宜夜出奇兵，掩其不備。"嗣源具以事聞。[2]

[1]淶水：縣名。治所在今河北淶水縣。《輯本舊史》之影庫本粘籤："'淶水'，原本作'涑水'，今據《歐陽史》改正。"不見於《新五代史》，見《通鑑》卷二六九貞明三年（917）四月條，該條有胡注："淶水縣屬易州。"

[2]"夏四月"至"嗣源具以事聞"：《輯本舊史》之案語："《遼史·太祖紀》：四月，圍幽州，不克。六月乙巳，望城中有氣如烟火狀，上曰：'未可攻也。'以大暑霖潦，班師，留盧國用守之。是契丹主已於六月退師矣，《薛史》及《通鑑》皆不載。"見《遼史》卷一《太祖紀上》神册二年（917）四月壬午條、六月乙巳條。

秋七月辛未，帝遣李存審領軍與嗣源會於易州，[1]步騎凡七萬。於是三將同謀，銜枚束甲，尋澗谷而行，直抵幽州。

[1]易州：州名。治所在今河北易縣。

　　八月甲午，自易州北循山而行，李嗣源率三千騎爲前鋒。庚子，循大房嶺而東，[1]距幽州六十里。契丹萬騎遽至，存審、嗣源極力以拒之，契丹大敗，委棄毳幕、氈廬、弓矢、羊馬不可勝紀，[2]進軍追討，俘斬萬計。辛丑，大軍入幽州，德威見諸將，握手流涕。翌日，獻捷於鄴。

　　[1]大房嶺：山名。又名大防嶺、大房山。位於今北京房山區西北。
　　[2]毳（cuì）幕：游牧民族居住的氈帳。

　　九月，班師，帝授存審檢校太傅，[1]嗣源檢校太保，[2]閻寶加同平章事。[3]

　　[1]檢校太傅：官名。爲散官或加官，以示恩寵，無實際執掌。
　　[2]檢校太保：官名。爲散官或加官，以示恩寵，無實際執掌。
　　[3]同平章事：即“同中書門下平章事”的簡稱。唐高宗以後，凡實際任宰相之職者，常在其本官後加同平章事的職銜。後成爲宰相專稱。後晉天福五年（940），升中書門下平章事爲正二品。

　　十月，帝自魏州還晉陽。
　　十一月，復至魏州。
　　十二月，帝觀兵於河上。時梁人據楊劉城，[1]列柵相望，帝率軍履河冰而渡，盡平諸柵，進攻楊劉城。城中守兵三千人，帝率騎軍環城馳射，又令步兵持斧斬其鹿角，[2]負葭葦以堙塹，帝自負一圍而進，諸軍鼓譟而登，遂拔其壘，獲守將安彦之。[3]是夕，帝宿楊劉。[4]

[1]楊劉城：地名。即今山東東阿縣東北楊柳鄉。唐、五代時有城臨河津，爲黄河下游重鎮，今城已埋廢不可考。

[2]鹿角：軍營的防御物。

[3]安彦之：人名。籍貫不詳。五代後梁將領。事見本書本卷、卷一八、卷五六。

[4]"十二月"至"帝宿楊劉"：《通鑑》卷二七〇貞明三年（917）十二月戊辰條略同。

天祐十五年春正月，帝軍徇地至鄆、濮。[1]時梁主在洛，將修郊禮，[2]聞楊劉失守，狼狽而還。

[1]鄆：州名。治所在今山東東平縣。　濮：州名。治所在今山東鄄城縣。

[2]郊禮：國家禮儀。指祭天之禮（郊天）。古人用"郊""南郊""有事於南郊"指代在南郊之圜丘舉行的郊天典禮。　將修郊禮：《輯本舊史》之影庫本粘籤："'郊禮'，原本作'校禮'，今以《薛史·梁末帝紀》參考改正。"唐天祐十五年即梁貞明四年，《輯本舊史·梁末帝紀》："貞明四年春正月，晋人寇鄆濮之境，車架至自洛陽。"郊禮，可參看《會要》卷二親拜郊條及雜録條，終梁之世，僅太祖開平三年（909）正月二十四日及其年十一月二日南郊。

二月，梁將謝彦章帥衆數萬來迫楊劉，[1]築壘以自固，又決河水，瀰漫數里，以限帝軍。

[1]謝彦章：人名。許州（今河南許昌市）人。五代後梁將

領。傳見本書卷一六、《新五代史》卷二三。

六月壬戌，帝自魏州復至楊劉。甲子，率諸軍涉水而進，梁人臨水拒戰，帝軍小却。俄而鼓譟復進，梁軍漸退，因乘勢而擊之，交鬪於中流，梁軍大敗，殺傷甚衆，河水如絳，謝彥章僅得免去。[1]是月，淮南楊溥遣使來會兵，將致討於梁也。[2]

[1]"交鬪於中流"至"謝彥章僅得免去"：《通鑑》卷二七〇貞明四年（918）六月壬戌條、甲子條敘其事略詳。

[2]淮南：方鎮名。治所在揚州（今江蘇揚州市）。 楊溥：人名。楊行密第四子，五代十國吳國君主。傳見本書卷一三四、《新五代史》卷六一。 "是月"至"將致討於梁也"：《舊五代史考異》："《十國春秋·吳世家》作七月，晉王李存勗遣間使持帛書會兵伐梁，王辭以虔州之難。與薛史異。"見《十國春秋》卷二《吳世家》。中華書局本對《舊五代史考異》所引《十國春秋》文有校勘記："'間'，原作'問'，據殿本、劉本、《十國春秋》卷二改。"

秋八月辛丑朔，大閱於魏郊，河東、魏博、幽、滄、鎮、定、邢洺、麟、勝、雲、朔十鎮之師，[1]及奚、契丹、室韋、吐渾之衆十餘萬，[2]部陣嚴肅，旌甲照曜，師旅之盛，近代爲最。己酉，梁兗州節度使張萬進遣使歸款。[3]帝自魏州率師次於楊劉，略地至鄆、濮而還，遂營於麻家渡，[4]諸鎮列營十數。梁將賀瓌、謝彥章以軍屯濮州行臺村，[5]結壘相持百餘日。帝嘗以數百騎摩壘求戰，謝彥章帥精兵五千伏於堤下，帝以十餘騎登堤，伏兵發，圍帝十數重。俄而帝之騎軍繼至，攻於圍外，帝於圍中躍馬奮擊，決圍而出。李存審兵至，梁軍方退。是時，帝銳於接戰，每馳騎出營，存審必扣馬進諫，帝伺存審有間，即策馬而出，顧左右曰："老子妨吾戲耳！"至是幾危，方以存審之言爲忠也。

[1]河東：方鎮名。治所在今山西太原市。　邢洺：方鎮名。治所在今河北邢臺市。　麟：州名。治所在今陝西神木縣。　勝：州名。治所在今内蒙古准格爾旗。　雲：州名。治所在今山西大同市。　朔：州名。治所在今山西朔州市朔城區。　河東、魏博、幽、滄、鎮、定、邢洺、麟、勝、雲、朔十鎮之師：中華書局本有校勘記："'麟勝雲朔'，按麟、勝、朔三州置振武軍，雲州置大同軍，分屬兩鎮，此處疑有訛倒，《册府》卷八、《通鑑》卷二七〇敍其事作'麟勝雲蔚'。另本書所列僅九鎮，據《册府》卷八，《新五代史》卷五《唐本紀》尚有昭義，領澤潞二州，節度使爲李嗣昭。"明本《册府》卷八《帝王部·創業門四》、《通鑑》卷二七〇貞明四年（918）七月條敍其事作"麟、勝、雲、蔚、新、武等州"。蔚州未置軍額。

[2]奚：中古時代居住在今中國東北地區的少數民族。傳見《舊唐書》卷一九九下、《新唐書》卷二一九。詳見王凱《20世紀80年代以來奚族研究綜述》，《東北史地》2011年第1期；畢德廣《唐代奚族居地的變遷》，《中國歷史地理論叢》2014年第1期；畢德廣《遼代奚境變遷考論》，《中國邊疆史地研究》2014年第3期；王麗娟《奚族文獻史料探究》，《宋史研究論叢》2015年第2期。

室韋：古族名。又作失韋、失圍，一説即鮮卑的別譯。北魏時始見記載。源出東胡，與契丹同類，在南爲契丹，在北號室韋。南北朝時分爲五部，至隋唐時漸分爲三十餘部。曾附屬於突厥汗國，唐代東突厥汗國、後突厥汗國、回鶻汗國衰亡後，大量室韋人遷入蒙古高原，遼金時遍布大漠南北。中唐以後，文獻上又把室韋稱作"達怛"。參見張久和《原蒙古人的歷史：室韋—達怛研究》，高等教育出版社 1998 年版。 吐渾：部族名。吐谷渾的省稱。源出鮮卑，後游牧於今甘肅、青海一帶。參見周偉洲《吐谷渾資料輯録》（增訂本），商務印書館 2017 年版。

[3]兗州：州名。治所在今山東濟寧市兗州區。

[4]麻家渡：地名。五代黄河渡口。位於今山東鄄城縣。

[5]行臺村：地名。位於今河南濮陽市濮城鎮東北。《輯本舊史》之影庫本粘籤："'行臺村'，原本作'待臺材'，今據《通鑑》改正。"中華書局本有校勘記："影庫本考證作'今據《梁書·賀瓌傳》改正'。"見《輯本舊史》卷二三《賀瓌傳》，亦見《通鑑》卷二七〇貞明四年八月條。

　　十二月庚子朔，帝進軍，距梁軍柵十里而止。時梁將賀瓌殺騎將謝彦章於軍，帝聞之曰："賊帥自相魚肉，安得不亡。"戊午，下令軍中老幼，令歸魏州，悉兵以趣汴。庚申，大軍毁營而進。辛酉，次於臨濮，[1]梁軍捨營躡於後。癸亥，次胡柳陂。[2]遲明，梁軍亦至，帝率親軍出視，諸軍從之。梁軍已成陣，橫亘數十里，帝亦以橫陣抗之。時帝與李存審總河東、魏博之衆居其中，周德威以幽、薊之師當其西，鎮、定之師當其東。梁將賀瓌、王彦章全軍接戰，帝以銀槍軍突入梁軍陣中，[3]斬擊十餘里，賀瓌、王彦章單騎走濮陽。[4]帝軍輜重在陣西，望見梁軍旗幟，皆驚走，因自相蹈籍，不能禁止。帝一軍先敗，周德威戰殁。是時，陂中有土山，梁軍數萬先據之，帝帥中軍至山下。梁軍嚴整不動，旗幟甚盛。帝呼諸軍曰："今日之戰，得山者勝，賊已據山，吾與爾等各馳一騎以奪之！”帝率軍先登，銀槍步兵繼進，遂奪其山。梁軍紛紜而下，復於土山西結陣數里。時日已晡矣，或曰：“諸軍未齊，不如還營，詰朝可圖再戰。”閻寶進曰：[5]“深入賊境，逢其大敵，期於盡銳，以決雌雄。況賊帥奔亡，衆心方恐，今乘高擊下，勢如破竹矣。”銀槍都將王建及被甲橫槊進曰：[6]“賊將先已奔亡，王之騎軍一無所損，賊衆晡晚，大半思歸，擊之必破。王但登山縱觀，責臣以破賊之效。”於是李嗣昭領騎軍自土山北以逼梁軍，王建及呼士衆曰：“今日所失輜重，並在山下。”乃大呼以奮擊，諸軍繼之，梁軍大敗。時元城令吳瓊、貴鄉令胡裝各部役徒萬人，[7]於山下曳柴揚塵，鼓譟助其勢。梁軍不之測，自相騰籍，棄甲山積。甲子，命行戰場，收獲鎧仗不知其數。時帝之軍士有先入大梁問其次舍者，梁人大恐，驅市人以守。其殘衆奔歸汴者不滿千人，帝軍遂拔濮陽。[8]《永樂大典》卷七千一百五十六。[9]

　　[1]臨濮：縣名。治所在今山東鄄城縣。

　　[2]胡柳陂：地名。位於今河南濮陽縣。

　　[3]銀槍軍：軍隊番號。即帳前銀槍。中華書局本有校勘記：“‘銀槍軍’，原作‘銀槍’，據殿本、孔本、《冊府》卷一二五改。”明本《冊府》卷一二五《帝王部·料敵門》作“帝御銀鎗軍突入賊中”。

　　[4]濮陽：縣名。治所在今河南濮陽市。

　　[5]閻寶進曰：中華書局本有校勘記：“‘進’字原闕，據殿本、孔本、《通曆》卷一三、《冊府》卷一二五補。”

[6]都將：官名。唐、五代時節度使屬將。　王建及：人名。許州（今河南許昌市）人。五代後唐將領。傳見本書卷一三六。

[7]令：官名。即縣令。縣的行政長官，掌治本縣。唐代之縣，分赤（京）、次赤、畿、次畿、望、緊、上、中、中下、下十等。縣令分六等，正五品上至從七品下。　吳瓊：人名。籍貫不詳。本書僅此一見。　貴鄉：縣名。治所在今河北大名縣。《輯本舊史》之影庫本粘籤：“‘貴鄉’，原本作‘貢鄉’，今據胡裝本傳改正。”見《輯本舊史》卷六九《胡裝傳》。五代有貴鄉，無貢鄉。　胡裝：人名。籍貫不詳。五代後唐官員。傳見本書卷六九。

[8]其殘衆奔歸汴者不滿千人，帝軍遂拔濮陽：此事又見《武經總要·後集》卷二《材料形勢》、卷九《勢宜決戰》、卷一三《據險》。

[9]《大典》卷七一五六“唐”字韻“莊宗”事目三。

舊五代史　卷二九

唐書五

莊宗紀第三

　　天祐十六年春正月，[1]李存審城德勝，[2]夾河爲栅。帝遷魏州，[3]命昭義軍節度使李嗣昭權知幽州軍府事。[4]

　　[1]天祐：唐昭宗李曄開始使用的年號（904）。唐哀帝李柷即位後沿用（904—907）。唐亡後，河東李克用、李存勗仍稱天祐，沿用至天祐二十年（923）。五代其他政權亦有行此年號者，如南吳、吳越等，使用時間長短不等。
　　[2]李存審：人名。陳州宛丘（今河南淮陽縣）人。原姓符名存。五代後唐將領。傳見本書卷五六、《新五代史》卷二五。　德勝：地名。原爲德勝渡，黄河重要渡口之一。李存勗部將李存審築於黄河津要處德勝口，有南北二城。南城在今河南濮陽市東南五里，北城在今河南濮陽市區。
　　[3]魏州：州名。治所在今河北大名縣。
　　[4]昭義軍：方鎮名。治所在潞州（今山西長治市）。　節度使：官名。唐時在重要地區所設掌握一州或數州軍政、民政、財政

的長官。　李嗣昭：人名。汾州（今山西汾陽市）人。唐末、五代李克用義子、部將。傳見本書卷五二、《新五代史》卷三六。　權知幽州軍府事：官名。地位亞於節度使，爲幽州軍鎮實際長官。

三月，帝兼領幽州，[1]遣近臣李紹宏提舉府事。[2]

[1]幽州：州名。治所在今北京市。

[2]李紹宏：人名。又作馬紹宏。籍貫不詳。後唐莊宗近臣。傳見本書卷七二。　提舉府事：官名。總領幽州事務。

夏四月，梁將賀瓌圍德勝南城，[1]百道攻擊，復以艨艟扼斷津渡。[2]帝馳而往，陣於北岸。南城守將氏延賞告急，[3]且言矢石將盡。帝以重賄召募能破賊艦者，於是獻技者數十，或言能吐火焚舟，或言能禁咒兵刃，悉命試之，無驗。帝憂形於色，親從都將王建及進曰：[4]“臣請效命。”乃以巨索連舟十艘，選效節勇士三百人，[5]持斧被鎧，鼓枻而進，至中流。梁樓船三層，蒙以牛革，懸板爲楯。建及率持斧者入艨艟間，斬其竹笮，破其懸楯，又於上流取甕數百，用竹笮維之，積薪於上，灌以脂膏，火發亘空。又以巨艦載甲士，令乘煙鼓譟。梁之樓船斷絚而下，沈溺者殆半。軍既得渡，梁軍乃退，命騎軍追襲至濮陽，[6]俘斬千計。賀瓌由此飲氣遘疾而卒。

[1]賀瓌：人名。濮陽（今河南濮陽市）人。五代後梁將領。傳見本書卷二三、《新五代史》卷二三。

[2]艨（méng）艟（chōng）：古代戰船。

[3]氏延賞：人名。籍貫不詳。五代將領。事見本書卷一五、卷五五、卷六五、卷一〇六。《輯本舊史》之影庫本粘籤：“氏延賞，原本作‘民延賞’，今據《歐陽史》改正。”檢《新五代史》不見，見《輯本舊史》卷五五《史建瑭傳》、卷一〇六《馬萬傳》及《通鑑》卷二七〇貞明五年（919）四月條。

[4]都將：官名。唐五代時節度使屬將。　王建及：人名。許州（今河南許昌市）人。五代後唐將領。傳見本書卷二五。

[5]效節：部隊番號。

[6]濮陽：縣名。治所在今河南濮陽市。

　秋七月，帝歸晉陽。[1]

[1]晉陽：縣名。治所在今山西太原市。

　八月，梁將王瓚帥衆數萬自黎陽渡河，[1]營於楊村，[2]造舟爲梁，以通津路。

[1]王瓚：人名。太原祁（今山西祁縣）人。唐河中節度使王重盈之子。五代後梁將領，官至開封尹。傳見本書卷五九。　黎陽：縣名。治所在今河南浚縣東。　河：黃河。

[2]楊村：地名。位於今河南濮陽縣西南。

　冬十月，帝自晉陽至魏州，發徒數萬，以廣德勝北城，自是，日與梁軍接戰。

　十二月戊戌，帝軍於河南，夜伏步兵於潘張村梁軍寨下，[1]以騎軍邀其餉者，[2]擒其斥候。梁王瓚結陣以待，帝軍以鐵騎突之，諸軍繼進，梁軍大奔，赴水死者甚衆，瓚走保北城。

[1]潘張村：地名。位於今山東鄄城縣。

[2]以騎軍邀其餉者：《輯本舊史》原作“以騎軍掠其餉運”，其影庫本粘籤：“餉運，原本作‘餉軍’，今據文改正。”《通鑑》卷二七一貞明五年（919）十二月條云：“晋王自將騎兵自河南岸西上，邀其餉者，俘獲而還。”此處“餉者”更勝於“餉運”，且有文獻爲據，故改。

天祐十七年春，幽州民於田中得金印，文曰“關中龜印”，李紹宏獻於行臺。[1]

[1]行臺：官署名。尚書省在京城稱中臺、内臺，在外稱行臺。自魏晋至唐初，天子、大臣在外征討，或置行臺隨軍。

秋七月，梁將劉鄩、尹皓寇同州。[1]先是，河中節度使朱友謙取同州，[2]以其子令德主留務，[3]請梁主降節。梁主怒，不與，遂請旄節於帝。梁主乃遣劉鄩與華州節度使尹皓帥兵圍同州，[4]友謙來告難，帝遣蕃漢總管李存審、昭義節度使李嗣昭、代州刺史王建及率師赴援。[5]

[1]劉鄩：人名。密州安丘（今山東安丘市）人。唐末、五代將領。傳見本書卷二三、《新五代史》卷二二。　尹皓：人名。籍貫不詳。五代後梁將領。傳見本書附録。　同州：州名。治所在今陝西大荔縣。

[2]河中：方鎮名。治所在河中府（今山西永濟市）。 朱友謙：人名。許州（今河南許昌市）人。唐末、五代軍閥。傳見本書卷六三、《新五代史》卷四五。

[3]令德：人名。即朱令德。許州（今河南許昌市）人。五代軍閥。朱友謙之子。事見本書卷六三《朱友謙傳》、《新五代史》卷四五《朱友謙傳》。

[4]梁主乃遣劉鄩與華州節度使尹皓帥兵圍同州：《輯本舊史》之影庫本粘籤："尹皓，原作'伊告'，今據《薛史·梁紀》改正。"見《輯本舊史》卷一〇《梁末帝紀》貞明六年（920）六月條及《通鑑》卷二七一貞明六年六月條。兩書皆載所遣者尚有靜勝（原義勝）節度使溫昭圖（即李彥韜）及莊宅使段凝。

[5]蕃漢總管：官名。即蕃漢内外馬步軍總管。五代後唐置，爲蕃漢馬步軍總指揮官。 昭義：方鎮名。治所在潞州（今山西長治市）。 李嗣昭：人名。汾州（今山西汾陽市）人。唐末、五代李克用義子、部將。傳見本書卷五二、《新五代史》卷三六。 代州：州名。治所在今山西代縣。 刺史：官名。漢武帝時始置。州一級行政長官。總掌考覈官吏、勸課農桑、地方教化等事。唐中期以後，節度使、觀察使轄州而設，刺史爲其屬官，職任漸輕。從三品至正四品下。 "帝遣蕃漢總管"至"率師赴援"：《通鑑》卷二七一貞明六年七月條記帝所遣之人尚有"慈州刺史李存質"。

九月，師至河中，朝至夕濟，梁人不意王師之至，望之大駭。明日，次於朝邑，[1]與朱友謙謀。遲明，進軍距梁壘，梁人悉衆以出，蒲人在南，王師在北。騎軍既接，蒲人小却，[2]李嗣昭以輕騎抗之，梁軍奔潰，追斬二千餘級。是夜，劉鄩收餘衆保營，自是閉壁不出。數日鄩遂宵遁。王師追及於渭河，[3]所棄兵仗輜重不可勝計，劉鄩、尹皓單騎獲免。未幾，鄩憂恚發病而卒。[4]王師略地至奉先，[5]嗣昭因謁唐帝諸陵而還。

[1]朝邑：縣名。治所在今陝西大荔縣。　次於朝邑：中華書局本有校勘記：“原作‘約戰’，據《册府》卷一六六改。影庫本批校：‘原本“約戰”二字係“次朝”二字。按下文“帝至朝城”，疑原本“朝”下脱“城”字。’按本書卷五六《符存審傳》敘其事作‘進營朝邑’。”《宋本册府》卷一六六《帝王部・招懷門四》作“明日次於朝邑”。

[2]蒲：州名。唐開元八年（720）改蒲州爲河中府，因地處黃河中游而得名，其後名稱屢有改易。治所在今山西永濟市。此處代指河中節度使所部。

[3]渭河：河流名。即今渭河。

[4]未幾，鄴憂恚發病而卒：《輯本舊史》之案語：“《梁書・劉鄩傳》作遇酖而卒。與《唐紀》異。”見《輯本舊史》卷二三《劉鄩傳》，云：“及兵敗，詔歸洛，河南尹張宗奭承朝廷密旨，逼令飲酖而卒。”《通鑑》卷二七一龍德元年（921）五月丁亥條云：“密令留守張宗奭酖之，丁亥，卒。”該條《考異》引《莊宗實録》云：“憂恚發病卒。”

[5]奉先：縣名。治所在今陝西乾縣。《太平寰宇記》卷三一：“乾州，本京兆奉天縣，唐末李茂貞建爲乾州。”《新唐書》卷三七《地理志一》記京兆奉天縣，文明元年析醴泉等縣置，以奉乾陵……乾寧二年以縣置乾州。按錢大昕《考異》卷六五：“‘奉先’當作‘奉天’。”

天祐十八年春正月，魏州開元寺僧傳真獲傳國寶，[1]獻於行臺。驗其文，即“受命於天，子孫寶之”八字也，群僚稱賀。[2]傳真師於廣明中，[3]遇京師喪亂得之，秘藏已四十年矣。篆文古體，人不之識，至是獻之。時淮南楊溥、西川王衍皆遣使致書，[4]勸帝嗣唐帝位，帝不從。

[1]開元寺：寺名。《唐會要》卷五〇載，開元“二十六年六月一日，敕每州各以郭下定形勝觀、寺，改以開元爲額”。此處爲位於魏州的開元寺。　傳真：人名。籍貫不詳。五代僧人。本書僅此一見。

[2]“魏州開元寺僧傳真獲傳國寶”至“群僚稱賀”：《輯本舊史》之案語：“自‘開元寺’至此三十三字，原本闕佚，今從《册府元龜》增入。”見明本《册府》卷二一《帝王部·徵應門》，文字有不同，亦略見《通鑑》卷二七一龍德元年（921）正月條。

[3]廣明：唐僖宗李儇年號（880—881）。

[4]淮南：方鎮名。治所在揚州（今江蘇揚州市）。　楊溥：五代十國吳睿帝，後禪位於徐知誥。傳見《新五代史》卷六一。西川：方鎮名。治所在成都（今四川成都市）。《輯本舊史》之影庫本粘籤：“‘西川’，原本作‘西州’，今據文改正。”王衍爲蜀主，故而稱“西川”，《輯本舊史》卷三二《莊宗紀六》同光二年（924）七月戊午條、卷三四《莊宗紀八》同光四年正月壬戌條均有“西川王衍”之稱，此爲書證，無需據文改正。　王衍：人名。許州舞陽（今河南舞陽縣）人。前蜀君主，後爲後唐莊宗李存勖所殺。事見本書卷一三六、《新五代史》卷六三。

二月，代州刺史王建及卒。是月，鎮州大將張文禮殺其帥王鎔。[1]時帝方與諸將宴，酒酣樂作，聞鎔遇弑，遽投觶而泣曰：“趙王與吾把臂同盟，分如金石，何負於人，覆宗絶祀，冤哉！”先是，滹沱暴漲，[2]漂關城之半，溺死者千計。是歲，天西北有赤祲如血，占者言趙分之災，[3]至是果驗。時張文禮遣使請旌節於帝，帝曰：
"文禮之罪，期於無赦，敢邀予旌節！"左右曰："方今
事繁，不欲與人生事。"帝不得已而從之，乃承制授文
禮鎮州兵馬留後。[4]

[1]鎮州：州名。治所在今河北正定縣。此處指成德軍。　張
文禮：人名。被王鎔收爲義子後，賜姓王，名德明。燕（今河北北
部）人。五代將領。傳見本書卷六二。　王鎔：人名。回鶻人。唐
末、五代軍閥，朱溫封趙王。傳見本書卷五四、《新五代史》卷三
九。　是月，鎮州大將張文禮殺其帥王鎔：《舊五代史考異》："《歐
陽史》作正月，趙將張文禮弒其君鎔。《五代春秋》作三月，趙人
張文禮殺其君鎔。與《薛史》繫二月前後互異。"見《新五代史》
卷五《唐莊宗紀下》天祐十八年（921）正月條、《五代春秋》卷
上《梁末帝紀》龍德元年（921）三月條。《通鑑》卷二七一亦繫
於龍德元年二月，與《莊宗本紀》同。張文禮時名王德明，此後復
原姓名。

[2]滹沱：河流名。發源於今山西繁峙縣，東流入今河北省，
過正定縣，再向東流入渤海。

[3]趙：即戰國時期的趙國。

[4]兵馬留後：官名。唐、五代時，代行方鎮長官之職者稱留
後。代行州兵馬使之職者，即爲兵馬留後。掌本州兵馬。

三月，河中節度使朱友謙、昭義節度使李嗣昭、滄
州節度使李存審、定州節度使王處直、邢州節度使李嗣
源、成德軍兵馬留後張文禮、遙領天平軍節度使閻寶、
大同軍節度使李存璋、新州節度使王郁、振武節度使李
存進、同州節度使朱令德，[1]各遣使勸進，請帝紹唐帝

位，帝報書不允。自是，諸鎮凡三上章勸進，各獻貨幣數十萬，以助即位之費，帝左右亦勸帝早副人望，帝撝挹久之。[2]

[1]滄州：方鎮名。即橫海軍。治所在今河北滄縣舊州鎮。定州：方鎮名。即義武軍。治所在今河北定州市。　王處直：人名。京兆萬年（今陝西西安市長安區）人。唐末、五代軍閥。傳見本書卷五四、《新五代史》卷三九。　邢州：方鎮名。即保義軍。治所在今河北邢臺市。　李嗣源：人名。沙陀部人。原名邈佶烈，李克用養子。五代後唐明宗，926 年至 933 年在位。紀見本書卷三五至卷四四、《新五代史》卷六。　成德軍：方鎮名。治所在鎮州（今河北正定縣）。　天平軍：方鎮名。治所在鄆州（今山東東平縣）。　閻寶：人名。鄆州（今山東東平縣）人。五代後梁、後唐將領。傳見本書卷五九、《新五代史》卷四四。　大同軍：方鎮名。治所在雲州（今山西大同市）。　李存璋：人名。雲中（今山西大同市）人。唐末、五代後唐將領。傳見本書卷五三、《新五代史》卷三六。　新州：方鎮名。即威塞軍。治所在新州（治今河北涿鹿縣）。　振武：方鎮名。後梁貞明二年（916）以前，治所位於單于都護府城（今內蒙古和林格爾縣）。貞明二年單于都護府城爲契丹占據。此後至後唐清泰三年（936），治所位於朔州（今山西朔州市朔城區）。後晉隨燕雲十六州割予契丹，改名順義軍。　李存進：人名。振武（今內蒙古和林格爾縣）人。唐末、五代後唐將領。本姓孫，名重進，李克用以之爲義兒軍使，賜姓名。傳見本書卷五三、《新五代史》卷三六。《輯本舊史》之影庫本粘籤："'李存進'，原本脫'存'字，今據《列傳》增入。"見《輯本舊史》卷五三《李存進傳》，《新五代史》卷五《唐莊宗紀下》天祐十八年（921）三月條亦作"振武軍節度使李存進"。　同州：方鎮名。即匡國軍。治所在今陝西大荔縣。　朱令德：人名。許州（今河南許

昌市）人。五代軍閥。朱友謙之子。事見本書卷六三《朱友謙傳》、《新五代史》卷四五《朱友謙傳》。

[2]"自是"至"帝撫挹久之"：《舊五代史考異》："《九國志·趙季良傳》：季良嘗夢手扶御座，自謂輔佐之象，由是頗述天時人事以諷，莊宗深納其言。"見《九國志》卷七《後蜀趙季良傳》。

秋七月，河東節度副使盧汝弼卒。[1]

[1]河東：方鎮名。治所在太原（今山西太原市）。　節度副使：官名。唐、五代方鎮屬官。位於行軍司馬之下、判官之上。盧汝弼：人名。范陽（今河北涿州市）盧氏族人，家於河中蒲州（今山西永濟市）。唐代詩人盧綸之孫。唐代進士，唐、五代官員。傳見本書卷六〇。

八月庚申，令天平節度使閻寶、成德兵馬留後符習率兵討張文禮于鎮州。[1]初，王鎔令偏將符習以本部兵從帝屯於德勝。文禮既行弒逆，忌鎔故將，多被誅戮，因遣使聞於帝，欲以佗兵代習歸鎮，習等懼，請留。帝令傳旨於習及別將趙仁貞、烏震等，[2]明正文禮弒逆之罪，[3]且言："爾等荷戟從征，蓋緣君父之故，[4]銜冤報恩，[5]誰人無心。吾當給爾資糧，助爾兵甲，當試思之！"於是習等率諸將三十餘人，慟哭於牙門，請討文禮。帝因授習成德軍兵馬留後，以部下鎮、冀兵致討於文禮，又遣閻寶以助之，以史建瑭為前鋒。[6]甲子，攻趙州，刺史王鋌送符印以迎，[7]閻寶遂引軍至鎮州城下，營於西北隅。是月，張文禮病疽而卒，其子處瑾代掌軍事。[8]

[1]符習：人名。趙州（今河北趙縣）人。五代將領。傳見本
書卷五九、《新五代史》卷二六。

[2]趙仁貞：人名。籍貫不詳。五代將領。事見本書本卷。
烏震：人名。冀州信都（今河北衡水市冀州區）人。五代將領。傳
見本書卷五九、《新五代史》卷二六。

[3]明正文禮弒逆之罪：中華書局本有校勘記："'明正'，孔本
作'大疏'。"

[4]蓋緣君父之故：中華書局本有校勘記："'緣'字原闕，據
《大事記續編》卷七二引新舊史紀傳、《實録》補。"

[5]銜冤報恩：中華書局本有校勘記："《大事記續編》卷七二
引新舊史紀傳、《實録》作'銜冤思報'。"

[6]史建瑭：人名。雁門（今山西代縣）人。唐九府都督史敬
思之子。五代後唐將領。傳見本書卷五五、《新五代史》卷二五。

[7]王鋌：人名。籍貫不詳。五代將領。事見本書本卷。中華
書局本有校勘記："原作'王鋌'，據本書卷五五《史建瑭傳》、
《新五代史》卷二五《史建瑭傳》、《通鑑》卷二七一、《大事記續
編》卷七二引新舊史紀傳、《實録》改。"《通鑑》卷二七一龍德元
年（921）八月甲子條云："晋兵拔趙州，刺史王鋌降，晋王復以爲
刺史，文禮聞之，驚懼而卒。"

[8]處瑾：人名。即張處瑾。燕（今河北北部）人。張文禮之
子。五代將領。事見本書卷六二。《新五代史》卷五《唐莊宗紀
下》天祐十八年（921）八月條、卷三九《王鎔傳》，《宋本册府》
卷九二六《總録部·愧恨門》閻寶條同，唯明本《册府》卷八
《帝王部·創業門》四作"處球"。據《輯本舊史》卷六二《張文
禮傳》及本卷下文，應以"處瑾"爲是。

九月，前鋒將史建瑭與鎮人戰於城下，爲流矢所中而卒。

冬十月己未，梁將戴思遠攻德勝北城，[1]帝命李嗣源設伏於戚城，[2]令騎軍挑戰，梁軍大至，帝御中軍以禦之。時李從珂僞爲梁幟，[3]奔入梁壘，斧其眺樓，持級而還。梁軍愈恐，步兵漸至，李嗣源以鐵騎三千乘之，梁軍大敗，俘斬二萬計。辛酉，閻寶上言，定州節度使王處直爲其子都幽於別室，都自稱留後。[4]

[1]戴思遠：人名。籍貫不詳。五代後梁、後唐將領。傳見本書卷六四。

[2]戚城：地名。位於今河南濮陽市區。《輯本舊史》之影庫本粘籤："'戚城'，原本作'威城'，今據《薛史·梁紀》及《五代春秋》改正。"見《輯本舊史》卷九《梁末帝紀中》貞明五年（919）十一月辛卯條、卷十《梁末帝紀下》龍德元年（921）十月條，《五代春秋》卷上《梁末帝紀》龍德元年十月條。

[3]李從珂：人名。鎮州（今河北正定縣）人。本姓王，後唐明宗李嗣源擄其母魏氏，遂養爲己子。應順元年（934）四月，李從珂入洛陽即帝位。清泰三年（936）五月，石敬瑭反，廢帝自焚死，後唐亡。紀見本書卷四六至卷四八、《新五代史》卷七。

[4]定州節度使王處直爲其子都幽於別室，都自稱留後：《舊五代史考異》："《歐陽史》：王處直叛附于契丹，其子都幽處直以來附。"見《新五代史》卷五《唐莊宗紀下》天祐十八年（921）十月條、卷五五《劉昫傳》、卷七二《契丹傳》。

十一月，帝至鎮州城下，張處瑾遣弟處琪、幕客齊儉等候帝乞降，[1]言猶不遜，帝命囚之。時王師築土山以攻其壘，城中亦起土山以拒之，旬日之間，機巧百變。張處瑾令韓正時以千騎夜突圍，[2]將入定州與王處直議事，爲我游軍追擊，破之，餘衆保行唐，[3]賊將彭贇斬正時以降。[4]

[1]張處瑾：人名。燕（今河北北部）人。張文禮子。五代成德軍將領。事見本書卷六二。　處琪：人名。即張處琪。燕（今河北北部）人。張文禮子。五代成德軍將領。事見本書卷六二、《新五代史》卷三九。　齊儉：人名。籍貫不詳。五代成德軍官員。本書僅此一見。

[2]韓正時：人名。籍貫不詳。五代成德軍官員。事見本書卷六二。

[3]行唐：縣名。治所在今河北行唐縣。中華書局本有校勘記："原作'衡唐'，據劉本、邵本校、《通鑑》卷二七一改。"見《通鑑》卷二七一龍德元年（921）十一月條。五代行唐數見，無衡唐。

[4]彭贇：人名。籍貫不詳。五代官員。本書僅此一見。

　　十二月辛未，王郁誘契丹阿保機寇幽州，[1]遂引軍涿州，陷之。[2]又寇定州，[3]王都遣使告急，[4]帝自鎮州率五千騎赴之。

[1]王郁：人名。京兆萬年（今陝西西安市長安區）人。唐義武軍節度使王處直之子，李克用之壻。五代、遼將領。傳見《遼史》卷七五。　契丹：古部族、政權名。公元4世紀中葉宇文部爲前燕攻破，始分離而成單獨的部落，自號契丹。唐貞觀中，置松漠都督府，以其首領爲都督。唐末强盛，916年迭剌部耶律阿保機建立契丹國（遼）。先後與五代、北宋並立，遼保大五年（1125）爲

金所滅。參見張正明《契丹史略》，中華書局1979年版。　阿保機：人名。姓耶律。契丹迭剌部人。唐末契丹族首領、遼開國皇帝。紀見《遼史》卷一、卷二。　王郁誘契丹阿保機寇幽州：《舊五代史考異》：“《契丹國志》：王處直在定州，以鎮、定爲唇齒，恐鎮亡而定孤，乃潛使人語其子王郁，使略契丹，令犯塞以救鎮州之圍。王郁説太祖曰：‘鎮州美女如雲，金帛似山，天皇速往，則皆爲己物也，不然，則爲晋王所有矣。’太祖以爲然，率衆而南。”見《契丹國志》卷一《太祖紀》天贊元年（922）十二月條。

[2]涿州：州名。治所在今河北涿州市。　遂引軍涿州，陷之：《輯本舊史》之案語：“契丹陷涿州在天祐十八年，《李嗣弼傳》作天祐十九年，紀、傳互異。”見《輯本舊史》卷五〇《李克修附嗣弼傳》。又《輯本舊史》卷一三七《契丹傳》、《通鑑》卷二七一龍德元年（921）十二月條、《遼史》卷二《太祖紀下》神册六年（即唐天祐十八年，921）十二月癸亥條所記均爲十八年事，當以紀爲準。

[3]定州：州名。治所在今河北定州市。

[4]王都：人名。中山陘邑（今河北定州市）人。本姓劉，後爲義武軍節度使王處直養子。五代軍閥。傳見本書卷五四。

天祐十九年春正月甲午，帝至新城，[1]契丹前鋒三千騎至新樂。[2]是時，梁將戴思遠乘虚以寇魏州，軍至魏店，[3]李嗣源自領兵馳入魏州。梁人知其有備，乃西渡洹水，[4]陷成安而去。[5]時契丹渡沙河口而南，[6]諸將相顧失色，又聞梁人内侵，鄴城危急，皆請旋師，唯帝謂不可，乃率親騎至新城。契丹萬餘騎，遽見帝軍，惶駭而退。帝分軍爲二廣，[7]追躡數十里，獲阿保機之子。時沙河冰薄，[8]橋梁隘狹，敵争踐而過，陷溺者甚衆。

阿保機方在定州，聞前軍敗，退保望都。[9]帝至定州，王都迎謁，是夜宿於開元寺。翌日，引軍至望都，契丹逆戰，帝身先士伍，馳擊數四，敵退而結陣，帝之徒兵亦陣於水次。李嗣昭躍馬奮擊，敵衆大潰，俘斬數千，追擊至易州，[10]所獲氈裘、毳幕、羊馬不可勝紀。[11]時歲且北至，大雪平地五尺，敵乏芻糧，人馬斃踣道路，纍纍不絕，帝乘勝追襲至幽州。[12]是月，梁將戴思遠寇德勝北城，築壘穿塹，地道雲梯，晝夜攻擊，李存審極力拒守，城中危急。帝自幽州聞之，倍道兼行以赴，梁人聞帝至，燒營而遁。

[1]新城：地名。位於今河北無極縣。

[2]新樂：縣名。治所在今河北新樂市。

[3]魏店：地名。又稱魏縣城、舊縣店。位於今河北大名縣西三十里。

[4]洹水：水名。即今河南安陽河。

[5]成安：縣名。治所在今河北成安縣。

[6]沙河：水名。源出今山西靈丘縣太白山南麓，流經靈丘及河北阜平、曲陽、新樂、定州、安國等市縣，在安國市南郭村附近與磁河匯合。　時契丹渡沙河口而南：中華書局本有校勘記："'口'，殿本、劉本、孔本作'而'，《册府》卷九八七、《通鑑》卷二七一作'而南'。""渡沙河而"不成句。明本《册府》卷九八七《外臣部·征討門六》作"至新城南，探報契丹前鋒……渡沙河而南矣。帝令前鋒偵契丹所至，報云'渡沙河矣'"，《通鑑》卷二七一龍德二年（922）正月甲午條作"涉沙河而南"。今據改。

[7]帝分軍爲二廣：《輯本舊史》之影庫本粘籤："二廣，原本作'二黃'，案《薛史》前後多作'二廣'，當是用《左傳》'左

'右廣'之名，今改正。"《輯本舊史》卷三五《明宗紀一》天祐五年（908）五月條、卷一三七《契丹傳》天祐十八年十二月條均有"二廣"之記載。亦見明本《册府》卷九八七。

[8]時沙河冰薄：中華書局本有校勘記："'冰'，原作'水'，據《册府》卷九八七、《通鑑》卷二七一、《新五代史》卷七二《四夷附錄》改。"《通鑑》卷二七一龍德二年正月甲午條作"時沙河橋狹冰薄"。

[9]望都：縣名。治所在今河北望都縣。

[10]易州：州名。治所在今河北易縣。中華書局本有校勘記："原作'易水'，據殿本、《册府》卷九八七、《通鑑》卷二七一、《契丹國志》卷一改。"見《通鑑》卷二七一龍德二年正月戊戌條。

[11]所獲氈裘、毳幕、羊馬不可勝紀：中華書局本有校勘記："'所'字原闕，據孔本、《册府》卷九八七補。'氈裘'，《册府》卷九八七作'氈車'。本書卷二八《唐莊宗紀二》敘天祐十四年契丹入寇事云：'漁陽以北，山谷之間，氈車裘幕，羊馬彌漫'。《輯本舊史》卷二八天祐十四年二月條本作"氈車毳幕"，非"氈車裘幕"。

[12]"時歲且北至"至"帝乘勝追襲至幽州"：《舊五代史考異》："《契丹國志》：晋王趨望都，爲契丹所圍，力戰，出入數四，不解。李嗣昭引三百騎橫擊之，晋王始得出，因縱兵奮擊，太祖兵敗，遂北至易州。會大雪彌旬，平地數尺，人馬死者相屬，太祖乃歸。"見《契丹國志》卷一《太祖紀》天贊二年（923）正月條，亦略見於《册府》卷九七八。

三月丙午，王師敗於鎮州城下，閻寶退保趙州。[1]時鎮州累月受圍，城中艱食，王師築壘環之，又決滹沱水以絕城中出路。[2]是日，城中軍出，攻其長圍，皆奮力死戰，王師不能拒，引師而退。鎮人壞其營壘，取其芻糧者累日。帝聞失律，即以昭義節度使李嗣昭爲北面招討使，[3]進攻鎮州。

[1]趙州：州名。治所在今河北趙縣。

[2]滹沱水：河流名。發源於今山西繁峙縣，東流入今河北省，過正定縣，再向東流入渤海。

[3]招討使：官名。唐貞元年間始置。戰時任命，兵罷則省。常以大臣、將帥或地方軍政長官兼任。掌招撫討伐等事務。

夏四月，嗣昭爲流矢所中，卒於師。[1]己卯，天平節度使閻寶卒。以振武節度使李存進爲北面招討使。是月，大同軍節度使李存璋卒。

[1]"夏四月"至"卒於師"：《通鑑》卷二七一龍德二年（922）四月甲戌條、《新五代史》卷五《唐莊宗紀下》天祐十九年（922）四月條與本紀同，《輯本舊史》卷五二《李嗣昭傳》云卒於七月二十四日。

五月乙酉，李存進圍鎮州，營於東垣渡。[1]

[1]東垣渡：渡口名。位於今河北正定縣南滹沱河邊。中華書局本有校勘記："'垣'字原闕，據邵本校、本書卷五三《李存進傳》、《册府》卷三六〇、《新五代史》卷三六《李存進傳》、《通鑑》卷二七一及本卷下文補。按《通鑑》卷二七一胡注：'真定本東垣，漢高帝更名真定，其津渡之處猶有東垣之名。'"見《宋本册府》卷三六〇《將帥部·立功門一三》、《新五代史》卷三六《李存進傳》、《通鑑》卷二七一龍德二年（922）五月乙酉條及該條胡注，本卷下文見九月戊寅條。《輯本舊史》卷五三《李存進

傳》則繫於七月代李嗣昭爲招討使之後。

秋八月，[1]梁將段凝陷衛州，[2]刺史李存儒被擒。[3]存儒，本俳優也，帝以其有膂力，故用爲衛州刺史，既而誅斂無度，人皆怨之，故爲梁人所襲。[4]梁將戴思遠又陷共城、新鄉等邑，[5]自是澶淵之西，[6]相州之南，[7]皆爲梁人所據。

[1]秋八月：中華書局本《輯本舊史》"秋"字闕，據本紀記時規則補。

[2]衛州：州名。治所在河南衛輝市。《輯本舊史》之影庫本粘籤："原本作'魏州'，考《五代春秋》：八月，段凝攻晋衛州，克之。《歐陽史》及《通鑑》並作衛州，今改正。"見《五代春秋》卷上《梁末帝紀》龍德二年（922）八月條，《新五代史》卷三《梁末帝紀》龍德二年八月條、卷五《唐莊宗紀下》天祐十九年（922）八月條，《通鑑》卷二七一龍德二年八月條。

[3]李存儒：人名。籍貫不詳。五代後唐將領。事見本書本卷、卷一〇。

[4]故爲梁人所襲：《舊五代史考異》："《九國志·趙季良傳》：莊宗入鄴，時兵革屢興，屬邑租賦逋久。一日，莊宗召季良切責之，季良對曰：'殿下何時平河南？'莊宗正色曰：'爾掌興賦而稽緩，安問我勝負乎！'季良曰：'殿下方謀攻守，復務急徵，一旦眾心有變，恐河南非殿下所有。'莊宗斂容前席曰：'微君之言，幾失吾大計！'"見《九國志》卷七《後蜀趙季良傳》。

[5]共城：縣名。治所在今河南輝縣市。 新鄉：縣名。治所在今河南新鄉市。

[6]澶淵：地名。位於今河南濮陽市西北。

[7]相州：州名。治所在今河南安陽市。

九月戊寅朔，張處球悉城中兵奄至東垣渡，急攻我之壘門。時騎軍已臨賊城，不覺其出，李存進惶駭，引十餘人鬭於橋上，賊退，我之騎軍前後夾擊之，賊衆大敗，步兵數千，殆無還者。是役也，李存進戰歿於師，以蕃漢馬步總管李存審爲北面招討使，以攻鎮州。丙午夜，趙將李再豐之子沖投縋以接王師，[1]諸軍登城，遲明畢入，鎮州平。獲處球、處瑾、處琪并其母，及同惡高濛、李壽、齊儉等，[2]皆折足送行臺，鎮人請醢而食之，發張文禮尸，磔於市。[3]帝以符習爲鎮州節度使，烏震爲趙州刺史，趙仁貞爲深州刺史，[4]李再豐爲冀州刺史。[5]鎮人請帝兼領本鎮，從之，乃以符習遥領天平軍節度使。

[1]李再豐：人名。籍貫不詳。五代將領。事見本書卷五六、卷六二。　沖：人名。即李沖。籍貫不詳。李再豐之子。本書僅此一見。

[2]高濛：人名。籍貫不詳。本書僅此一見。　李壽：人名。籍貫不詳。事見本書卷六〇。

[3]發張文禮尸，磔於市：《輯本舊史》之影庫本粘籤："考《五代春秋》作李存審克鎮州，誅張文禮。據《薛史》，則文禮先已病没，後乃追戮也。《五代春秋》所書未爲核實，今附識於此。"見《五代春秋》卷上《梁末帝紀》龍德二年（922）八月條。《宋本册府》卷九四二《總録部·禍敗門》張文禮條、《通鑑》卷二七一龍德元年八月甲子條同《薛史》，當以《薛史》爲準。

[4]深州：州名。治所在今河北深州市。

[5]冀州：州名。治所在今河北衡水市冀州區。

冬十一月，[1]河東監軍張承業卒。[2]

[1]冬十一月：中華書局本《輯本舊史》"冬"字原闕，據本紀記時規則補。

[2]監軍：官名。爲臨時差遣，代表朝廷協理軍務，督察將帥。五代時常以宦官爲監軍。 張承業：人名。同州（今陝西大荔縣）人。唐末、五代宦官，河東監軍。傳見本書卷七二、《新五代史》卷三八。

十二月，以魏州觀察判官張憲權知鎮州軍州事。[1]

[1]觀察判官：官名。即觀察使判官。唐肅宗以後置，五代沿置。觀察使屬官，參理田賦事，用觀察使印、署狀。 張憲：人名。晉陽（今山西太原市）人。五代後唐官員。傳見本書卷六九、《新五代史》卷二八。 權知鎮州軍州事：官名。簡稱"知州"。州級行政長官。參見閆建飛《唐後期五代宋初知州制的實施過程》，《文史》2019年第1期。

同光元年春正月丙子朔，[1]五臺山僧獻銅鼎三，[2]言於山中石崖間得之。

[1]同光：後唐莊宗李存勗年號（923—926）。 同光元年春正月丙子朔：中華書局本沿《輯本舊史》原闕"朔"字，據本紀記時規則補。

[2]五臺山：山名。位於今山西五臺縣東北。

二月，新州團練使李嗣肱卒。[1]是時，以諸藩鎮相繼上牋勸進，乃命有司制置百官省寺仗衛法物，[2]期以四月行即位之禮，以河東節度判官盧質爲大禮使。[3]

[1]團練使：官名。唐代中期以後，於不設節度使的大郡要害之地設團練使，掌本區各州軍事。　李嗣肱：人名。沙陀部人。李克修之子。五代後唐將領。傳見本書卷五〇、《新五代史》卷一四。

[2]乃命有司制置百官省寺仗衛法物：《輯本舊史》之影庫本粘籤：“省寺，原本作‘省待’，今據文改正。”《會要》卷一六《禮部》條天成三年（928）十一月二十一日和凝奏，即有“臺省寺監”之稱謂，此爲書證。

[3]節度判官：官名。唐末、五代藩鎮僚佐，位行軍司馬下。　盧質：人名。河南（今河南洛陽市）人。五代大臣。傳見本書卷九三、《新五代史》卷五六。　大禮使：官名。非常設。帝王舉行南郊等大禮時設，參掌大禮。

三月己卯，以橫海軍節度使、內外蕃漢馬步總管李存審爲幽州節度使。[1]潞州留後李繼韜叛，[2]送款於梁。

[1]橫海軍：方鎮名。治所在滄州（今河北滄縣舊州鎮）。
[2]潞州：州名。治所在今山西長治市。　李繼韜：人名。汾州（今山西汾陽市）人。李嗣昭之子。五代後唐將領。傳見本書卷五二、《新五代史》卷三六。

是月，築即位壇於魏州牙城之南。

夏四月己巳，帝升壇，祭告昊天上帝，[1]遂即皇帝位，文武臣僚稱賀。禮畢，御應天門宣制：[2]改天祐二十年爲同光元年。大赦天下，自四月二十五日昧爽以前，除十惡五逆、放火行劫、持杖殺人、官典犯贓、屠牛鑄錢、合造毒藥外，罪無輕重，咸赦除之。應蕃漢馬步將校並賜功臣名號，超授檢校官，官資已高者與一子六品正員官，[3]兵士並賜等第優給。其戰歿功臣各加追贈，仍定諡號。民年八十已上，與免一子役。內外文武職官，並可直言極諫，無有隱諱。貢、選二司宜令有司速商量施行。雲、應、蔚、朔、易、定、幽、燕及山後八軍，[4]秋夏稅率量與蠲減。民有三世已上不分居者，與免雜徭。諸道應有祥瑞，不用聞奏。赦書有所未該，委所司條奏以聞云。是歲自正月不雨，人心憂恐，宣赦之日，澍雨溥降。初，唐咸通中，[5]金、水、土、火四星聚于畢、昴，[6]太史奏：[7]"畢、昴，趙、魏之分，[8]其下將有王者。"懿宗乃詔令鎮州王景崇被袞冕攝朝三日，[9]遣臣下備儀注、軍府稱臣以厭之。其後四十九年，帝破梁軍於柏鄉，[10]平定趙、魏，至是即位於鄴宮。[11]

[1]昊天上帝：昊天爲天之總神。上帝爲南郊所祭受命帝。《周禮·春官·大宗伯》："以禋祀祀昊天上帝。"鄭玄注："昊天上帝，冬至於圜丘所祀天皇大帝。"

[2]應天門：魏州城門。位於今河北大名縣。

[3]官資已高者與一子六品正員官："官資已高者"，《輯本舊史》本原無"官資"二字，中華書局本亦未補，今據明本《册府》卷九二《帝王部·赦宥門一一》補。

[4]雲：州名。治所在今山西大同市。　應：州名。治所在今山西應縣。　蔚：州名。治所在今河北蔚縣。　朔：州名。治所在今山西朔州市朔城區。　易：州名。治所在今河北易縣。　定：州名。治所在今河北定州市。　燕：封國名。此處指唐末河北方鎮盧

龍軍。劉仁恭、劉守光父子先後爲盧龍節度使、燕王。　　山後八軍：唐末幽州劉仁恭首設於山後地區、具有防禦性質的八個軍鎮，主要防備契丹和河東，爲模擬東北邊的“八防禦軍”而來。詳見李翔《關於五代“山後八軍”的幾個問題》，《中南大學學報》2016年第4期。　　雲、應、蔚、朔、易、定、幽、燕及山後八軍：《輯本舊史》之影庫本粘籤：“易定，原本作‘易宜’，今據文改正。”明本《册府》卷九二正作“易定”，此爲書證。

　　[5]咸通：唐懿宗李漼年號（860—874）。

　　[6]畢：星名，二十八宿中的畢宿。　　昴：星名，二十八宿中的昴宿。

　　[7]太史：官名。西周始設，初掌起草文書、修撰史籍、校訂曆法。後職位漸低、事權漸分，隋唐時專掌天文曆法。

　　[8]魏：戰國時期魏國。

　　[9]懿宗：即唐懿宗李漼。859年至873年在位。紀見《舊唐書》卷一九上、《新唐書》卷九。　　王景崇：人名。邢州（今河北邢臺市）人。後漢時升任鳳翔節度使。傳見本書附錄、《新五代史》卷五三。

　　[10]柏鄉：地名。位於今河北柏鄉縣。

　　[11]鄴：地名。即鄴都。治所在今河北大名縣。五代後唐同光元年（923），改魏州爲興唐府，建號東京。三年，改東京爲鄴都。

　　是月，以行臺左丞相豆盧革爲門下侍郎、同中書門下平章事、太清宮使；[1]以行臺右丞相盧程爲中書侍郎平章事、監修國史；[2]以前定州掌書記李德休爲御史中丞；[3]以河東節度判官盧質爲兵部尚書，[4]充翰林學士承旨；[5]以河東掌書記馮道爲户部侍郎，[6]充翰林學士；[7]以魏博、鎮冀觀察判官張憲爲工部侍郎，[8]充租庸使；[9]以中門使郭崇韜、昭義監軍使張居翰並爲樞密使；[10]以權知幽州軍府事李紹宏爲宣徽使;[11]以魏博節度判官王正言爲禮部尚書、行興唐尹;[12]以河東軍城都虞候孟知祥爲太原尹,[13]充西京副留守;[14]以澤潞節度判官任圜爲工部尚書兼真定尹,[15]充北京副留守。[16]詔升魏州爲東京興唐府,[17]改元城縣爲興唐縣,[18]貴鄉縣爲廣晋縣,[19]以太原爲西京,[20]以鎮州爲北都。[21]是時所管節度一十三,州五十。

[1]行臺:官署名。尚書省在京城稱中臺、内臺,在外稱行臺。自魏晋至唐初,天子、大臣在外征討,或置行臺隨軍。　左丞相:官名。秦漢始置,爲百官之長,輔佐皇帝綜理全國事務。　豆盧革:人名。先世爲鮮卑慕容氏,後改豆盧氏。唐同州刺史豆盧籍之孫,舒州刺史豆盧瓚之子。五代後唐宰相。傳見本書卷六七、《新五代史》卷二八。　門下侍郎:官名。門下省副長官。唐後期三省長官漸爲榮銜,中書、門下侍郎却因參議朝政而職位漸重,常常用爲以"同三品"或"同平章事"任宰相者的本官。正三品。　同中書門下平章事:官名。簡稱"同平章事"。唐高宗以後,凡實際任宰相之職者,常在其本官後加同平章事的職銜。後成爲宰相專稱。後晋天福五年(940),升中書門下平章事爲正二品。　太清宮使:官名。唐朝尊老子爲祖,建玄元廟奉祀。天寶二年(743)改西京玄元廟爲太清宮,東京爲太微宮,天下諸郡爲紫極宮,又改譙郡紫極宮爲太清宮。設太清宮使。宋敏求《春明退朝録》:"唐制,宰相四人,首相爲太清宮使,次三相皆帶館職,洪(正字犯宣祖廟諱)。文館大學士、監修國史、集賢殿大學士,以此爲次序。"

[2]右丞相:官名。秦漢始置,爲百官之長,輔佐皇帝綜理全國事務,位亞左丞相。　盧程:人名。范陽(今河北涿州市)盧氏族人。唐末進士,五代後唐宰相。傳見本書卷六七、《新五代史》卷二八。《輯本舊史》原作盧澄,有案語:"原本作'盧登',今從

《通鑑考異》改正。《歐陽史》作盧程。"《輯本舊史》卷六七、《新五代史》卷二八本傳均作盧程。據改。明本《册府》卷七四《帝王部·命相門四》,《通鑑》卷二七二同光元年(923)四月己巳條作盧程。《通鑑》卷二七二同光元年二月條亦作盧程,有《考異》:"《薛史·唐紀》作盧澄,今從《實錄》《莊宗列傳》。"《新五代史》卷五《唐莊宗紀下》同光元年四月己巳條亦作盧程。　中書侍郎平章事:官名。中書侍郎爲中書省副長官。唐後期三省長官漸爲榮銜,中書、門下侍郎却因參議朝政而職位漸重,常常用爲以"同三品"或"同平章事"任宰相者的本官。正三品。　監修國史:官名。北齊始置史館,以宰相爲之。唐史館沿置,爲宰相兼職。

[3]掌書記:官名。唐五代方鎮僚屬,位在判官下。掌表奏書檄、文辭之事。　李德休:人名。贊皇(今河北贊皇縣)人。唐末、五代官員。傳見本書卷六〇。《輯本舊史》之影庫本粘籤:"李德休,原本作'德林',據《薛史·唐列傳》云:德休,字表逸。知原'林'字爲誤,今改正。"見《輯本舊史》卷六〇《李德休傳》。對影庫本粘籤之《薛史·李德林傳》,中華書局本有校勘記:"'表逸',原作'戒逸',據本書卷六〇《李德休傳》改。"　御史中丞:官名。如不置御史大夫,則爲御史臺長官。掌司法監察。正四品下。

[4]兵部尚書:官名。尚書省兵部主官。掌兵衛、武選、車輦、甲械、厩牧之政令。正三品。

[5]翰林學士承旨:官名。爲翰林學士之首。掌拜免將相、號令征伐等詔令的起草。《舊唐書》卷四三《職官志二·翰林院》:"例置學士六人,内擇年深德重者一人爲承旨,所以獨承密命故也。"

[6]馮道:人名。瀛州景城(今河北滄縣)人。五代時官拜宰相,歷仕後唐至後周,亦曾臣服於契丹。傳見本書卷一二六、《新五代史》卷五四。　户部侍郎:官名。尚書省户部次官。協助户部

尚書掌天下田户、均輸、錢穀之政令。正四品下。

[7]翰林學士：官名。由南北朝始設之學士發展而來，唐玄宗改翰林供奉爲翰林學士，備顧問，代王言。掌拜免將相、號令征伐等詔令的起草。

[8]魏博：方鎮名。治所在魏州貴鄉縣（今河北大名縣）。鎮冀：方鎮名。治所在鎮州（今河北正定縣）。　張憲：人名。晋陽（今山西太原市）人。五代後唐官員。傳見本書卷六九、《新五代史》卷二八。　工部侍郎：官名。尚書省工部次官。協助尚書掌管百工山澤水土之政令，考其功以詔賞罰，總所統各司之事。正四品下。

[9]租庸使：官名。唐代爲主持催徵租庸地稅的財政官員。五代後梁、後唐時，租庸使取代鹽鐵、度支、户部，爲主管中央財政的長官。

[10]中門使：官名。五代時晋王李存勖所置，爲節度使屬官，執掌同於朝廷之樞密使。　郭崇韜：人名。代州雁門（今山西代縣）人。五代後唐大臣。傳見本書卷五七、《新五代史》卷二四。　張居翰：人名。籍貫不詳。唐末、五代宦官。傳見本書卷七二、《新五代史》卷三八。　樞密使：官名。樞密院長官。五代時以士人爲之，備顧問、參謀議，出納詔奏，權侔宰相。參見李全德《唐宋變革期樞密院研究》，國家圖書館出版社 2009 年版。

[11]宣徽使：官名。唐始置。宣徽南院使、北院使通稱宣徽使。初用宦官，五代以後改用士人。通掌內諸司及三班內侍之名籍，郊祀、朝會、宴享供帳之儀，檢視內外進奉名物。參見王永平《論唐代宣徽使》，《中國史研究》1995 年第 1 期；王孫盈政《再論唐代的宣徽使》，《中華文史論叢》2018 年第 3 期。

[12]王正言：人名。鄆州（今山東東平縣）人。五代後唐官員。傳見本書卷二一。　禮部尚書：官名。尚書省禮部主官。掌禮儀、祭享、貢舉之政。正三品。　興唐尹：官名。五代後唐同光元年（923），改魏州爲興唐府，以興唐尹總其政務。從三品。

[13]都虞候：官名。唐五代方鎮高級軍官。　孟知祥：人名。邢州龍岡（今河北邢臺市）人。李克用女婿，五代後蜀開國皇帝。傳見本書卷一三六、《新五代史》卷六四。　太原尹：官名。唐開元十一年（723）改并州爲太原府，治所在今山西太原市，太原尹總其政務。從三品。

[14]西京副留守：官名。後唐莊宗同光元年四月以太原爲西京，十二月，詔改僞梁永平軍大安府復爲西京京兆府。設西京副留守，掌軍政要務。例由府尹兼。

[15]澤潞：方鎮名。治所在潞州（今山西長治市）。　節度判官：官名。唐末、五代藩鎮僚佐，位行軍司馬下。　任圜：人名。京兆三原（今陝西三原縣）人。五代後唐將領、大臣。傳見本書卷六七、《新五代史》卷二八。　工部尚書：官名。尚書省工部主官。掌百工、屯田、山澤之政令。正三品。　真定尹：官名。即真定府尹。真定府即鎮州，治所在今河北正定縣。真定尹總其政務。從三品。

[16]北京副留守：官名。後唐同光元年四月以鎮州爲北京。執掌政務。古代在都城、陪都或軍事重鎮所設留守、副留守，由地方行政長官兼任。

[17]東京：地名。即魏州。治所在今河北大名縣。五代後唐莊宗同光元年改魏州爲興唐府，建號東京。三年，改東京爲鄴都。

[18]元城縣：縣名。治所在今河北大名縣。　興唐縣：縣名。同光元年由元城縣改名而來。

[19]貴鄉縣：縣名。治所在今河北大名縣。　廣晋：縣名。同光元年由元城縣改名而來。

[20]太原：府名。治所在今山西太原市。　西京：地名。同光元年四月以太原爲西京，十二月，詔改僞梁永平軍大安府復爲西京京兆府。

[21]北都：地名。同光元年四月以鎮州爲西京。位於今河北正定縣。

閏月丁丑，以李嗣源爲檢校侍中，[1]依前橫海軍節度使、內外蕃漢副總管；以幽州節度使李存審爲檢校太師、兼中書令，[2]依前蕃漢馬步總管；以河中節度使朱友謙爲檢校太師、兼尚書令。[3]安國軍節度使符習加同平章事，[4]定州節度使王都加檢校侍中。

[1]檢校侍中：官名。秦始置侍中。隋、唐前期爲門下省長官，屬宰相之職。唐後期多爲大臣加銜，不參與政務，實際職務由門下侍郎執行。正二品。

[2]檢校太師：官名。爲散官或加官，以示恩寵，無實際執掌。太師，與太傅、太保並爲三師。　中書令：官名。漢代始置，隋、唐前期爲中書省長官，屬宰相之職；唐後期多爲授予元勳大臣的虛銜。正二品。

[3]尚書令：官名。秦始置。隋、唐前期爲尚書省長官，與中書令、侍中並爲宰相。唐後期多爲大臣加銜，不參與政務。正二品。　以河中節度使朱友謙爲檢校太師、兼尚書令：中華書局本有校勘記："'河中'原作'河東'，據本書卷六三《朱友謙傳》、《冊府》卷八六六、《新五代史》卷四五《朱友謙傳》及本卷上文改。"見明本《冊府》卷八六六《總錄部·貴盛門》。本卷上文見天祐十七年（920）秋七月條。

[4]安國軍：方鎮名。唐同光元年（923）改保義軍置，治所在邢州（今河北邢臺市）。　同平章事：官名。全稱"同中書門下平章事"。唐高宗以後，凡實際任宰相之職者，常在其本官後加同平章事的職銜。後成爲宰相專稱。後晉天福五年（940），升中書門下平章事爲正二品。

是月，追尊曾祖蔚州太保爲昭烈皇帝，[1]廟號懿

祖;^[2]夫人崔氏曰昭烈皇后。^[3]追尊皇祖代州太保爲文景
皇帝,^[4]廟號獻祖;^[5]夫人秦氏曰文景皇后。^[6]追尊皇考
河東節度使、太師、中書令、晋王爲武皇帝,^[7]廟號太
祖。^[8]詔於晋陽立宗廟,以高祖神堯皇帝、太宗文皇帝、
懿宗昭聖皇帝、昭宗聖穆皇帝及懿祖以下爲七廟。^[9]甲
午,契丹寇幽州,至易、定而還。時有自鄆來者,^[10]言
節度使戴思遠領兵在河上,州城無守兵,可襲而取之。
帝召李嗣源謀曰:"昭義阻命,梁將董璋攻迫澤州,^[11]梁
志在澤、潞,^[12]不慮別有事生,汶陽無備,^[13]不可失
也。"嗣源以爲然。壬寅,命嗣源率步騎五千,箝枚自
河趨鄆。是夜陰雨,我師至城下,鄆人不覺,遂乘城而
入,鄆州平。制以李嗣源爲天平軍節度使。梁主聞鄆州
陷,^[14]大恐,乃遣王彦章代戴思遠總兵以來拒。^[15]時朱
守殷守德勝南城,^[16]帝懼彦章奔衝,遂幸澶州。^[17]

[1]太保:官名。即檢校太保。爲散官或加官,以示恩寵,無
實際執掌。太保,與太師、太傅合稱三師。 昭烈皇帝:朱邪執宜
謚號。沙陀部首領。朱邪赤心之父。事見《新唐書》卷二一八
《沙陀》、《新五代史》卷四《唐本紀》。

[2]懿祖:朱邪執宜廟號。《輯本舊史》之影庫本粘籤:"原本
作'謚祖',今據《五代會要》及歐陽史改正。"見《會要》卷一
《追謚皇帝》條、《新五代史》卷五《唐莊宗紀下》同光元年
(923)閏四月條。

[3]崔氏:朱邪執宜之妻。五代後唐莊宗時追尊爲昭烈皇后。

[4]文景皇帝:謚號。指朱邪赤心,唐朝賜名李國昌。沙陀部
首領。唐末軍閥。李克用之父。其孫後唐莊宗李存勗即帝位後,追
謚其爲文景皇帝,廟號獻祖。事見《舊唐書》卷一九上《懿宗本

紀》、卷一九下《僖宗本紀》，本書卷二五，《新五代史》卷四。

[5]獻祖：李國昌廟號。

[6]秦氏：李國昌妻。後唐莊宗時追尊爲文景皇后。

[7]晉王：指李克用。沙陀部人，生於神武川新城（一説是今山西朔州市朔城區之梵王寺村，一説是今山西應縣縣城，一説在今山西懷仁縣之日中城）。唐末軍閥，後唐太祖。紀見本書卷二五。
　　武皇帝：李克用謚號。後唐莊宗時追尊。

[8]太祖：李克用廟號。後唐莊宗時追尊。

[9]高祖神堯皇帝：即李淵。唐朝建立者。618年至626年在位。紀見《舊唐書》卷一、《新唐書》卷一。　太宗文皇帝：即唐代第二位皇帝李世民。隴西成紀（今甘肅秦安縣）人。626年至649年在位。通過“玄武門之變”掌權，開創“貞觀之治”。紀見《舊唐書》卷二至卷三、《新唐書》卷二。　懿宗昭聖皇帝：即唐懿宗李漼。859年至873年在位。紀見《舊唐書》卷一九上、《新唐書》卷九。　昭宗聖穆皇帝：即唐昭宗李曄，888年至904年在位。紀見《舊唐書》卷二〇上、《新唐書》卷一〇。　七廟：帝王宗廟。中國古代禮制中“四親”之廟、“二祧”之廟以及“始祖”之廟；《禮記·王制》：“天子七廟，三昭三穆，與太祖之廟而七。”

“以高祖神堯皇帝”至“以下爲七廟”：“以下爲七廟”，明本《册府》卷三一《帝王部·奉先門四》：“以下三室爲七廟。”《通鑑》卷二七二同光元年閏四月條胡注：“唐廟四，親廟三。”

[10]鄆：州名。治所在今山東東平縣。

[11]董璋：人名。籍貫不詳。五代後梁、後唐將領。傳見本書卷六二、《新五代史》卷五一。　澤州：州名。治所在今山西澤州縣。

[12]潞：州名。治所在今山西長治市。

[13]汶陽：縣名。治所在今山東泰安市。《輯本舊史》之影庫本粘籤：“汶陽，原本作‘滴陽’，今據《通鑑》改正。”見《通鑑》卷二七二同光元年九月戊辰條胡注。五代汶陽多見，無“滴陽”。

[14]梁主聞鄆州陷：中華書局本有校勘記：“‘梁主’，原作‘梁王’，據殿本、《通鑑》卷二七二及本卷下文改。”本卷下文見八月戊戌條，《通鑑》見卷二七二同光元年五月辛酉條之追述。

[15]王彥章：人名。鄆州壽張（今山東梁山縣壽張集）人。五代後梁將領。傳見本書卷二一、《新五代史》卷三二。

[16]朱守殷：人名。籍貫不詳。五代後唐將領。傳見本書卷七四、《新五代史》卷五一。

[17]澶州：州名。唐、五代初，治所在河南清豐縣。後晉天福四年（939），移治於今河南濮陽縣。

五月辛酉，彥章夜率舟師自楊村浮河而下，[1]斷德勝之浮橋，攻南城，陷之。帝令中書焦彥賓馳至楊劉，固守其城，[2]令朱守殷徹德勝北城屋木攻具，浮河而下，以助楊劉。是時，德勝軍食芻茭薪炭數十萬計，至是令人輦負入澶州，[3]事既倉卒，耗失殆半。朱守殷以所毀屋木編棧，置步軍於其上。王彥章以舟師沿流而下，各行一岸，每遇轉灘水匯，即中流交鬥，流矢雨集，或全舟覆沒，一彼一此，終日百戰，比及楊劉，殆亡其半。己巳，王彥章、段凝率大軍攻楊劉南城，[4]焦彥賓與守城將李周極力固守。[5]梁軍晝夜攻擊，百道齊進，竟不能下，遂結營於楊劉之南，東西延袤十數柵。

[1]五月辛酉，彥章夜率舟師自楊村浮河而下：明本《冊府》卷二一七《閏位部·交侵門》：“辛酉，王彥章率舟師自村寨浮河而下。”

[2]中書：官署名。“中書門下”的簡稱。唐代以來爲宰相處理政務的機構。參見劉後濱《唐代中書門下體制研究——公文形

態·政務運行與制度變遷》，齊魯書社 2004 年版。　焦彥賓：人
名。籍貫不詳。五代後唐宦官。事見本書本卷、《新五代史》卷六
四。　楊劉：地名。即今山東東阿縣東北楊柳鄉。唐、五代時有城
臨河津，爲黃河下游重鎮，今城已堙廢不可考。　帝令中書焦彥賓
馳至楊劉，固守其城：《舊五代史考異》："《通鑑》作帝令宦者焦延
賓急趨楊劉，與鎮使李周固守其城。"見《通鑑》卷二七二同光元
年（923）五月己巳條。

[3]至是令人輦負入澶州：《輯本舊史》之影庫本粘籤："輦負，
原本作'替負'，今據文改正。"《唐闕史》卷上裴晉公大度條、卷
下王居士神丹條均有"輦負"之用法。

[4]段凝：人名。開封（今河南開封市）人。五代後梁將領。
其妹爲朱溫美人，因其妹而成爲朱溫親信。傳見本書卷七三、《新
五代史》卷四五。

[5]李周：人名。邢州內丘（今河北內丘縣）人。五代後唐、
後晉將領。傳見本書卷九一、《新五代史》卷四七。

六月乙亥，[1]帝親御軍至楊劉，登城望見梁軍，重
壕複壘，以絕其路，帝乃選勇士持短兵出戰。梁軍於城
門外，連延屈曲，穿掘小壕，伏甲士於中，候帝軍至，
則弓弩齊發，師人多傷矢，不得進。帝患之，問計於郭
崇韜，崇韜請於下流據河築壘，以救鄆州。又請帝日令
勇士挑戰，旬日之內，寇若不至，營壘必成。帝善之，
即令崇韜與毛璋率數千人中夜往博州濟河東，[2]晝夜督
役，居六日，營壘將成。戊子，梁將王彥章、杜晏球領
徒數萬，[3]晨壓帝之新壘。時板築雖畢，牆仞低庫，戰
具未備，沙城散惡，王彥章列騎環城，虐用其人，使步
軍堙壕登堞。又於上流下巨艦十餘艘，扼斷濟路，自旦

至午，攻擊百端，城中危急。帝自楊劉引軍陣于西岸，城中望之，大呼，帝艤舟將渡，梁軍遂解圍，[4] 退保鄒家口。[5]

[1] 六月乙亥：中華書局本有校勘記：" '乙亥'，原作 '己亥'，據《通鑑》卷二七二改。按是月甲戌朔，乙亥爲初二，本卷下文敘戊子事，戊子爲十五日，己亥爲二十六日，戊子不當在己亥前。《舊五代史考異》卷二：'案《通鑑》作乙亥'。"《通鑑》見卷二七二同光元年（923）六月乙亥條，可據改。

[2] 毛璋：人名。滄州（今河北滄縣舊州鎮）人。五代後唐將領。傳見本書卷七三、《新五代史》卷二六。　博州：州名。治所在今山東聊城市。《輯本舊史》之影庫本粘籤："'博州'，原本作'溥州'，今據文改正。"此事本可據《通鑑》卷二七二同光元年六月乙亥條，此爲書證。五代雖有溥州，如《輯本舊史》卷八四《晋少帝紀四》開運三年（946）二月丙子條所載："升桂州全義縣爲溥州，仍隸桂州……從湖南馬希範所請也。"溥州在楚轄下，與楊劉相距甚遠。

[3] 杜晏球：人名。原名王晏球。洛陽（今河南洛陽市）人。少遇亂，汴人杜氏畜之爲子，因冒姓杜氏，又名杜晏球。五代將領。傳見本書卷六四、《新五代史》卷四六。

[4] "帝自楊劉引軍陣于西岸"至"梁軍遂解圍"：《舊五代史考異》："《歐陽史》作六月，及王彥章戰于新壘，敗之。據《薛史》則王彥章因救至而解圍，未嘗敗績也。"見《新五代史》卷五《唐莊宗紀下》。《通鑑》卷二七二同光元年六月戊子條同《薛史》。

[5] 鄒家口：地名。皆沿河津渡之口，亦因其土人所居之姓以爲地名。

秋七月丁未，帝御軍沿河而南，梁軍棄鄒家口夜

遁，委棄鍋甲芻糧千計。戊午，遣騎將李紹貼直抵梁軍
壘，[1]梁益恐。又聞李嗣源自鄆州引大軍將至，己未夜，
梁軍拔營而遁，[2]復保於楊村。帝軍屯於德勝。甲子，
帝幸楊劉城，巡視梁軍故壘。

　　[1]李紹貼：人名。籍貫不詳。五代後唐將領。本書僅此一見。
《舊五代史考異》：“《通鑑》作李紹榮。”見《通鑑》卷二七二同光
元年（923）七月戊午條。明本《册府》卷二〇《帝王部‧功業門
二》同本紀。
　　[2]梁軍拔營而遁：中華書局本有校勘記：“‘拔’，原作
‘投’，據殿本、劉本、彭校改。”

　　八月壬申朔，帝遣李紹斌以甲士五千援澤州。[1]初，
李繼韜之叛也，潞之舊將裴約以兵戍澤州，[2]不狥繼韜
之逆。既而梁遣董璋率衆攻其城，約拒守久之，告急於
帝，故遣紹斌救之。未至而城已陷，裴約被害，帝聞
之，嗟痛不已。甲戌，帝自楊劉歸鄆。梁以段凝代王彦
章爲帥。戊子，凝帥衆五萬結營於王村，[3]自高陵渡
河。[4]帝軍遇之，生擒梁前鋒軍士二百人，戮于都市。
庚寅，帝御軍至朝城。[5]戊戌，梁左右先鋒指揮使康延
孝領百騎來奔，[6]帝虛懷引見，賜御衣玉帶，屏人問之。
對曰：“臣竊觀汴人兵衆不少，論其君臣將校，則終見
敗亡。趙巖、趙鵠、張漢傑居中專政，[7]締結宮掖，賄
賂公行。段凝素無武略，一朝便見大用，霍彦威、王彦
章皆宿將有名，[8]翻出其下。自彦章獲德勝南城，梁主
亦稍獎使。彦章立性剛暴，不耐凌制，梁主每一發軍，

即令近臣監護，進止可否，悉取監軍處分，彥章悒悒，形於顏色。自通津失利，[9]段凝、彥章又獻謀，欲數道舉軍，令董璋以陝虢、澤潞之眾，[10]趨石會關以寇太原。[11]霍彥威統關西、汝、洛之眾自相、衛以寇鎮、定，[12]段凝、杜晏球領大軍以當陛下，令王彥章、張漢傑統禁軍以攻鄆州，決取十月內大舉。又自滑州南決破河堤，[13]使水東注，曹、濮之間至於汶陽，[14]瀰漫不絕，以限北軍，[15]臣在軍側聞此議。[16]臣惟汴人兵力，聚則不少，分則無餘。陛下但待分兵，領鐵騎五千，自鄆州兼程直抵于汴，[17]不旬日，天下事定矣。"帝懌然壯之。

[1]李紹斌：人名。又名趙德鈞。幽州（今北京市）人。初爲幽州節度使劉守光部將。莊宗伐燕得之，賜姓名曰李紹斌。後投降遼國。傳見本書卷九八。

[2]裴約：人名。籍貫不詳。初爲潞州牙將，五代後唐將領。傳見本書卷五二、《新五代史》卷三二。

[3]王村：地名。位於今河南濮陽市。《通鑑》卷二七二胡注："王村，亦因土人王氏聚居之地爲名。"

[4]高陵：關津名。又名盧津關。位於今山東鄄城縣。

[5]朝城：縣名。治所在今山東莘縣。

[6]左右先鋒指揮使：官名。先鋒，即先鋒部隊。指揮使，爲所部統兵將領。　康延孝：人名。代北（今山西代縣）人。五代將領。傳見本書卷七四、《新五代史》卷四四。　梁左右先鋒指揮使康延孝領百騎來奔：中華書局本有校勘記："'左右'，《冊府》卷一二六、《新五代史》卷四四《康延孝傳》同，本書卷七四《康延孝傳》、《冊府》卷一六六、《通鑑》卷二七二作'右'。"見明本《冊府》卷一二六《帝王部·納降門》、宋本卷一六六《帝王部·

招懷門四》、《通鑑》卷二七二同光元年（923）六月己亥條。

[7]趙巖：人名。陳州宛丘（今河南淮陽縣）人。朱温女婿，忠武軍節度使趙犨次子。事見本書卷一四《趙犨傳》、《新五代史》卷四二《趙犨傳》。　趙鵠：人名。籍貫不詳。五代官員。事見本書本卷、卷三○。　張漢傑：人名。清河（今河北清河縣）人。張歸霸之子。五代後梁將領。傳見本書附録、《新五代史》卷二二。《輯本舊史》之影庫本粘籤：“張漢傑，原本作‘漢碟’，今據《薛史》梁列傳改正。”見《輯本舊史》卷一六《張歸霸傳附見子漢傑》、卷五九《王瓚傳》，又見明本《册府》卷一二六及《通鑑》卷二六九貞明元年（915）十月壬子條及卷二七二同光元年八月戊戌條。

[8]霍彥威：人名。洺州曲周（今河北曲周縣）人。五代後梁將領霍存之養子。後梁、後唐將領。傳見本書卷六四、《新五代史》卷四六。

[9]通津：地名。中華書局本有校勘記：“‘通津’，原作‘河津’，據《册府》卷一二六改。按《册府》卷一六六載天祐十四年莊宗書：‘予自去冬親提虎旅，徑取楊劉，既獲通津，已諧大計。’”《宋本册府》卷一三五《帝王部·愍征役門》載同光元年十二月敕中云“楊劉鎮、通津鎮、胡柳陂戰陣之所”，《輯本舊史》卷三○《莊宗紀四》同光元年十二月戊寅亦提及通津鎮。

[10]陜虢：方鎮名。治所在陜州（今河南三門峽市陜州區），唐龍紀元年（889）改爲保義軍。　澤潞：方鎮名。治所在潞州（今山西長治市）。

[11]石會關：關隘名。位於今山西省榆社縣西北。爲澤、潞和太原間交通要扼之地。

[12]關西：泛指函谷關或潼關以西的地區。　汝：州名。治所在今河南汝州市。　洛：地名。即洛陽。位於今河南洛陽市。相：州名。治所在今河南安陽市。　衛：州名。治所在今河南衛輝市。　霍彥威統關西、汝、洛之眾自相、衛以寇鎮、定：中華書局

本有校勘記：“‘相衛’下《册府》卷一二六、《通鑑》卷二七二有‘邢洺’二字。”《通鑑》卷二七二同光元年八月戊戌條。

[13]滑州：州名。治所在今河南滑縣。

[14]曹：州名。治所在今山東曹縣西北。

[15]以限北軍：中華書局本有校勘記：“‘限’，原作‘陷’，據《册府》卷一二六改。按本書卷三二《唐莊宗紀》六：‘梁末帝決河堤，引水東注至鄆、濮，以限我軍。’”

[16]臣在軍側聞此議：中華書局本有校勘記：“‘軍’，孔本、《册府》卷一二六作‘南中’。”

[17]汴：州名。治所在今河南開封市。　自鄆州兼程直抵于汴中華書局本有校勘記：“‘于汴’，《册府》卷一二六作‘宋汴’。”

九月壬寅朔，帝在朝城，凝兵至臨河南，[1]與帝之騎軍接戰。是時澤潞叛，衛州、黎陽爲梁人所據，[2]澶州以西、相州以南，[3]寇鈔日至，編户流亡，計其軍賦，不支半年。又王郁、盧文進召契丹南侵瀛、涿。[4]及聞梁人將圖大舉，帝深憂之，召將吏謀其大計，或曰：[5]“自我得汶陽以來，須大將固守，城門之外，元是賊疆，細而料之，[6]得不如失。今若馳檄告諭梁人，却取衛州、黎陽以易鄆州，[7]指河爲界，約且休兵。待我國力稍集，[8]則議改圖。”帝曰：“嘻，行此謀則吾無葬地矣！”[9]時郭崇韜勸帝親御六軍，直趨汴州，半月之間，天下可定。帝曰：“正合朕意。大丈夫得則爲王，失則爲寇，予行計決矣。”又問司天監，[10]對曰：“今歲時不利，深入必無成功。”帝弗聽。戊辰，梁將王彦章率衆至汶河，[11]李嗣源遣騎軍偵視，至遞公鎮，[12]梁軍來挑戰，嗣源以精騎擊而敗之，生擒梁將任釗、田章等三百人，[13]俘斬二百級，彥章引衆保於中都。[14]嗣源飛驛告捷，帝置酒大悦，曰：“是當決行渡河之策。”己巳，下令軍中將士家屬並令歸鄴。《永樂大典》卷七千一百五十六。[15]

[1]臨河：縣名。治所在今河南浚縣東北。

[2]是時澤潞叛，衞州、黎陽爲梁人所據：另見《通鑑》卷二七二，明本《册府》卷五七《帝王部・英斷門》。

[3]澶州以西、相州以南：中華書局本有校勘記：“原作‘州以西相以南’，據彭校、《册府》卷五七改。按本卷上文：‘（天祐十九年八月）澶淵之西、相州之南，皆爲梁人所據。影庫本粘籤：‘州以西，《通鑑》作衞州以西，疑原本有脱字。詳《薛史》文義，承上言衞州、黎陽爲梁人所據，蓋史家省文也，今姑仍其舊。”今檢《通鑑》卷二七二敘其事作‘澶西相南，日有寇掠。’”《册府》卷五七《帝王部・英斷門》作“澶州已西，相州已南”，《通鑑》卷二七二同光元年（923）九月條胡注“澶州之西，相州之南也”。

[4]盧文進：人名。范陽（今河北涿州市）人。五代後唐將領，先後投降契丹、南唐。傳見本書卷九七、《新五代史》卷四八。
瀛：州名。治所在今河北河間市。　涿：州名。治所在今河北涿州市。

[5]或曰：《通鑑》卷二七二同光元年九月條謂言者爲“宣徽使李紹宏等”。

[6]細而料之：中華書局本有校勘記：“‘細而’，彭校、《册府》卷五七作‘以臣’。”

[7]却取衞州：中華書局本有校勘記：“‘取’字原闕，據彭校、《册府》卷五七補。”

[8]待我國力稍集：中華書局本有校勘記：“‘待’字原闕，據《册府》卷五七補。按《通鑑》卷二七二作‘俟財力稍集’。”見

《通鑑》卷二七二同光元年九月條。

[9]行此謀則吾無葬地矣：中華書局本有校勘記：“‘吾’字原闕，據彭校、《册府》卷五七、《通鑑》卷二七二補。”《通鑑》卷二七二作“如此吾無葬地矣”。

[10]司天監：官署名。其長官亦稱司天監，掌天文、曆法以及占候等事。參見趙貞《唐宋天文星占與帝王政治》，北京師範大學出版社 2016 年版。　又問司天監：中華書局本有校勘記：“‘問司天監’，孔本、《册府》卷五七作‘詔問司天’。”

[11]汶河：河流名。即今山東大汶河。

[12]遞公鎮：地名。位於今山東東平縣南。　至遞公鎮：《輯本舊史》之案語：“《永樂大典》原本作遽公鎮，今從《通鑑考異》所引《薛史》作遞公鎮，《通鑑》從《莊宗實録》作遞坊鎮。”見《通鑑》卷二七二同光元年九月條及《考異》）。

[13]任釗：人名。籍貫不詳。五代後梁將領。事見本書本卷、卷三五。　田章：人名。籍貫不詳。五代後梁將領。本書僅此一見。

[14]中都：縣名。治所在今山東汶上縣。

[15]《大典》卷七一五六“唐”字韻“莊宗”事目三。

舊五代史　卷三〇

唐書六

莊宗紀第四

　　同光元年冬十月辛未朔,[1]日有蝕之。是日, 皇后
劉氏、皇子繼岌歸鄴宮,[2]帝送於離亭, 歔欷而別。詔
宣徽使李紹宏、宰相豆盧革、租庸使張憲、興唐尹王正
言同守鄴城。[3]壬申, 帝御大軍自楊劉濟河。[4]癸酉, 至
鄆州。[5]是夜三鼓, 渡汶。[6]時王彥章守中都。[7]甲戌,
帝攻之, 中都素無城守, 師既雲合, 梁衆自潰。是日,
擒梁將王彥章及都監張漢傑、趙廷隱、劉嗣彬、李知
節、康文通、王山興等將吏二百餘人,[8]斬馘二萬, 奪
馬千匹。時既獲中都之捷, 帝召諸將謀其所向, 或言且
狗兖州,[9]徐圖進取, 唯李嗣源曰:[10]"宜急趨汴州。[11]
段凝方領大軍駐於河上,[12]假如便來赴援, 直路又阻決
河, 須自滑州濟渡,[13]十萬之衆, 舟檝焉能卒辦? 此去
汴城咫尺, 若晝夜兼程,[14]信宿即至, 段凝未起河壖,
夷門已爲我有矣。[15]臣請以千騎前驅, 陛下御軍徐進,

鮮不克矣。"帝嘉之。是夜，嗣源率前軍先進。翌日，車駕即路。丁丑，次曹州，[16]郡將出降。己卯遲明，前軍至汴城，嗣源令左右捉生攻封丘門，[17]梁開封尹王瓚請以城降。[18]俄而帝與大軍繼至，王瓚迎帝自大梁門入。[19]梁朝文武官屬於馬前謁見，陳敘世代唐臣，陷在偽廷，今日再覩中興，雖死無恨。帝諭之曰："朕二十年血戰，蓋爲卿等家門，無足憂矣，各復乃位。"時梁末帝朱鍠已爲其將皇甫麟所殺，[20]獲其首，函之以獻。是日，賜樂工周匝幣帛。[21]周匝者，帝之寵伶也，胡柳之役陷于梁，[22]帝每思之，至是謁見，欣然慰接。周匝因言梁教坊使陳俊保庇之恩，[23]垂泣推薦，請除郡守，帝亦許之。庚辰，帝御玄德殿，[24]梁百官於朝堂待罪，詔釋之。壬午，段凝所部馬步軍五萬解甲於封丘。[25]凝等率大將先至請死，詔各賜錦袍、御馬、金幣。帝幸北郊，[26]撫勞降軍，各令還本營。丙戌，詔曰："懲惡勸善，務振紀綱；激濁揚清，須明真偽。蓋前王之令典，爲歷代之通規，必按舊章，以令多士。而有志萌僭竊，[27]位忝崇高，累世官而皆受唐恩，貪爵祿而但從偽命，或居台鉉，或處權衡，或列近職而預機謀，或當峻秩而掌刑憲，事分逆順，理合去留。偽宰相鄭珏等一十一人，皆本朝簪組，儒苑品流。雖博識多聞，備明今古；而修身慎行，頗負祖先。昧忠貞而不度安危，專利祿而全虧名節，合當大辟，無恕近親。[28]朕以纘嗣丕基，初平巨憝，方務好生之道，在行含垢之恩。湯網垂仁，[29]既矜全族；[30]舜刑投裔，[31]兼貸一身。爾宜自新，我全大體，其爲顯列，不並庶僚。餘外應在周行，悉仍舊貫，凡居中外，咸體朕懷。"乃貶梁宰相鄭珏爲萊州司戶，^[32]蕭頃爲登州司戶，^[33]翰林學士劉岳爲均州司馬，^[34]任贊房州司馬，^[35]姚顗復州司馬，^[36]封翹唐州司馬，^[37]李懌懷州司馬，^[38]竇夢徵沂州司馬，^[39]崇政院學士劉光素密州司戶，^[40]陸崇安州司戶，^[41]御史中丞王權隨州司戶，^[42]並員外置同正員。^[43]是日，以梁將段凝上疏奏："梁朝權臣趙巖等，^[44]並助成虐政，結怨於人，聖政惟新，宜誅首惡。"乃下詔曰：

[1]同光：五代後唐莊宗李存勖年號（923—926）。

[2]皇后劉氏：指後唐莊宗劉皇后。魏州成安（今河北成安縣）人。傳見本書卷四九、《新五代史》卷一四。　繼岌：人名。即李繼岌。後唐莊宗長子。傳見本書卷五一、《新五代史》卷一四。

鄴：地名。即鄴都。治所在今河北大名縣。後唐同光元年（923），改魏州爲興唐府，建號東京。三年，改東京爲鄴都。

[3]宣徽使：官名。唐始置。宣徽南院使、北院使通稱宣徽使。初用宦官，五代以後改用士人。通掌内諸司及三班内侍之名籍，郊祀、朝會、宴享供帳之儀，檢視内外進奉名物。參見王永平《論唐代宣徽使》，《中國史研究》1995年第1期；王孫盈政《再論唐代的宣徽使》，《中華文史論叢》2018年第3期。　李紹宏：人名。又作馬紹宏。籍貫不詳。後唐莊宗近臣。傳見本書卷七二。　豆盧革：人名。先世爲鮮卑慕容氏，後改豆盧氏。唐同州刺史豆盧籍之孫，舒州刺史豆盧瓚之子。後唐宰相。傳見本書卷六七、《新五代史》卷二八。　租庸使：官名。唐代爲主持催徵租庸地稅的財政官員。後梁、後唐時，租庸使取代鹽鐵、度支、户部，爲中央財政長官。　張憲：人名。晉陽（今山西太原市）人。後唐官員。傳見本

書卷六九、《新五代史》卷二八。　興唐尹：官名。後唐同光元年，改魏州爲興唐府。以興唐尹總其政務。從三品。　王正言：人名。鄆州（今山東東平縣）人。後唐官員。傳見本書卷二一。

［4］楊劉：地名。位於今山東東阿縣東北楊柳鎮。

［5］鄆州：州名。治所在今山東東平縣。

［6］汶：河流名。即今山東大汶河。

［7］王彦章：人名。鄆州壽張（今山東梁山縣壽張集）人。後梁將領。傳見本書卷二一、《新五代史》卷三二。　中都：縣名。治所在今山東汶上縣。《輯本舊史》之影庫本粘籤：“中都，原本作‘巾都’，今據《歐陽史》改正。”見《新五代史》卷三《梁末帝紀》龍德三年（923）十月甲戌條。

［8］都監：官名。唐代中葉命將出征，常以宦官爲監軍、都監。後爲臨時委任的統兵官，稱都監、兵馬都監。掌屯戍、邊防、訓練之政令。　張漢傑：人名。清河（今河北清河縣）人。五代後梁大臣，張歸霸之子。傳見本書附錄、《新五代史》卷二二。　趙廷隱：人名。天水（今甘肅天水市）人。五代將領。事見本書一〇、卷三九、卷四四、卷六二、卷一三六，《新五代史》卷六四。　劉嗣彬：人名。徐州沛縣（今江蘇沛縣）人。劉知俊之族子。傳見明本《册府》卷四三八《將帥部九十九·奔亡》。　李知節：人名。籍貫不詳。五代將領。事見本書本卷、卷一〇。　康文通：人名。籍貫不詳。五代將領。事見本書本卷、卷一〇。　王山興：人名。籍貫不詳。五代將領。事見本書本卷、卷一〇。

［9］兗州：州名。治所在今山東濟寧市兗州區。

［10］李嗣源：人名。沙陀部人。原名邈佶烈，李克用養子。五代後唐明宗，926年至933年在位。紀見本書卷三五至卷四四、《新五代史》卷六。

［11］汴州：州名。治所在今河南開封市。

［12］段凝：人名。開封（今河南開封市）人。其妹爲朱溫美人，因其妹而爲朱溫親信。後梁將領。傳見本書卷七三、《新五代

史》卷四五。

[13]滑州：州名。治所在今河南滑縣。

[14]若晝夜兼程：《輯本舊史》之影庫本粘籤："晝夜兼程，原本作'晝兼星'，今據文改正。"《通鑑》卷二七二同光元年十月癸酉條亦載李嗣源所言"晝夜兼程，信宿可至"，無需據文改正。

[15]夷門：地名。原指戰國魏都大梁城東門，故址在今河南開封城內東北隅。夷門位於夷山，夷山因山勢平夷而得名，故門亦以山爲名。此處代指開封。

[16]曹州：州名。治所在今山東曹縣西北。

[17]左右捉生：部隊番號。　封丘門：城門名。位於今河南開封市。

[18]開封尹：官名。五代除後唐外均定都開封，因置開封府尹，執掌京師政務。從三品。　王瓚：人名。太原祁（今山西祁縣）人。唐河中節度使王重盈之子。五代後梁將領，官至開封尹。事見本書本卷、卷九。

[19]大梁門：城門。位於今河南開封。

[20]梁末帝朱鍠：人名。又名朱友貞，朱温第四子，殺其兄朱友珪而自立。爲李存勗大軍包圍後自殺身死，後梁由是滅亡。紀見本書卷八至卷一〇、《新五代史》卷三。　皇甫麟：人名。籍貫不詳。此事另見本書本卷、卷一〇。

[21]周匝：人名。籍貫不詳。樂工，受寵於後唐莊宗。事見本書本卷。　賜樂工周匝幣帛：《輯本舊史》之影庫本粘籤："賜樂工周匝，原本脱'工'字，今據《歐陽史》增入。"見《新五代史》卷三七《伶官傳》，但作"嬖伶周匝"。《輯本舊史》卷三二《唐莊宗紀》同光二年五月壬寅條亦作"寵伶周匝"。

[22]胡柳：地名。位於今河南濮陽市東南五十里。

[23]教坊使：官名。唐於京都置左、右教坊，掌俳優雜技，以宦官爲教坊使。五代沿置。《輯本舊史》之影庫本粘籤："教坊使，原本作'孝防使'，考《五代會要》，梁雜使有教坊使，《歐陽史》

及《通鑑》並作教坊，今改正。"見《會要》卷二四諸史雜録條、《新五代史》卷三七《伶官傳》、《通鑑》卷二七三同光二年五月壬寅條。　陳俊：人名。籍貫不詳。五代後梁、後唐教坊使。事見本書本卷。

［24］玄德殿：宮殿名。位於今河南開封市。

［25］封丘：縣名。治所在今河南封丘縣。

［26］北郊：古時稱都城北門外爲北郊。

［27］而有志萌僭竊："志萌僭竊"，中華書局本有校勘記："'萌'原作'朋'，據殿本改。"

［28］無恕近親：《輯本舊史》之影庫本粘籤："無恕，原本作'無恐'，今據文改正。"

［29］湯：人名。即成湯。商朝開國君主。事見《史記》卷三《殷本紀》。　湯網垂仁：中華書局本有校勘記："'網'，原作'綱'，據殿本、劉本、孔本、彭本改。"

［30］既矜全族：中華書局本有校勘記："'矜'，原作'務'，據彭校改。"

［31］舜：人名。上古帝王。事見《史記》卷一《五帝本紀》。

［32］鄭珏：人名。籍貫不詳。五代後梁、後唐宰相。傳見本書卷五八、《新五代史》卷四二。　萊州：州名。治所在今山東萊州市。　司户：官名。全稱司户參軍。州級政府僚佐。掌本州屬縣之户籍、賦税、倉庫受納等事。上州從七品下，中州正八品下，下州從八品下。

［33］蕭頃：人名。京兆萬年（今陝西西安市長安區）人。五代後梁、後唐大臣。傳見本書卷五八。　登州：州名。治所在今山東蓬萊市。

［34］翰林學士：官名。由南北朝始設之學士發展而來，唐玄宗改翰林供奉爲翰林學士，備顧問、代王言。掌拜免將相、號令征伐等詔令的起草。　劉岳：人名。洛陽（今河南洛陽市）人。五代後唐官員。傳見本書卷六八、《新五代史》卷五五。　均州：州名。

治所在今湖北丹江口市。　司馬：官名。州軍佐官，名義上紀綱衆務，通判列曹，品高俸厚，實際上無具體職事，多用以安置貶謫官員，或用作遷轉官階。上州從五品下，中州正六品下，下州從六品上。

[35]任贊：人名。籍貫不詳。五代後唐官員。事見本書卷四四。　房州：州名。治所在今湖北房縣。

[36]姚顗：人名。京兆萬年（今陝西西安市長安區）人。唐末進士，五代後梁、後唐、後晉大臣。傳見本書卷九二、《新五代史》卷五五。　復州：州名。治所在今湖北天門市。

[37]封翹：人名。籍貫不詳。事見本書本卷、卷九、卷四二。唐州：州名。治所在今河南唐河縣。

[38]李懌：人名。京兆（今陝西西安市）人。唐末、五代官員。傳見本書卷九二、《新五代史》卷五五。　懷州：州名。治所在今河南沁陽市。

[39]竇夢徵：人名。同州（今陝西大荔縣）人，一作棣州（今山東惠民縣）人。唐末進士，五代後梁、後唐官員。傳見本書卷六八。《輯本舊史》之影庫本粘籤：“竇夢徵，原本作‘夢微’，今據唐列傳改正。”見《輯本舊史》卷六八《竇夢徵傳》。　沂州：州名。治所在今山東臨沂市。

[40]崇政院學士：官名。即崇政院直學士。五代後梁置，選有政術文學者充任。五代後唐同光元年（923），改樞密院直學士。充皇帝侍從，備顧問應對。　劉光素：人名。籍貫不詳。本書僅此一見。　密州：州名。治所在今山東諸城市。

[41]陸崇：人名。籍貫不詳。五代大臣。事見本書本卷、卷三六、卷一二八。　安州：州名。治所在今湖北安陸市。

[42]御史中丞：官名。如不置御史大夫，則爲御史臺長官。掌司法監察。正四品下。　王權：人名。太原（今山西太原市）人。五代官員。傳見本書卷九二、《新五代史》卷五六。　隨州：州名。治所在今湖北隨州市。

[43]員外置同正員：古代官員名額有定數，是爲"正員額"。在正員額以外所任官員，稱爲"員外置"。"員外置同正員"是指雖在正員額之外，但待遇同於正員官。

[44]趙巖：人名。陳州宛丘（今河南淮陽縣）人。唐忠武軍節度使趙犨之子。五代後梁大臣。傳見本書卷一四。

朕既殄僞庭，顯平國患。好生之令，含弘雖切於予懷；懲惡之規，決斷難違於衆請。況趙巖、趙鵠等，[1]自朕收城數日，布惠四方，尚匿迹以潛形，罔悛心而革面，[2]須行赤族，以謝衆心。其張漢傑昨於中都與王彦章同時俘獲，此際未詳行止，[3]偶示哀矜。今既上將陳詞，群情激怒，往日既彰於僭濫，此時難漏於網羅，宜置國刑，以塞群論。除妻兒骨肉外，其他疏屬僕使，並從釋放。敬翔、李振，首佐朱溫，共傾唐祚，屠害宗屬，殺戮朝臣，既寰宇以皆知，在人神而共怒。敬翔雖聞自盡，[4]未豁幽冤，宜與李振並族於市。[5]疏屬僕使，並從原宥。朱珪素聞狡蠹，[6]唯務讒邪，鬭惑人情，枉害良善，將清内外，須切去除，況衆狀指陳，亦宜誅戮。契丹撒刺阿撥，[7]既棄其母，又背其兄。朕比重懷來，厚加恩渥，看同骨肉，錫以姓名，兼分符竹之榮，疊被頒宣之渥。而乃輒辜重惠，復背明廷，罔顧欺違，竄歸僞室，既同梟獍，難貸刑章，可并妻子同戮於市。其朱氏近親，趙鵠正身，趙巖家屬，仰嚴加擒捕。其餘文武職員將校，一切不問。

[1]趙鵠：人名。籍貫不詳。事見本書本卷、卷二九。

[2]罔悛心而革面：中華書局本有校勘記："'罔'，原作'岡'，據殿本、劉本、孔本、邵本、彭本、《册府》卷一五四改。"見《宋本册府》卷一五四《帝王部・明罰門三》。

[3]此際未詳行止：《輯本舊史》之影庫本粘籤："行止，原本作'行致'，今據文改正。"《宋本册府》卷一五四明載"此際未詳行止"，無需據文改正。

[4]敬翔：人名。同州馮翊（今陝西大荔縣）人。五代後梁大臣。傳見本書卷一八、《新五代史》卷二一。

[5]李振：人名。祖居西域，祖、父在唐皆官郡守。五代後梁大臣。傳見本書卷一八、《新五代史》卷四三。

[6]朱珪：人名。籍貫不詳。五代後梁將領，時爲後梁檢校太傅、匡國軍節度觀察留後、行營諸軍馬步都虞候。傳見本書附録。

[7]契丹：古部族、政權名。公元4世紀中葉宇文部爲前燕攻破，始分離而成單獨的部落，自號契丹。唐貞觀中，置松漠都督府，以其首領爲都督。唐末强盛，916年迭剌部耶律阿保機建立契丹國（遼）。先後與五代、北宋並立，保大五年（1125）爲金所滅。參見張正明《契丹史略》，中華書局1979年版。 撒剌阿撥：人名。契丹人。又名剌葛。耶律阿保機之弟。謀亂於契丹，後奔晉。晉王厚遇之，養爲假子，任爲刺史。胡柳之戰，携妻子投於後梁。傳見本書附録。中華書局本有校勘記："原作'沙喇鄂博'，注云：舊作"撒剌阿撥"，今改正。按此係輯録《舊五代史》時所改，今恢復原文。"《宋本册府》卷一五四，《通鑑》卷二七〇貞明四年（918）條、卷二七二同光元年十月丙戌條同作"撒剌阿撥"，又《契丹國志》卷一《太祖紀》作"撒剌阿潑"。

是日，趙巖、張希逸、張漢傑、張漢倫、張漢融、朱珪、敬翔、李振及契丹撒剌阿撥等，[1]并其妻孥，皆斬於汴橋下。又詔除毀朱氏宗廟神主，僞梁二主并降爲庶人。天下官名府號及寺觀門額，曾經改易者，並復舊名。時帝欲發梁祖之墓，斲棺燔柩，河南尹張全義上章申理，[2]乞存聖恩，[3]帝乃止，令剗去闕室而已。丁亥，梁百官以誅凶族，於崇元殿立班待罪，詔各復其位。[4]以樞密使、檢校太保、守兵部尚書郭崇韜權行中書事。[5]己丑，御崇元殿。制曰：

[1]張希逸：人名。籍貫不詳。五代後梁官員。事見本書本卷、卷九、卷五九。　張漢倫：人名。清河（今河北清河縣）人。張漢傑之兄。五代後梁大臣。事見《通鑑》卷二六九、卷二七二。　張漢融：人名。籍貫不詳。五代後梁官員。事見本書本卷、卷五九。

[2]河南尹：官名。唐開元元年（713）改洛州爲河南府，治所在今河南洛陽市，河南府尹總其政務。從三品。　張全義：人名。亦作“張言”。濮州臨濮（今山東鄄城縣）人。唐末、五代後梁、後唐將領。傳見本書卷六三、《新五代史》卷四五。

[3]乞存聖恩：中華書局本有校勘記：“以上四字原闕，據殿本、劉本、《舊五代史考異》卷二引文補。”《舊五代史考異》卷二：“《通鑑》：張全義上言：‘朱溫雖國之深讎，然其人已死，刑無可加，屠滅其家，足以爲報，乞免焚斲，以存聖恩。’”見《通鑑》卷二七二同光元年（923）十月乙酉條，但《通鑑》作乙酉誤，應爲丁酉。

[4]崇元殿：五代後梁開平元年（907）改汴京正殿爲崇元殿。位於今河南開封市。　“丁亥”至“詔各復其位”：中華書局本引殿本：“《洛陽縉紳舊聞記》載張全義表云：‘伏念臣誤棲惡木，曾飲盜泉，實有瑕疵，未蒙昭雪。’因下詔雪之。”見《洛陽縉紳舊聞記》卷二《齊王張全義外傳》。

[5]樞密使：官名。樞密院長官。五代時以士人爲之，備顧問，

參謀議、出納詔奏、權侔宰相。參見李全德《唐宋變革期樞密院研究》、國家圖書館出版社 2009 年版。　檢校太保：官名。爲散官或加官，以示恩寵，無實際執掌。　兵部尚書：官名。尚書省兵部主官。掌兵衛、武選、車輦、甲械、厩牧之政令。正三品。　郭崇韜：人名。代州雁門（今山西代縣）人。五代後唐大臣。傳見本書卷五七、《新五代史》卷二四。　權行中書事：官名。代理宰相職權。當時門下侍郎、同中書門下平章事豆盧革在鄴都。　以樞密使、檢校太保、守兵部尚書郭崇韜權行中書事：《輯本舊史》之影庫本粘籤："樞密使，原本作'驅察使'，考《歐陽史・郭崇韜傳》，崇韜由樞密使知中書事，今改正。"見《新五代史》卷二四《郭崇韜傳》。"中書事"，中華書局本有校勘記："'中書事'，原作'中書公事'，據殿本、本書卷五七《郭崇韜傳》、《通鑑》卷二七二改。"《通鑑》見卷二七二同光元年十月丙戌條。

　　仗順討逆，少康所以誅有窮；[1] 纘業承基，光武所以滅新莽。[2] 咸以中興景命，再造王猷，[3] 經綸於草昧之中，式遏於亂略之際。朕以欽承大寶，顯荷鴻休，雖繼前修，固慚涼德，誓平元惡，期復本朝，屬四海之阽危，允萬邦之推戴。近者親提組練，徑掃氛袄，振已墜之皇綱，殄偷安之寇孽。國讎方雪，帝道爰開，拯編氓覆溺之艱，救率土倒懸之苦。粵自朱溫搆逆，[4] 友貞嗣凶，[5] 篡弒二君，[6] 隳殘九廟，虺毒久傷於宇宙，狼貪肆噬於華夷。剝喪元良，凌辱神主，帝里動黍離之嘆，朝廷多棟橈之危。棄德崇奸，窮兵黷武，戰士疲勞於力役，烝民耗竭其膏腴，言念於斯，軫傷彌切。

[1]少康：人名。夏朝君主。事見《史記》卷二《夏本紀》。

有窮：部落名。曾代夏自立，爲夏後世少康滅亡。事見《史記》卷二《夏本紀》。

[2]光武：即劉秀。南陽蔡陽（今湖北棗陽市西南）人。東漢王朝建立者，25 年至 57 年在位。西漢皇族。新莽末，與兄劉縯等率賓客起兵加入綠林起義軍。更始元年（23），被授爲破虜大將軍、行大司馬事，持節北度河，鎮慰州郡。更始三年（25）自立爲帝，年號建武，建都洛陽，國號漢，史稱東漢。先後鎮壓起義軍，削平各地割據勢力，於建武十二年（36）統一全國。即位之初，採取休養生息政策，重視農桑，興修水利，減輕賦役，組織軍隊屯田，發放賑濟，安撫流亡。精兵簡政，加強中央集權，削弱三公職權。妥善安置功臣，禁止外戚、宦官干政。提倡經學，強化思想統治。光武帝統治期間，社會安定，經濟發展，史稱"光武中興"。謚號光武，廟號世祖。紀見《後漢書》卷一。　新莽：即王莽。新朝建立者，8 年至 23 年在位。漢元帝王皇后之侄。漢末以外戚掌權，漢成帝永始元年（前 16）封新都侯，綏和元年（前 8）任大司馬。哀帝死，王皇后以太皇太后臨朝，與王莽議立平帝，專制朝政，稱安漢公。元始五年（5），平帝死後，選立孺子劉嬰，自稱假皇帝。初始元年（8）自立爲帝，改國號爲新，年號始建國。王莽當政期間，實行改制。地皇四年（23），被綠林、赤眉等起義軍推翻，王莽被殺，新朝滅亡。傳見《漢書》卷九九上、卷九九中、卷九九下。

[3]再造王猷："王猷"，明本《册府》卷九二《帝王部·赦宥門一一》作"皇猷"。

[4]朱溫：人名。宋州碭山（今安徽碭山縣）人。五代後梁太祖。紀見本書卷一、《新五代史》卷一。

[5]友貞：人名。即朱友貞。五代後梁皇帝。913 年至 923 年在位。乾化三年（913）發動政變，誅殺朱友珪，即皇帝位。在位期間，對晉王李存勖的戰爭節節失利，河北諸州悉入於晉。魏博軍又迫節度使賀德倫降晉。加之戰事頻繁，賦役不止，民生凋敝。貞

明六年（920），陳州（今河南淮陽縣）發生母乙、董乙起義。後唐軍渡河進逼開封，朱友貞勢窮自殺。後梁遂亡。紀見本書卷八、《新五代史》卷三。

[6]篡弒二君：中華書局本有校勘記："'弒'，原作'殺'，據彭校、《册府》卷九二改。"

今則已梟逆豎，大愜群情，覩曆數之有歸，實神靈之匪昧。得不臨深表誠，[1]馭朽爲懷，將弘濟於艱難，宜特行於赦宥。應僞命流貶責授官等，已經量移者，並可復資，徒流人放歸鄉里。京畿及諸道見禁囚徒，大辟罪降從流，已下咸赦除之。其鄭珏等一十一人，[2]未在移復之限。應扈從征討將校，及諸官員職掌、軍將節級、馬步兵士及河北諸處屯駐守戍兵士等，[3]皆情堅破敵，業茂平讎，[4]副予戡定之謀，顯爾忠勤之節，並據等第，續議獎酬。其有歿於王事未經追贈者，各與贈官；如有子孫堪任使者，並量材録任。應舊僞庭節度、觀察、防禦、團練等使及刺史、監押、行營將校等，[5]並頒恩詔，不議改更，仍許且稱舊銜，當俟別加新命。

理國之道，莫若安民；勸課之規，宜從薄賦。庶遂息肩之望，冀諧鼓腹之謠。應諸道户口，並宜罷其差役，各務營農。所係殘欠賦税，及諸務懸欠積年課利，及公私債負等，其汴州城内，自收復日已前，並不在徵理之限；其諸道，自壬午年十二月已前，並放。北京及河北先以祅祲未平，[6]配買征馬，如有未請却官本錢，及買馬不迨者，可並放免。[7]應有本朝宗屬及内外文武臣僚，被朱氏無辜屠害者，並可追贈。如有子孫及本身逃難於諸處漂寓者，並令所在尋訪，津置赴闕。義夫節婦，孝子順孫，並宜旌表門閭，[8]量加賑給。或鰥寡惸獨，無所告者，仰所在各議拯救。民年過八十者，免一子從征。其有先投過僞庭將校官吏等，一切不問云。

[1]得不臨深表誠："表誠"，明本《册府》卷九二作"表志"。

[2]其鄭珏等一十一人：亦見明本《册府》卷九二《帝王部・敕宥門十一》。

[3]軍將節級：中華書局本有校勘記："'軍將'二字原闕，據《册府》卷九二、卷一二八《帝王部・明賞門二》補。"

[4]業茂平鱐：中華書局本有校勘記："'鱐'，原作'淮'，據《册府》卷九二、卷一二八改。影庫本粘籤：'平淮，原本作"平準"，今考《薛史》原文係用唐憲宗平淮蔡事，"準"字訛誤，今改正。'"今據明本《册府》卷九二、卷一二八《帝王部・明賞門二》改。

[5]節度：官名。唐時在重要地區所設掌握一州或數州軍政、民政、財政的長官。　觀察：官名。唐代後期出現的地方軍政長官。唐玄宗開元二十一年（733）置十五道採訪使，唐肅宗乾元元年（758）改爲觀察使。無旌節，故地位低於節度使。掌一道州縣官的考績及民政。　防禦：官名。唐代始置，設有都防禦使、州防禦使兩種。常由刺史或觀察使兼任，實際上爲唐代後期州或方鎮的軍政長官。　團練：官名。唐代中期以後，於不設節度使的地區設團練使，掌本區各州軍事。　刺史：官名。漢武帝時始置。州一級行政長官，總掌考覈官吏、勸課農桑、地方教化等事。唐中期以後，節度使、觀察使轄州而設，刺史爲其屬官，職任漸輕。從三品

至正四品下。　　監押：官名。行營等軍隊中統兵官。　　"應舊僞庭節度"至"行營將校等"：中華書局本有校勘記："'舊'字原闕，據《册府》卷九二、卷一六六補。"《宋本册府》卷一六六《帝王部·招懷門四》作"應舊僞庭位居藩翰"。

[6]北京：地名。後唐同光元年（923）四月以鎮州爲北都，位於今河北正定縣。十一月復北都爲鎮州，太原爲北都，位於今山西太原市。此處北京指鎮州。

[7]可並放免：中華書局本有校勘記："'並'字原闕，據《册府》卷九二、卷四九一補。"見《宋本册府》卷四九一《邦計部·蠲復門三》。

[8]並宜旌表門閭：中華書局本有校勘記："'並宜'二字原闕，據《册府》卷五九、卷九二補。"見《宋本册府》卷五九《帝王部·興教化門》。

甲午，以樞密使、檢校太保、守兵部尚書、太原縣男郭崇韜爲開府儀同三司、守侍中、監修國史、兼真定尹、成德軍節度使，依前樞密使、太原郡侯，仍賜鐵券。[1]乙未，詔宰相豆盧革權判吏部上銓，[2]御史中丞李德休權判東、西銓事。[3]丙申，滑州留後、檢校太保段凝可依前滑州留後，仍賜姓，名紹欽。[4]以金紫光禄大夫、檢校司空、守輝州刺史杜晏球爲檢校司徒，[5]依前輝州刺史，仍賜姓，名紹虔。詔處斬隨駕兵馬都監夏彦朗於和景門外。[6]時宦官怙寵，廣侵占居人第舍，郭崇韜奏其事，乃斬彦朗以徇。丁酉，賜百官絹二千匹、錢二百萬，職事絹一千匹、錢百萬。戊戌，以竭忠啟運匡國功臣、天平軍節度使、開府儀同三司、檢校太傅、兼侍中、蕃漢馬步總管副使、隴西郡侯李嗣源爲依前檢校太傅、兼中書令、天平軍節度使、特進、封開國公，加食邑實封，餘如故。[7]以開府儀同三司、檢校太傅、北都留守、興聖宮使、判六軍諸衛事李繼岌爲檢校太尉、同平章事，[8]充東京留守。詔御史臺，[9]班行内有欲求外職，或要分司，各許於中書門下投狀奏聞。[10]己亥，宴勳臣於崇元殿，梁室故將咸預焉。帝酒酣，謂李嗣源曰：「今日宴客，皆吾前日之勍敵，一旦同會，皆卿前鋒之力也。」梁將霍彦威、戴思遠等皆伏陛叩頭，[11]帝因賜御衣、酒器，盡歡而罷。齊州刺史孟璆上章請死，[12]詔原之。璆初事帝爲騎將，天祐十三年，[13]帝與劉鄩莘縣對壘，[14]璆領七百騎奔梁，至是來請罪，帝報之曰：「爾當吾急，引七百騎投賊，何面目相見！」璆惶恐請死，帝恕之。未幾，移貝州刺史。[15]庚子，帝畋於汴水之陽。[16]

[1]開府儀同三司：官名。魏晋始置，隋唐時爲散官之最高官階。多授功勳重臣。從一品。　侍中：官名。秦始置。隋、唐前期爲門下省長官。唐後期多爲大臣加銜，不參與政務，實際職務由門下侍郎執行。正二品。　監修國史：官名。北齊始置史館，以宰相爲之。唐史館沿置，爲宰相兼職。　真定尹：官名。即真定府尹。真定府即鎮州，治所在今河北正定縣。真定尹總其政務。從三品。　成德軍：方鎮名。治所在鎮州（今河北正定縣）。　「成德軍節度使」：《會要》卷二四《宰相遥領節度使》條、明本《册府》卷三二九《宰輔部·兼領門》作：「成德軍節度鎮冀深趙等州觀察處置等使。」

[2]吏部上銓：吏部三銓包括吏部尚書銓、吏部西銓、吏部東銓，吏部上銓指尚書銓。負責官員銓選。

[3]李德休：人名。贊皇（今河北贊皇縣）人。唐末五代官員。傳見本書卷六〇。

[4]留後：官名。唐五代節度使多以子弟或親信爲留後，以代行節度使職務，亦有軍士、叛將自立爲留後者。掌一州或數州軍政。　紹欽：《輯本舊史》之影庫本粘籤："原本作'紹鏗'，今考《通鑑》及《歐陽史》皆作'欽'，今改正。"見《新五代史》卷四五《段凝傳》，《通鑑》卷二七二同光元年十月丙申條。

[5]金紫光禄大夫：官名。無職掌，隋唐以後爲散官。唐代爲正三品。　檢校司空：官名。爲散官或加官，以示恩寵，無實際執掌。司空，與太尉、司徒並爲三公。　輝州：州名。治所在今安徽碭山縣。中華書局本有校勘記："二'輝州'，《通鑑》卷二七二敘其事皆作'耀州'。"見《通鑑》卷二七二同光元年十月丙申條，但僅一見，非二見。　杜晏球：人名。原名王晏球。五代後唐莊宗時賜名紹虔。洛陽（今河南洛陽市）人。少遇亂，汴人杜氏畜之爲子，因冒姓杜氏，又名杜晏球。五代將領。傳見本書卷六四、《新五代史》卷四六。　檢校司徒：官名。爲散官或加官，以示恩寵，無實際執掌。

[6]兵馬都監：官名。唐代中葉命將出征，常以宦官爲監軍、都監。後爲臨時委任的統兵官，稱都監、兵馬都監。掌屯戍、邊防、訓練之政令。　夏彥朗：人名。籍貫不詳。本書僅此一見。和景門：城門名。位於今河南開封市。　詔處斬隨駕兵馬都監夏彥朗於和景門外：中華書局本有校勘記："'詔'，原作'紹'，據殿本、劉本、邵本改。"

[7]天平軍：方鎮名。治所在鄆州（今山東東平縣）。　檢校太傅：官名。爲散官或加官，以示恩寵，無實際執掌。　蕃漢馬步總管副使：官名。五代後唐置，爲蕃漢馬步軍副指揮官。　中書令：官名。漢代始置，隋、唐前期爲中書省長官，屬宰相之職；唐後期多爲授予元勳大臣的虛銜。正二品。　"戊戌"至"餘如故"："以竭忠啟運匡國功臣"，《輯本舊史》之影庫本粘籤："匡國，

原本避宋諱作‘章國’，今據《歐陽史》改正。”見《新五代史》卷六〇《職方考》，許州置匡國軍節度使。“特進封開國公”，中華書局本有校勘記：“本書卷三一《唐莊宗紀五》同光二年二月記其散官仍爲開府儀同三司，按查《唐書》卷四二《職官志一》，開府儀同三司爲從一品，特進爲從二品，本書卷一四九職官志‘開府儀同三司，階之極’，則開府儀同三司已是之散官最高階，李嗣源不當降爲特進，‘特’字疑衍。”

[8]興聖宮使：官名。掌五代後唐宮衛。　判六軍諸衛事：官名。後唐沿唐代舊制，置六軍、諸衛，以判六軍諸衛事爲禁軍六軍與諸衛的最高統帥。　李繼岌：人名。後唐莊宗長子，時封魏王。傳見本書卷五一、《新五代史》卷一四。　檢校太尉：官名。爲散官或加官，以示恩寵，無實際執掌。太尉，與司徒、司空並爲三公。　同平章事：官名。全稱“同中書門下平章事”。唐高宗以後，凡實際任宰相之職者，常在其本官後加同平章事的職銜。後成爲宰相專稱。後晋天福五年（940），升中書門下平章事爲正二品。

[9]御史臺：官署名。秦漢始置。古代國家的監察機構。掌糾察官吏違法，肅正朝廷綱紀。大事廷辨，小事奏彈。

[10]中書門下：官署名。簡稱“中書”。唐代以來爲宰相處理政務的機構。參見劉後濱《唐代中書門下體制研究——公文形態·政務運行與制度變遷》，齊魯書社2004年版。“門下”二字，《輯本舊史》原闕，中華書局亦未補，據明本《冊府》卷四八《帝王部·從人慾門》、《宋本冊府》卷五〇八《邦計部·俸禄門四》增。

[11]霍彦威：人名。洺州曲周（今河北曲周縣）人。五代後梁將領霍存之養子，後梁、後唐將領。傳見本書卷六四、《新五代史》卷四六。　戴思遠：人名。籍貫不詳。五代後梁、後唐將領。傳見本書卷六四。

[12]齊州：州名。治所在今山東濟南市。　孟璆：人名。籍貫不詳。本書僅此一見。

[13]天祐：唐昭宗李曄開始使用的年號（904）。唐哀帝李柷

即位後沿用（904—907）。唐亡後，河東李克用、李存勗仍稱天祐，沿用至天祐二十年（923）。五代其他政權亦有行此年號者，如南吳、吳越等，使用時間長短不等。

[14] 劉鄩：人名。密州安丘（今山東安丘市）人。唐末、五代將領。傳見本書卷二三、《新五代史》卷二二。 莘縣：縣名。治所在今山東莘縣。

[15] 貝州：州名。治所在今河北清河縣。《輯本舊史》之影庫本粘籤："貝州，原本作'月州'，今據文改正。"五代貝州多見，無"月州"，應爲形近之誤。

[16] 汴水：水名。隋開通濟渠，因其自滎陽至開封一段即原來的汴水，故唐、宋人將出自河至入淮之通濟渠東段全流統稱爲汴水或汴渠。

　　十一月辛丑朔，有司奏："河南州縣見使僞印，望追毀改鑄。"從之。以光禄大夫、檢校太傅、左金吾上將軍兼領左龍武軍事、汾州刺史李存渥爲滑州節度使，[1] 加特進、同平章事；[2] 以雜指揮散員都部署、特進、檢校太傅、忻州刺史李紹榮爲徐州節度使；[3] 以滑州兵馬留後、檢校太保李紹欽爲兖州節度使。壬寅，鳳翔節度使、秦王李茂貞遣使賀收復天下。[4] 癸卯，河中節度使、西平王朱友謙來朝。[5] 乙巳，賜友謙姓，改名繼麟，帝令皇子繼岌兄事之。以捧日都指揮使、博州刺史康延孝爲鄭州防禦使、檢校太保，[6] 賜姓，名紹琛。[7] 以宋州節度使、檢校太尉、平章事袁象先依前爲宋州節度使，[8] 仍賜姓，名紹安。以許州匡國軍節度使、檢校太尉、同平章事温韜依前許州節度使，[9] 仍賜姓，名紹冲。丁未，日南至，帝不受朝賀。戊申，中書門下上言："以朝廷兵革雖寧，支費猶闕，應諸寺監各請置卿、少卿監、祭酒、司業各一員，[10]博士兩員，[11]餘官並停。唯太常寺事關大禮，[12]大理寺事關刑法，[13]除太常博士外，[14]許更置丞一員。其王府及東宮官、司天五官正、奉御之屬，[15]凡不急司存，[16]並請未議除授。其諸司郎中、員外郎應有雙曹者，[17]且置一員。左右散騎常侍、諫議大夫、給事中、起居郎、起居舍人、補闕、拾遺，[18]各置一半。三院御史仍委御史中丞條理申奏。[19]其停罷朝官，仍各録名銜，具罷任時日，留在中書，候見任官滿二十五箇月，並據資品，却與除官。其西班上將軍已下，[20]仍望宣示樞密院斟酌施行。"[21]從之。時議者以中興之朝，事宜恢廓，驟兹自弱，頓失物情。己酉，詔：應隨處官吏、務局員僚、諸軍將校等，如聞前例，各有進獻，直貢章奏，不唯褻黷於朝廷，實且傍滋於誅斂，並宜止絶，以肅化風。又詔：左降官均州司馬劉岳，[22]有母年踰八十，近聞身故，準故事許歸，終三年喪，[23]服闋，如未量移，即却赴貶所。[24]壬子，詔取今月二十四日幸洛京，[25]以十二月二十三日朝獻太微宮，[26]二十四日朝獻太廟，[27]二十五日有事於南郊。[28]癸丑，[29]中書門下奏："應隨駕及在京有帶兼官者，並望落下，只守本官。"從之。乙卯，以特進、檢校太傅、開封尹、判六軍諸衛事、充功德使王瓚爲宣武軍節度副使，權知軍州事。[30]丁巳，以銀青光禄大夫、尚書左丞趙光胤爲中書侍郎、平章事、集賢殿大學士；[31]以朝散大夫、禮部侍郎韋説守本官、同平章事；[32]以吏部侍郎、史館修撰、判館事盧文度爲兵部侍郎，[33]充翰林學士；以右散騎常侍、充弘文館學士、判館事馮錫嘉爲户部侍郎、知制誥，[34]充翰林學士；以翰林學士、守尚書膳部員外郎劉昫爲比部郎中、知制誥，[35]依前充職；以扈鑾書制學士、行尚書倉部員外郎趙鳳爲倉部郎中、知制誥，[36]充翰林學士；以左拾遺于嶠守本官，[37]充翰林學士。戊午，以中書侍郎、平章事豆盧革判租庸使，兼諸道鹽鐵、轉運等使。[38]新羅王金朴英遣使貢方物。[39]己未，以洛京留守、判六軍諸衛事、守太尉、兼中書令、河南尹、魏王張全義爲檢校太師、守尚書令，[40]餘如故；以荆南節度使、檢校太師、守中書令、渤海王高季興爲依前檢校太師、守中書令，[41]餘如故。庚申，以工部尚書、真定尹、北都副留守、知留守事任圜爲檢校吏部尚書、兼御史大夫，[42]充成德軍節度使行軍司馬，[43]知軍府事。[44]安義軍節度使李繼韜入見待罪，[45]詔釋之。辛酉，以宣化軍留後、檢校太傅戴思遠權知青州軍州事，[46]檢校司空、左監門上將軍安崇阮並檢校舊官，[47]却復本任。以鎮國軍留後、檢校太傅霍彦威爲保義軍節度留後；[48]以權知感化軍留後、檢校司徒高允貞權知鎮國軍留後；[49]以權知河陽留後、檢校太保張繼業依前權知河陽留後；[50]以鄜延兩鎮節度使、檢校太師、兼中書令、北平王高萬興依前鄜、延節度使，[51]仍封北平王；襄州節度使、檢校太傅、平章事孔勍依前襄州節度使，[52]餘如故。以永平軍節度使、行大安尹、檢校太保張筠爲西都留守、行京兆尹。[53]以晋州節度使、檢校太保劉玘，[54]邠州節度使、檢校太保韓恭，[55]安州節度使、檢校太保朱漢賓，[56]並檢校舊官，却復本任。壬戌，以左金吾衛大將軍史敬鎔爲左街使，[57]右金吾衛大將軍李存確爲右街使。[58]甲子，車駕發汴州。

[1]光禄大夫：官名。漢武帝時改中大夫爲光禄大夫，爲掌議論之官。隋唐以後爲散官。從二品。　左金吾上將軍：唐置，掌宫禁宿衛。唐代置十六衛，即左右衛、左右驍衛、左右武衛、左右威衛、左右領軍衛、左右金吾衛、左右監門衛、左右千牛衛。各置上將軍，從二品；大將軍，正三品；將軍，從三品。　左龍武軍：禁軍番號。至德二載（757）唐肅宗置禁軍，也叫神武天騎，分爲左右神武天騎、左右羽林、左右龍武等六軍，稱“北衙六軍”。負責左右廂飛騎儀仗，階陛禁衛，馳道内仗，並負責飛騎番上宿衛。汾州：州名。治所在今山西汾陽市。　李存渥：人名。李克用之子，後唐莊宗李存勗之弟。傳見《新五代史》卷一四。

[2]特進：官名。西漢末期始置，授給列侯中地位較特殊者。隋唐時期，特進爲散官，授給有聲望的文武官員。正二品。

[3]雜指揮散員都部署：官名。又稱散員都部署。統領諸雜指揮軍。具體執掌不詳。中華書局本有校勘記：“‘雜指揮’，孔本作‘散指揮’。按本書卷七〇《元行欽傳》：‘時有散指揮都頭，名爲散員，命行欽爲都部署。’”　忻州：州名。治所在今山西忻州市。李紹榮：人名。即元行欽。幽州（今北京市）人。五代後唐將領。傳見本書卷七〇、《新五代史》卷二五。　徐州：州名。治所在今江蘇徐州市。

[4]鳳翔：方鎮名，治所在鳳翔府（今陝西鳳翔縣）。　李茂貞：人名。深州博野（今河北蠡縣）人。唐末、五代軍閥，長期割據鳳翔。傳見本書卷一三二、《新五代史》卷四〇。

[5]河中：方鎮名。治所在河中府（今山西永濟市）。　朱友

謙：人名。後唐莊宗賜名李繼麟。許州（今河南許昌市）人。唐末、五代軍閥。傳見本書卷六三、《新五代史》卷四五。　西平王朱友謙來朝：《輯本舊史》之影庫本粘籤："西平王，原本作'西來'，考《歐陽史·朱友謙傳》，友謙封西平王，今改正。"見《新五代史》卷四五《朱友謙傳》。

[6]捧日都指揮使：官名。爲捧日軍長官。　博州：州名。治所在今山東聊城市。　康延孝：人名。後唐莊宗賜名李紹琛。代北（今山西代縣）人。五代後唐將領。傳見本書卷七四、《新五代史》卷四四。　鄭州：州名。治所在今河南鄭州市。

[7]名紹琛：中華書局本有校勘記："'紹琛'，原作'繼琛'，據本書卷三一《唐莊宗紀五》、卷七四《康延孝傳》，《册府》卷八二五，《新五代史》卷四四《康延孝傳》，《通鑑》卷二七二改。"見《輯本舊史》卷三一《唐莊宗紀五》同光二年（924）二月己丑條、《宋本册府》卷八二五《總録部·名字門二》、《通鑑》卷二七二同光元年十一月乙巳條。

[8]宋州：州名。治所在今河南商丘市睢陽區。　袁象先：人名。後唐莊宗賜名李紹安。宋州下邑（今河南夏邑縣）人。朱温之甥。五代後梁、後唐將領。傳見本書卷五九、《新五代史》卷四五。

[9]許州：州名。治所在今河南許昌市。　匡國軍：方鎮名。治所在同州（今陝西大荔縣）。　温韜：人名。後唐莊宗賜名李紹沖。京兆華原（今陝西銅川市耀州區）人。唐末李茂貞部將，五代後梁、後唐將領。傳見本書卷七三、《新五代史》卷四〇。

[10]卿：此處指"九寺"長官"卿"。　少卿監：即九寺少卿及諸少監。九寺少卿及諸少監、國子司業、京兆少尹，並府寺省監之貳。品秩不等。　祭酒：即國子祭酒。官名。古代國子學或太學長官。晋武帝司馬炎始置，掌領太學、國子學及國子監所屬各學。從三品。　司業：即國子司業。官名。國子監次官。隋始置，佐祭酒掌監事。從四品下。

[11]博士：即國子博士。掌教文武官三品以上、國公子孫，二

品以上曾孫爲生者。正五品上。

[12]太常寺：官署名。西漢始置。掌宗廟祭祀、禮樂及教育等。

[13]大理寺：官署名。掌邦國折獄詳刑之事。

[14]太常博士：官名。漢代始置。爲太常寺屬官。掌辨五禮，討論諡法，贊相導引。從七品上。

[15]東宮：皇太子居住的宮室。 司天五官正：官名合稱。唐肅宗乾元元年（758）始置，即春官正、夏官正、秋官正、冬宮正、中官正，員各一人，皆正五品上，掌司四時，觀察氣象災異，隸司天臺。 奉御：官名。《新唐書·百官志》載："閑厩使押五坊，以供時狩：一曰鵰坊，二曰鶻坊，三曰鷂坊，四曰鷹坊，五曰狗坊。"五坊各以奉御爲主官，初由閑厩使兼領，後總領於五坊使。

[16]凡不急司存：《輯本舊史》原作"凡關不急司存"，中華書局本有校勘記："本書卷一四九《職官志》、《五代會要》卷二〇作'凡不急司存'。影庫本粘籤：'凡關不急司存，疑有舛誤，考《五代會要》及《薛史·職官志》並與《莊宗紀》同，今無可校正，姑仍其舊。'"但未刪。今據《會要》卷二〇《中外加減官》條、《輯本舊史》卷一四九《職官志》刪。

[17]諸司郎中：官名。戰國已置。晋、南北朝即稱尚書曹司之長爲郎中。隋唐各部諸司之長均稱郎中。品秩不等。 員外郎：官名。隋開皇時期，尚書省二十四司各設員外郎一人，位在郎中之次。唐朝因襲。品秩不等。

[18]左右散騎常侍：官名。門下省屬官。掌侍奉規諷，備顧問應對。正三品下。中華書局本沿《輯本舊史》作"左右常侍"，據《輯本舊史》卷一四九《職官志》，《會要》卷二〇補。 諫議大夫：官名。秦始置，掌朝政議論。隋唐仍置，有左、右諫議大夫四人，分屬門下、中書二省。掌諫諭得失，侍從贊相。唐後期、五代多以本官領他職。唐初爲正五品上，會昌二年（842）升爲正四品下。後晋天福五年（940）爲正四品，後周顯德五年（958）復改

爲正五品上。　給事中：官名。秦始置。隋唐以來，爲門下省屬官。掌讀署奏抄，駁正違失。正五品上。　起居郎：官名。唐代始置，屬門下省。與中書省起居舍人同掌起居注，記皇帝言行。從六品上。　起居舍人：官名。隋始置，唐貞觀二年（628）省。顯慶中又置，與起居郎分在左右。掌修記言之史，録天子之制誥德音，如記事之制，以記時政損益。季終，則授之於國史。從六品上。補闕：官名。唐武則天時始置。分爲左右，左補闕隸於門下省，右補闕隸於中書省。掌規諫諷諭，大事可以廷議，小事則上封奏。從七品上。　拾遺：官名。唐武則天於垂拱元年（685）置拾遺，分左右。左拾遺隸門下省，右拾遺隸中書省，與左右補闕共掌諷諫，大事廷議，小事則上封事。從八品上。

[19]三院御史：唐五代御史臺分三院，侍御史所居爲臺院，殿中侍御史所居爲殿院，監察御史所居爲察院，統稱三院御史。

[20]西班上將軍：西班，五代後唐朝會時，文武依次排列於朝堂東西側，西班爲武官。唐置十六衛掌宮禁宿衞。

[21]樞密院：官署名。唐代宗始設樞密使，以宦官充任。五代時，後梁設置崇政院，掌管軍國大政；後唐改稱樞密院，與中書分理朝政。

[22]左降官均州司馬劉岳：中華書局本有校勘記：“‘官’字原闕，據《册府》卷一四七補。”見《宋本册府》卷一四七《帝王部·恤下門二》。

[23]終三年喪：中華書局本有校勘記：“‘終’，原作‘候’，據《册府》卷一四七改。”

[24]即却赴貶所：中華書局本有校勘記：“‘貶所’，原作‘貶州’，據劉本、孔本、邵本、彭本、《册府》卷一四七改。”

[25]洛京：地名。位於今河南洛陽市。

[26]太微宮：即老子廟。唐朝追尊老子爲玄元皇帝，建廟供奉。玄宗時改西京玄元廟爲太清宮，東京爲太微宮，天下諸郡爲紫極宮。

[27]太廟：帝王的祖廟。用以供奉、祭祀皇帝先祖。

[28]南郊：意爲都城南面之郊。代指南面郊區之祭天場所（圜丘），亦指祭天之禮（郊天）。古人用"郊""南郊""有事於南郊"指代在南郊之圜丘舉行的郊天典禮。

[29]癸丑：《輯本舊史》原作癸未，中華書局本有校勘記："按本月辛丑朔，無癸未。此事繫於壬子、乙卯之間，或爲癸丑。"但未改。壬子爲十二日，乙卯爲十五日，癸丑爲十三日，今改。

[30]以特進：《輯本舊史》之影庫本粘籤："特進，原本作'恃進'，今據文改正。""恃進"在此處不成文。"特進"常見，本段辛丑條即有兩特進，此爲書證。　功德使：官名。唐貞元四年（788）置左、右街大功德使、東都功德使、修功德使，總領僧尼之籍及功役。元和二年（807），以道士、女官隸左、右街功德使。五代沿置。　宣武軍：方鎮名。唐舊鎮。治所在汴州（今河南開封市）。後梁開平元年（907）升汴州爲東京開封府。開平三年置宣武軍於宋州（今河南商丘市睢陽區）。後唐同光元年（923）改宋州宣武軍爲歸德軍。廢東京開封府，重建宣武軍於汴州。後晉天福三年（938），改爲東京開封府。除天福十二年、十三年短暫改爲宣武軍外，均爲東京開封府。　節度副使：官名。唐五代方鎮屬官。位于行軍司馬之下、判官之上。　權知軍州事：官名。簡稱"知州"，州級行政長官。參見閆建飛《唐後期五代宋初知州制的實施過程》，《文史》2019 年第 1 期。

[31]銀青光禄大夫：官名。屬於散官，無具體執掌。從三品。尚書左丞：官名。尚書省佐貳官。唐中期以後，與尚書右丞實際主持尚書省日常政務，權任甚重。正四品上。　趙光胤：人名。京兆奉天（今陝西乾縣）人。唐末宰相趙光逢之弟。唐末進士，五代後梁大臣、後唐宰相。傳見本書卷五八。　中書侍郎：官名。中書省副長官。唐後期三省長官漸爲榮銜，中書侍郎、門下侍郎却因參議朝政而職位漸重，常常用爲以"同三品"或"同平章事"任宰相者的本官。正三品。　集賢殿大學士：官名。唐中葉置，位在學

士之上，以宰相兼。掌修書之事。　“以銀青光禄大夫”至“集賢殿大學士”：《舊五代史考異》：“《歐陽史》作趙光胤爲中書侍郎，不載大學士銜，與《薛史》詳略異。”見《新五代史》卷五《莊宗紀下》同光元年十一月丁巳條。

[32]朝散大夫：官名。屬於散官，無具體執掌。從五品下。禮部侍郎：官名。尚書省禮部次官。協助禮部尚書掌禮儀、祭享、貢舉之政。正四品下。　韋説：人名。籍貫不詳。福建觀察使韋岫之子。五代後唐宰相。傳見本書卷六七。

[33]吏部侍郎：官名。尚書省吏部次官。協助吏部尚書掌文選、勳封、考課之政。正四品上。　史館修撰：官名。唐天寶以後，他官兼領史職者，稱史館修撰。　判館事：官名。執掌史館事務。唐天寶以後，他官兼領史職者，稱史館修撰。初入史館者稱爲直館。元和六年宰相裴垍建議：登朝官領史職者爲修撰，以官階高的一人判館事；未登朝官均爲直館。　盧文度：人名。籍貫不詳。後梁、後唐官員。事見本書本卷、卷七。　兵部侍郎：官名。尚書省兵部次官。協助兵部尚書掌武官銓選、勳階、考課之政。正四品下。

[34]弘文館學士：官名。弘文館爲唐代中央官學之一。設館主一人，總領館務；判館事一人，管理日常事務。學士無員限，掌校正圖籍，教授生徒，並參議政事。五品以上稱爲學士，六品以下稱爲直學士，又有文學直館學士，均以他官兼領。　馮錫嘉：人名。籍貫不詳。後梁、後唐官員。事見本書本卷、卷一八、卷五八。戶部侍郎：官名。尚書省戶部次官。協助戶部尚書掌天下田戶、均輸、錢穀之政令。正四品下。　知制誥：官名。掌起草皇帝的詔、誥之事，原爲中書舍人之職。唐開元末置學士院，翰林學士入院一年，則加知制誥銜，專掌任免宰相、册立太子、宣布征伐等特殊詔令，稱爲内制。而中書舍人所撰擬的詔敕稱爲外制。兩種官員總稱兩制。

[35]尚書膳部：官署名。尚書省禮部膳部司的簡稱。掌管百官

飲食餚饌及祭祀宴饗等方面的政令。 劉昫：人名。涿州歸義縣（今河北容城縣）人。五代大臣，曾任宰相、監修國史，領銜撰進《舊唐書》。傳見本書卷八九、《新五代史》卷五五。 比部郎中：官名。唐、五代刑部比部司長官，掌管勾會內外賦斂、經費俸祿等。從五品上。

[36]扈鑾書制學士：官名。《新五代史》卷二八作"扈鑾學士"。掌起草詔令等。《輯本舊史》之影庫本粘籤："扈鑾書制學士，考《歐陽史》作扈鑾學士，《通鑑》作扈鑾書學士，疑皆引《薛史》而有所删節，惟《五代會要》作扈鑾書制學士，與《薛史·莊宗紀》同，今仍其舊。"《會要》作"護鑾書制學士"，見《會要》卷一三《翰林院》條，《新五代史》卷二八《趙鳳傳》作扈鑾學士，檢《通鑑》未見。 尚書倉部員外郎：官名。尚書省戶部倉部司副長官。佐郎中掌天下庫儲，出納租稅、祿糧、倉廪之事。從六品上。 趙鳳：人名。幽州（今北京市）人。後唐明宗朝宰相。傳見本書卷六七、《新五代史》卷二八。 倉部郎中：官名。尚書省戶部倉部司長官。掌天下庫儲，出納租稅、祿糧、倉廪之事。從五品上。

[37]于嶠：人名。籍貫不詳。歷任後唐、後晉左拾遺、秘書少監、知制誥、中書舍人。事見本書本卷、卷四〇、卷七六。

[38]諸道鹽鐵、轉運等使：官名。簡稱鹽鐵使。爲鹽鐵司長官。鹽鐵與度支、戶部合稱"三司"。主掌漕運及專賣事務。

[39]新羅：朝鮮半島古國名。由辰韓十二國之斯盧國發展而來，都於金城（今韓國慶尚北道慶州市）。初爲朝鮮半島東南部的部落聯盟，4世紀以後逐漸強大，形成金氏世襲的朝鮮半島東南大國，與北面的高句麗、西面的百濟形成對峙局面。新羅與隋唐關係密切，7世紀中後期，與唐朝聯手滅百濟和高句麗，於676年統一了今大同江以南的朝鮮半島中南部地區。935年爲王氏高麗所取代。傳見本書卷一三八、《新五代史》卷七四。 金朴英：人名。新羅國王。事見《新五代史》卷五。

　　[40]太尉：官名。與司徒、司空並爲三公，唐後期、五代多爲
大臣、勳貴加官。正一品。　　尚書令：官名。秦始置。隋、唐前期
爲尚書省長官，與中書令、侍中並爲宰相。因以李世民爲之，後皆
不授，唐高宗廢其職。唐後期以李適、郭子儀有功而特授此職，爲
大臣榮銜，不參與政務。五代因之。唐時爲正二品，後梁開平三年
（909）升爲正一品。中華書局本有校勘記："'尚書令'，原作'中
書令'，據本書卷三一《唐莊宗紀五》、卷六三《張全義傳》，《通
鑑》卷二七二改。"見《通鑑》卷二七二同光元年十一月己未條。

　　[41]荆南：又稱南平。五代十國之一。後梁開平元年（907）
朱温命高季興爲荆南節度使，梁末帝時封季興爲渤海王。同光二年
（924）受後唐封爲南平王。　　高季興：人名。原名高季昌。陝州硤
石（今河南三門峽市陝州區硤石鄉）人。五代十國南平（即荆南）
開國君主。傳見本書卷一三三、《新五代史》卷六九。

　　[42]工部尚書：官名。尚書省工部主官。掌百工、屯田、山澤
之政令。正三品。　　副留守：官名。古代在都城、陪都或軍事重鎮
所設留守，由地方行政長官兼任。副留守爲留守之貳。　　知留守
事：職事名。負責留守政務。　　任圜：人名。京兆三原（今陝西三
原縣）人。五代後唐將領、大臣。傳見本書卷六七、《新五代史》
卷二八。　　檢校吏部尚書：官名。爲散官或加官，以示恩寵，無實
際執掌。　　御史大夫：官名。秦始置，與丞相、太尉合稱三公。至
唐代，在御史中丞之上設御史大夫一人，爲御史臺長官，專掌監
察、執法。正三品。

　　[43]節度使行軍司馬：官名。節度使的屬官。掌軍籍符伍、號
令印信，是藩鎮重要的軍政官員。

　　[44]知軍府事：官名。五代以建都之地爲府，以府尹爲行政長
官。以朝臣充各府長官，稱以某官知某軍府事，簡稱知府。

　　[45]安義軍：方鎮名。治所在潞州（位於今山西長治市）。
李繼韜：人名。汾州（今山西汾陽市）人。李嗣昭之子。五代後唐
將領。傳見本書卷五二、《新五代史》卷三六。

[46]宣化軍：方鎮名。治所在鄧州（位於今河南鄧州市）。
青州：州名。治所在今山東青州市。

[47]左監門上將軍：官名。唐代置十六衛之一。掌宮禁宿衛。
從二品。　安崇阮：人名。潞州上黨（今山西長治市）人。五代後
唐、後晉將領。傳見本書卷九〇。

[48]鎮國軍：方鎮名。唐上元二年（761）置，治所在華州
（今陝西渭南市華州區）。　保義軍：方鎮名。唐龍紀元年（889）
以陝虢節度使爲保義軍節度使，治所在陝州（今河南三門峽市陝
州區）。

[49]感化軍：方鎮名。五代後梁置。治所在華州（今陝西渭
南市華州區）。　高允貞：人名。籍貫不詳。五代後唐官員。事見
本書本卷、卷三八、卷三九、卷四四、卷四六。　以權知感化軍留
後：中華書局本有校勘記：“按本卷下文記改華州感化軍爲鎮國軍。
朱玉龍《方鎮表》：‘五代無威化軍……“威化”疑爲“感化”之
訛。’”但中華書局本未改。本卷十二月壬申條載“詔改華州感化
軍爲鎮國軍，”五代亦無“威化軍”，故改。

[50]河陽：方鎮名。治所在孟州（今河南孟州市）。　張繼
業：人名。籍貫不詳。事見本書本卷、卷三二。

[51]鄜延：方鎮名。治所在鄜州（今陝西富縣）。　高萬興：
人名。延州（今陝西延安市）人。五代將領，高懷遷之子。傳見本
書卷一三二、《新五代史》卷四〇。　北平王高萬興依前鄜、延節
度使：中華書局本有校勘記：“‘北平王’，原作‘西平王’，據
《册府》卷一二九及本卷下文改。按本書卷一三二《高萬興傳》：
‘莊宗定河洛，萬興來朝，預郊禮陪位，既還鎮，復以舊爵授
之。’”高萬興不見於本卷下文，見於下卷同光二年三月癸亥條，
作“北平王高萬興可依前延州鄜州節度使……北平王”。亦見《宋
本册府》卷一二九《帝王部·封建門》。

[52]襄州：即山南東道節度使。位於今湖北襄陽市。　孔勍：
人名。兗州（今山東濟寧市兗州區）人。唐末、五代軍閥。傳見本

書卷六四。

[53]永平軍：方鎮名。治所在今陝西西安市。　大安尹：官名。後梁開平元年四月，改京兆府爲大安府。設尹掌政務。從三品。　張筠：人名。海州（今江蘇連雲港市海州區）人。唐末、五代軍閥。傳見本書卷九〇、《新五代史》卷四七。　西都留守：官名。後唐以長安爲西都，設西都留守，掌軍政要務。　京兆尹：官名。唐開元元年改雍州置京兆府，治所在今陝西西安市。以京兆尹總其政務。從三品。

[54]晋州：此處指方鎮。唐時爲護國軍節度。後梁開平四年置定昌軍，貞明三年（917）改曰建寧。唐改曰建雄。治所在今山西臨汾市。　劉玘：人名。雍丘（今河南杞縣）人。五代軍閥。傳見本書卷六四、《新五代史》卷四五。

[55]邠州：即邠寧節度使。治所在今陝西彬縣。　韓恭：人名。籍貫不詳。五代官員。事見本書本卷、卷三二。

[56]朱漢賓：人名。亳州譙縣（今安徽亳州市）人。字續臣。歷仕後梁、後唐。謚號貞惠。傳見《新五代史》卷四五。

[57]左金吾衛大將軍：官名。唐代置十六衛之一。掌宮禁宿衛。正三品。　史敬鎔：人名。五代後唐將領。傳見本書卷五五。《輯本舊史》之影庫本粘籤："史敬鎔，原本作'敬容'，今據薛史列傳改正。"見《輯本舊史》卷五五《史敬鎔傳》，亦可見《新五代史》卷五《莊宗紀下》天祐五年（908）正月條等，均稱其爲"幸臣"或"倖臣"。　街使：官名。分左、右職。掌京城街道治安，以及修橋种樹等事，常以金吾將軍充任，故亦稱金吾街使。

[58]右金吾衛大將軍：官名。唐代置十六衛之一。掌宮禁宿衛。正三品。　李存確：人名。五代後唐官員。事見本書本卷、卷三三。

十二月庚午朔，車駕至西京。[1]是日，有司自石橋具儀仗法物，迎引入于大内。辛未，以百官初到，放三日朝參。壬申，以租庸使、刑部侍郎、太清宫副使張憲爲檢校吏部尚書、充北京副留守、知留守事、太原尹。[2]詔改取來年二月一日行郊禮。戊寅，詔德勝寨、莘縣、楊劉口、通津鎮、胡柳陂皆戰陣之所，[3]宜令逐處差人收掩戰士骸骨，量備祭奠，以慰勞魂。詔改僞梁永平軍大安府復爲西京京兆府；[4]改宋州宣武軍爲歸德軍，汴州開封府復爲宣武軍，[5]華州感化軍爲鎮國軍，[6]許州匡國軍復爲忠武軍，[7]滑州宣義軍復爲義成軍，[8]陝府鎮國軍復爲保義軍，[9]耀州静勝軍復爲順義軍，[10]潞州匡義軍復爲安義軍，[11]朗州武順軍復爲武貞軍，[12]延州爲彰武軍，[13]鄧州爲威勝軍，[14]晋州爲建雄軍，[15]安州爲安遠軍。[16]淮南楊溥遣使賀登極，[17]稱"大吴國主書上大唐皇帝"。己卯，禁屠牛馬。庚辰，御史臺上言："請行用本朝律令格式，今訪聞唯定州有本朝法書，[18]望下本州寫副本進納。"從之。辛巳，詔貶安義軍節度使李繼韜爲登州長史，[19]尋斬於天津橋下，再謀叛故也。甲申，淮南楊溥、奚首領李紹威並遣使朝貢。[20]乙酉，以翰林學士承旨盧質權知汴州軍府事，[21]以禮部尚書崔沂爲尚書左丞、判吏部尚書銓事，[22]以兵部侍郎崔協爲吏部侍郎，[23]以刑部侍郎、充集賢殿學士、判院事盧文紀爲尚書兵部侍郎，[24]依前充集賢殿學士、判院事。丁亥，澤州刺史董璋上言：[25]潞州軍變，李繼達領兵出城，[26]自刎而死，節度副使李繼珂已安撫軍城。[27]己丑，有司上言："上辛祈穀於上帝，請奉高祖神堯皇

帝配；[28]孟夏雩祀，[29]請奉太宗文皇帝配；[30]季秋大享
於明堂，[31]請奉太祖武皇帝配；[32]冬至日祀圜丘，[33]請
奉獻祖文皇帝配；[34]孟冬祭神州地祇，[35]請奉懿祖昭聖
皇帝配。"[36]從之。辛卯，亳州太清宮道士上言，[37]聖
祖玄元皇帝殿前枯檜再生一枝，[38]圖畫以進。詔曰，
"當聖祖舊殿生枯檜新枝，應皇家再造之期，顯大國中
興之運。同上林仆柳，祥既叶於漢宣；[39]比南頓嘉禾，
瑞更超於光武。[40]宜標史册，以示寰瀛"云。[41]壬辰，
幸伊闕。[42]己巳，以中書舍人崔居儉爲刑部侍郎，[43]充
史館修撰、判館事。甲午，以租庸副使、光禄大夫、檢
校司徒、守衛尉卿孔謙爲鹽鐵轉運副使。[44]《永樂大典》
卷七千一百五十六。[45]

　　[1]十二月庚午朔，車駕至西京：《舊五代史考異》："《歐陽
史》作甲子如洛京，庚午至自汴州。《薛史》作西京，蓋其時未改
永平軍爲西京，故尚仍梁制，稱洛陽爲西京也。又《通鑑考異》
云：諸書但謂之洛京，未嘗詔改西京爲洛京，至同光三年，始詔依
舊以洛京爲東都。或者以永平爲西京時，即改梁西京爲洛京，而史
脱其文也。《歐陽史》于元年冬即書洛京，未審所據。"《新五代
史》卷五《莊宗紀下》："同光元年十一月甲子如洛京。十二月庚午
朔，至自汴州。""洛京"下徐注："洛京，從當時語。"又見《通
鑑》卷二七二同光元年（923）十一月癸卯條《考異》。
　　[2]刑部侍郎：官名。尚書省刑部次官。協助刑部尚書掌天下
刑法及徒隷、勾覆、關禁之政令。正四品下。　太清宮副使：官
名。唐朝尊老子爲祖，建玄元廟奉祀。天寶二年（743）改西京玄
元廟爲太清宮，東京爲太微宮，天下諸郡爲紫極宮，又改譙郡紫極
宮爲太清宮。設太清宮使、副。　太原尹：官名。唐開元十一年

（723）改并州爲太原府，治所在今山西太原市。太原尹總其政務。從三品。　"以租庸使"至"太原尹"：中華書局本有校勘記："本書卷六九《張憲傳》敘其事云：'莊宗遷洛陽，以憲檢校吏部尚書、興唐尹、東京副留守，知留守事。'《通鑑》卷二七二亦記：'崇韜即奏以憲爲東京副留守，知留守事。'又本書卷三三《唐莊宗紀七》：'（同光三年十二月）以鄴都副留守、興唐尹張憲檢校吏部尚書、太原尹，充北京副留守、知留守事。'疑'北京副留守''太原尹'係'東京副留守''興唐尹'之誤。"《通鑑》卷二七二同光元年十一月戊午條載："租庸副使孔謙畏張憲公正，欲專使務，言於郭崇韜曰：'東京重地，須大臣鎮之，非張公不可。'崇韜即奏以憲爲東京副留守，知留守事。"

　　[3]德勝寨：地名。原爲德勝渡，爲黃河重要渡口之一。李存勗部將李存審築於黃河津要處德勝口，有南北二城。南城在今河南濮陽市東南五里，北城即今河南濮陽市。　楊劉口：《輯本舊史》之影庫本粘籤："楊劉，原本作'柳劉'，今據文改正。"楊劉作爲戰陣之所，《輯本舊史》多有記載，如卷二八《莊宗紀一》天祐十四年十二月條，十五年正月、二月、六月壬戌條等，此等均爲書證，無需據文改正。　通津鎮：地名。位於今河南黃河沿綫。

　　[4]大安府：府名。五代後梁開平元年（907）四月，改京兆府爲大安府。治所在今陝西西安市。　西京：地名。即京兆府。位於今陝西西安市。　京兆府：府名。治所在今陝西西安市。　詔改僞梁永平軍大安府復爲西京京兆府：《舊五代史考異》："《歐陽史》作十一月辛酉，復永平軍爲西都，與《薛史》日月互異。"見《新五代史》卷五《莊宗紀下》同光元年十一月辛酉條，《通鑑》卷二七二亦繫於十一月辛酉。

　　[5]改宋州宣武軍爲歸德軍，汴州開封府復爲宣武軍：《通鑑》卷二七二繫於十一月丙辰。

　　[6]華州：州名。治所在今陝西渭南市華州區。

　　[7]忠武軍：方鎮名。治所在許州（今河南許昌市）。

[8]宣義軍：方鎮名。治所在滑州（今河南滑縣）。　義成軍：方鎮名。治所在滑州（今河南滑縣）。

[9]陝府：地名。治所在今河南三門峽市陝州區。

[10]耀州：州名。治所在今陝西銅川市耀州區。　靜勝軍：方鎮名。治所在耀州（今陝西銅川市耀州區）。唐末屬李茂貞，建爲耀州，置義勝軍。梁末帝時，茂貞養子温韜以州降梁，梁改耀州爲崇州，義勝曰靜勝。後唐復爲耀州，改曰順義。

[11]潞州：州名。治所在今山西長治市。　匡義軍：方鎮名。唐故曰昭義。後梁末帝時屬梁，改曰匡義。後唐滅梁，改曰安義。後晉復曰昭義。

[12]朗州：州名。治所在今湖南常德市。　武順軍：方鎮名。治所在朗州（今湖南常德市）。唐昭宗置武貞軍於朗州。後梁開平三年改爲永順軍。梁末又改爲武順軍。後唐莊宗復改爲武貞軍。

[13]延州：州名。治所在今陝西延安市。　彰武軍：方鎮名。治所在延州（今陝西延安市）。

[14]鄧州：州名。治所在今河南鄧州市。　威勝軍：方鎮名。治所在鄧州（今河南鄧州市）。故屬山南東道節度。後梁破趙匡凝，分鄧州置宣化軍。後唐改曰威勝。後周改曰武勝。

[15]建雄軍：方鎮名。治所在晉州（今山西臨汾市）。故屬護國軍節度。後梁開平四年置定昌軍，貞明三年（917）改曰建寧。後唐改曰建雄。

[16]安遠軍：方鎮名。治所在安州（今湖北安陸市）。

[17]淮南：方鎮名。治所在揚州（今江蘇揚州市）。　楊溥：五代十國吳睿帝，後禪位於徐知誥。傳見《新五代史》卷六一。淮南楊溥遣使賀登極，稱“大吳國主書上大唐皇帝”：中華書局本引殿本案語：“《十國春秋·吳世家》云：唐以滅梁來告，始稱詔，我國不受。唐主隨易書，用敵國禮，曰‘大唐皇帝致書于吳國主’，王遣司農卿盧蘋獻金器二百兩、銀器三千兩、羅錦一千二百疋、龍腦香五斤、龍鳳絲鞵一百事于唐。又遣使張景報聘，稱‘大吳國主

1325

上書大唐皇帝'，辭禮如牋表。"《十國春秋》爲清人吳任臣所撰，應據明本《册府》卷二三二《僭僞部‧稱藩門》。

[18]定州：州名。治所在今河北定州市。

[19]長史：官名。州府屬官。協助處理州府公務。正四品上至正六品上。

[20]奚：部族名。源出鮮卑宇文部。原稱庫莫奚，後省稱奚。參見畢德廣《奚族文化研究》，科學出版社 2016 年版。 李紹威：人名。本名掃剌。後唐莊宗賜姓名李紹威。五代奚族部落聯盟首領。前首領去諸之子。事見《通鑑》卷二八一。

[21]翰林學士承旨：官名。爲翰林學士之首。掌拜免將相、號令征伐等詔令的起草。《舊唐書‧職官志二‧翰林院》："例置學士六人，内擇年深德重者一人爲承旨，所以獨承密命故也。" 盧質：人名。河南（今河南洛陽市）人。五代大臣。傳見本書卷九三、《新五代史》卷五六。

[22]禮部尚書：官名。尚書省禮部主官。掌禮儀、祭享、貢舉之政。正三品。 崔沂：人名。博州（今山東聊城市）人。唐宰相崔鉉之子，五代後梁、後唐大臣。傳見本書卷六八。《輯本舊史》之影庫本粘籤："崔沂，原本作‘崔忻’，今據《薛史》列傳改正。"見《輯本舊史》卷六八《崔沂傳》。 判吏部尚書銓事：唐代對文官選授考課，由吏部尚書、侍郎分掌其事。尚書爲尚書銓，掌五品至七品選；侍郎二人分爲中銓、東銓，掌八品、九品選，合稱三銓。其後皆歸侍郎專之，尚書通署而已。

[23]崔協：人名。清河（今河北清河縣）人。唐末進士，後梁時仕至中書舍人，後唐時爲宰相。傳見本書卷五八。

[24]集賢殿學士：官名。唐中葉置，位在集賢殿大學士之下。掌修書之事。 判院事：官名。掌集賢院事務。 盧文紀：人名。京兆萬年（今陝西西安市長安區）人。唐末進士，五代宰相。傳見本書卷一二七、《新五代史》卷五五。

[25]澤州：州名。治所在今山西澤州縣。 董璋：人名。籍貫

不詳。五代後梁、後唐將領。傳見本書六二、《新五代史》卷五一。

[26]李繼達：人名。又名李繼儔。汾州（今山西汾陽市）人。李嗣昭之子，李繼韜之兄弟。事見《新五代史》卷三六。

[27]李繼珂：人名。籍貫不詳。後唐將領。事見本書卷五二、卷七四。

[28]高祖神堯皇帝：即唐高祖李淵。隴西成紀（今甘肅静寧縣西南）人，後遷狄道（今甘肅臨洮縣），先塋在趙郡昭慶（今河北隆堯縣東）。或説本北人，遷隴西。唐朝建立者，618年至626年在位。隋大業十三年（617），李淵與子李世民及劉文静、裴寂等起兵，攻佔長安，立代王楊侑（恭帝）。義寧二年（618），李淵廢恭帝自立，即皇帝位，改元武德，建立唐朝。武德七年（624），統一全國。在位期間，頒布均田制和租庸調法，修定律令，置軍府，復州縣制，爲唐王朝奠定了基礎。九年，“玄武門之變”後被迫退位，稱太上皇。卒葬獻陵（位於今陝西三原縣東），謚神堯皇帝。紀見《舊唐書》卷一、《新唐書》卷一。

[29]雩祀：古代祈雨的祭祀。《周禮》：“若國大旱，則帥巫而舞雩。”《公羊傳》桓公五年云：“大雩者何？旱祭也。”何休注云：“雩，旱請雨祭名。使童男女各八人，舞而呼雩，故謂之雩。”《月令》：“仲夏之月，命有司爲民祈祀山川百源，大雩帝，用盛樂。”

[30]太宗文皇帝：即唐太宗李世民。唐代皇帝，626年至649年在位。李淵次子。隋末，隨父起兵於太原。唐武德元年（618），爲尚書令，封秦王。在唐統一全國的過程中戰功甚多。九年，發動“玄武門之變”，即皇帝位，次年改元貞觀。在位期間，繼續沿用均田制、租庸調法、府兵制和科舉制，以房玄齡、杜如晦、魏徵等爲相，社會安定，經濟復蘇，史稱“貞觀之治”。貞觀四年（630），平東突厥。九年，平吐谷渾。十四年，平高昌。十五年，以文成公主和親於吐蕃贊普松贊干布。唐太宗對少數民族採取較爲開明的政策，被尊稱爲“天可汗”。統治中期以後，生活日漸奢靡，征戰頻仍，加劇了國内矛盾。卒葬昭陵（位於今陝西禮泉縣東北），謚文

皇帝。紀見《舊唐書》卷二至卷三、《新唐書》卷二。

[31]明堂：古代天子舉行大典的地方。《禮記·明堂位》：“昔者周公朝諸侯於明堂之位，天子負斧依南鄉而立。”

[32]太祖武皇帝：指李克用。沙陀部人，生於神武川新城（一説今山西朔州市朔城區之梵王寺村，一説今山西應縣縣城，一説今山西懷仁縣之日中城）。唐末軍閥，後唐太祖。紀見本書卷二五。

[33]圜丘：古代帝王冬至祭天的地方。《周禮·春官·大司樂》：“冬日至，于地上之圜丘奏之。”

[34]獻祖文皇帝：指朱邪赤心，唐朝賜名李國昌。沙陀部首領。唐末軍閥。李克用之父。其孫後唐莊宗李存勗即帝位後，追謚其爲文景皇帝，廟號獻祖。事見《舊唐書》卷一九上《懿宗本紀》、卷一九下《僖宗本紀》，本書卷二五、《新五代史》卷四。

[35]地祇：地之神也。凡社稷、五嶽山林、川澤、河海之神，皆地祇也。蓋地之尊稱爲地祇或后土。《周禮·春官·大宗伯》：“掌建邦之天神、人鬼、地祇之禮”。

[36]懿祖昭聖皇帝：指朱邪執宜。沙陀部首領。朱邪赤心之父。事見《新唐書》卷二一八《沙陀》、《新五代史》卷四《唐本紀》。

[37]亳州：州名。治所在今安徽亳州市。 太清宮：宮觀名。唐朝尊老子爲祖，建玄元廟奉祀。天寶二年（743）改西京玄元廟爲太清宮，東京爲太微宮，天下諸郡爲紫極宮，又改譙郡紫極宮爲太清宮。

[38]聖祖玄元皇帝：指老子。先秦思想家。傳見《史記》卷六三。

[39]漢宣：指漢宣帝劉詢。公元前73年至前49年在位。漢武帝曾孫，繼漢昭帝後即位。紀見《漢書》卷八。

[40]比南頓嘉禾，瑞更超於光武：亦見明本《冊府》卷九二《帝王部·符瑞門四》。

［41］“辛卯”至“以示寰瀛云”：《輯本舊史》之案語：“《五代會要》云：唐高祖神堯皇帝武德二年，枯檜重華，至安禄山借號萎瘁。玄宗自蜀歸京，枝葉復盛。至是再生一枝，長二尺餘。蓋一時誇詡之言也。”見《會要》卷一二觀條後之雜録條注引《瀬鄉記》，但無“蓋一時誇詡之言也”八字，亦略見於《輯本舊史·五行志·草木石冰》。

［42］伊闕：地名。位於今河南洛陽市。因兩山相對如闕，伊河從中流過，又名伊闕。唐以後習稱龍門。

［43］中書舍人：官名。中書省屬官。掌起草文書、呈遞奏章、傳宣詔命等。正五品上。　崔居儉：人名。清河（今河北清河縣）人。五代後梁至後晋官員。傳見本書附録、《新五代史》卷五五。

［44］租庸副使：官名。佐理催徵租庸地税的財政官員。後唐時，租庸使取代鹽鐵、度支、户部，爲中央財政長官。　衛尉卿：官名。秦置，掌率衛士守衛宫禁。漢沿置，秩中二千石，爲九卿之一。隋開皇三年（583），廢衛尉寺，以其職併入太常與尚書省。十三年，復置，專掌軍器儀仗帳幕等事，宫門屯兵歸監門衛，與漢制不同。唐沿置，設卿、少卿、丞等官，卿秩從三品，領武庫、武器、守宫三署。　孔謙：人名。魏州（今河北大名縣）人。後唐大臣，善聚斂錢財，爲李存勖籌畫軍需。傳見本書卷七三、《新五代史》卷二六。

［45］《大典》卷七一五六“唐”字韻“莊宗”事目三。

舊五代史　卷三一

唐書七

莊宗紀第五

　　同光二年春正月庚子朔，[1]帝御明堂殿受朝賀，[2]仗衛如式。壬寅，南郊禮儀使、太常卿李燕進太廟登歌酌獻樂舞名，[3]懿祖室曰《昭德之舞》，[4]獻祖室曰《文明之舞》，[5]太祖室曰《應天之舞》，[6]昭宗室曰《永平之舞》。[7]甲辰，幽州上言，契丹入寇至瓦橋。[8]以天平軍節度使李嗣源爲北面行營都招討使，[9]陝州留後霍彥威爲副，[10]率軍援幽州。乙巳，[11]故宣武軍節度副使、權知軍州事、檢校太傅王瓚贈太子太師。[12]丁未，詔改朝元殿復爲明堂殿，[13]又改崇勳殿爲中興殿。[14]戊申，以振武軍節度使、檢校太傅、同平章事李存霸權知潞州留後，[15]以知保大軍軍州事高允韜爲檢校太保。[16]庚戌，以涇原節度使、充秦王府諸道行軍司馬、開府儀同三司、檢校太尉、兼侍中李從曮爲檢校太尉、兼中書令，依前涇原節度使、充秦王府諸道行軍司馬。[17]詔改應順門爲永曜門，[18]太平門爲萬春門，[19]通政門爲廣政門，[20]鳳鳴門爲韶和門，[21]萬春門爲中興門，[22]解卸殿爲端明殿。[23]是日，詔曰："皇綱已正，紫禁方嚴，凡事内官，不合更居外地。詔諸道應有内官，不計高低，並仰逐處并家口發遣赴闕，不得輒有停滯。"帝龍潛時，寺人數已及五百，至是合諸道赴闕者，約千餘人，皆給賜優贍，服玩華侈，委之事務，付以腹心。唐時宦官爲内諸司使務、諸鎮監軍，[24]出納王命，造作威福，昭宗以此亡國。及帝奄有天下，當知戒彼前車，[25]以爲殷鑒，一朝復興兹弊，議者惜之。新羅王金朴英遣使朝貢。[26]辛亥，中書門下奏：[27]"準本朝故事，諸王、内命婦、宰臣、學士、中書舍人，[28]諸道節度、觀察、防禦、團練使、留後官告，[29]即中書帖官告院索綾紙褾軸，下所司書寫印署畢，進入宣賜。其文武兩班及諸道官員并奏薦將校，並合於所司送納朱膠綾紙價錢。伏自僞梁，不分輕重，並從官給，今後如非前件事例，請官中不給告敕，其内司大官、侍衛、將校轉官，即不在此限。"從之。壬子，蜀主王衍致書於帝，[30]稱有詐爲天使，馳報收復汴州者。[31]詔捕之，不獲。癸丑，有司奏：郊祀前二日，[32]迎祔高祖、太宗、懿祖、獻祖、太祖神主於太廟。議者以中興唐祚，不宜以追封之祖雜有國之君以爲昭穆，自懿祖已下，宜別立廟於代州，[33]如後漢南陽故事可也。[34]幽州北面軍前奏，契丹還塞，詔李嗣源班師。鳳翔節度使、秦王李茂貞上表，[35]請行藩臣之禮，帝優報之。甲寅，帝於中興殿面賜郭崇韜鐵券。[36]有司上言："皇太后到闕,皇帝合於銀臺門内奉迎。"[37]詔親至懷州奉迎。[38]中書奏："自二十三日後在散齋之内,[39]車駕不合遠出。"詔改至河陽奉迎。[40]以禮部尚書、興唐尹王正言依前禮部尚書,[41]充租庸使。[42]乙卯,渤海國遣使貢方物。[43]幽州奏,嬀州山後十三寨百姓却復新州。[44]戊午,以前太子少師薛廷珪爲檢校户部尚書、太子少師致仕,[45]以前太子賓客封舜卿爲太子少保致仕,[46]以前太子賓客李文規爲户部侍郎致仕。[47]詔鹽鐵、度支、户部並委租庸使管轄。[48]庚申,四方館上言:[49]"請今後除隨駕將校及外方進奉專使、文武班三品以上官,可以内殿對見,其餘並詣正衙,以申常禮。"從之。車駕幸河陽,奉迎皇太后。辛酉,帝侍皇太后至,文武百僚迎於上東門。[50]是日,河中府上言,[51]稷山縣割隸絳州。[52]以太僕卿李紆爲宗正卿,[53]以衛尉卿楊遘爲太僕卿。[54]西京昭應縣華清宮道士張冲虚上言,[55]天尊院枯檜重生枝葉。[56]乙丑,有司上言:"南郊朝享太廟,[57]舊例親王充亞獻、終獻行事。"[58]乃以皇子繼岌爲亞獻,[59]皇弟存紀爲終獻。[60]丙寅,帝赴明堂殿致齋。丁卯,朝饗於太微宮。[61]戊辰,饗太廟,是日赴南郊。

　　[1]同光:五代後唐莊宗李存勗年號(923—926)。

　　[2]明堂殿:宫殿名。唐代洛陽(今河南洛陽市)宫城紫微城的正殿。原爲隋乾陽殿,唐高宗時又稱乾元殿,武周改作明堂。常舉行重大政治活動和接待各國使者。

　　[3]南郊禮儀使:官名。舉行南郊祭祀則臨時置使,掌禮儀事

務，事畢即罷。　太常卿：官名。西漢置太常，南朝梁始置太常卿。太常寺長官。掌宗廟祭祀禮樂及教育等。正三品。　李燕：人名。籍貫不詳。五代官員。事見本書本卷、卷七、卷三二、卷一四七。　太廟：古代帝王的祖廟。供奉、祭祀皇帝先祖。

［4］懿祖：即朱邪執宜。沙陀部首領。朱邪赤心之父。事見《新唐書》卷二一八《沙陀》、《新五代史》卷四《唐本紀》。　昭德：樂舞名。《輯本舊史》之影庫本粘籤："昭德，原本作'紹德'，考《五代會要》及《薛史·樂志》並作昭德，今改正。"檢《輯本舊史》《會要》相關條目未見。

［5］獻祖：即李國昌，又名朱邪赤心。沙陀部首領。唐末軍閥。李克用之父。其孫後唐莊宗李存勗即帝位後，追謚爲文皇，廟號獻祖。事見《舊唐書》卷一九上《懿宗本紀》、卷一九下《僖宗本紀》。　文明：樂舞名。

［6］太祖：即李克用。沙陀部人。生於神武川新城（一說是今山西朔州市朔城區之梵王寺村，一說是今山西應縣縣城，一說在今山西懷仁縣之日中城）。唐末軍閥，後唐太祖。紀見本書卷二五。　應天：樂舞名。

［7］昭宗：即唐昭宗李曄，888 年至 904 年在位。紀見《舊唐書》卷二〇上、《新唐書》卷一〇。　永平：樂舞名。

［8］幽州：州名。治所在今北京市。　契丹：古部族、政權名。公元 4 世紀中葉宇文部爲前燕攻破，始分離而成單獨的部落，自號契丹。唐貞觀中，置松漠都督府，以其首領爲都督。唐末强盛，916 年迭剌部耶律阿保機建立契丹國（遼）。先後與五代、北宋並立，保大五年（1125）爲金所滅。參見張正明《契丹史略》，中華書局 1979 年版。　瓦橋：即瓦橋關。位於今河北雄縣西南。唐置。五代後晉初地入契丹。後周顯德六年（959）收復，建爲雄州。與益津關、淤口關合稱三關。　"甲辰"至"至瓦橋"：《舊五代史考異》："案《契丹國志》：時契丹日益强盛，遣使就唐求幽州，以處盧文進。"《契丹國志》卷一《太祖紀》載："天贊三年（唐莊宗

同光元年），契丹日益强盛，遣使就唐求幽州，以處盧文進。天贊四年（唐同光二年）春正月，契丹攻幽州。"

[9]天平軍：方鎮名。治所在鄆州（今山東東平縣）。 節度使：官名。唐時在重要地區所設掌握一州或數州軍政、民政、財政的長官。 李嗣源：沙陀部人，應州金城（今山西應縣）人。李克用養子，逼宮李存勖後自立爲後唐皇帝。紀見本書卷三五至卷四〇、《新五代史》卷六。 北面行營都招討使：官名。五代時掌一方招撫討伐等事務。戰時任命，兵罷則省。常以大臣、將帥或地方軍政長官兼任。

[10]陝州：州名。治所在今河南三門峽市陝州區。此處指保義軍。唐時設置。後梁開平二年（908），改名鎮國軍。後唐同光元年（923）復改爲保義軍。 留後：官名。唐、五代節度使多以子弟或親信爲留後，以代行節度使職務，亦有軍士、叛將自立爲留後者。掌一州或數州軍政。 霍彥威：人名。洺州曲周（今河北曲周縣）人。五代後梁將領霍存之養子。後梁、後唐將領。傳見本書卷六四、《新五代史》卷四六。

[11]乙巳：中華書局本有校勘記："原作'己巳'，據彭校改。按是月庚子朔，無己巳，此事繫於甲辰、丁未之間，當爲乙巳。"

[12]宣武軍：方鎮名。唐舊鎮，治所在汴州（今河南開封市）。後梁開平元年升汴州爲東京開封府。開平三年置宣武軍於宋州（今河南商丘市睢陽區）。後唐同光元年改宋州宣武軍爲歸德軍。廢東京開封府，重建宣武軍於汴州。後晉天福三年（938），改爲東京開封府。除天福十二年、十三年短暫改爲宣武軍外，汴京均爲東京開封府。 節度副使：官名。唐、五代方鎮屬官。位於行軍司馬之下、判官之上。 權知軍州事：官名。簡稱爲"知州"。州級行政長官。參見閆建飛《唐後期五代宋初知州制的實施過程》，《文史》2019年第1期。 檢校太傅：官名。爲散官或加官，以示恩寵，無實際執掌。 王瓚：人名。河中節度使王重盈之子。傳見本書卷五九。 太子太師：官名。與太子太傅、太子太保統稱太子三

師。隋唐以後多作加官或贈官。從一品。

　　[13]朝元殿：宮殿名。後唐時改爲明堂殿。唐代洛陽（今河南洛陽市）宮城紫微城的正殿。

　　[14]崇勳殿：唐東都洛陽内朝殿名。　中興殿：五代後唐朝廷内殿。本名崇勳殿，同光二年改名中興殿，位於今河南洛陽市。

　　[15]振武軍：方鎮名。後梁貞明二年（916）以前，治所位於單于都護府城（今内蒙古和林格爾縣）。貞明二年單于都護府城爲契丹占據。此後至後唐清泰三年（936），治所位於朔州（今山西朔州市朔城區）。後晉隨燕雲十六州割予契丹，改名順義軍。　同平章事：官名。即同中書門下平章事。唐高宗以後，凡實際任宰相之職者，常在其本官後加同平章事的職銜。後成爲宰相專稱。　李存霸：人名。沙陀部人。李克用之子，五代將領。傳見本書卷五一、《新五代史》卷一四。

　　[16]保大軍：方鎮名。治所在鄜州（今今陝西富縣）。　高允韜：人名。延州（今陝西延安市）人。五代軍閥。高萬興之子。傳見本書卷一三二、本書本卷。　檢校太保：官名。爲散官或加官，以示恩寵，無實際執掌。

　　[17]涇原：方鎮名。又名彰義軍。治所在涇州（今甘肅涇川縣）。《輯本舊史》之影庫本粘籤：“涇原，原本作‘經源’，今據《歐陽史·職方考》改正。”見《新五代史》卷六〇《職方考第三》。“依前涇原節度使”，中華書局本有校勘記：“‘涇原’，原作‘涇原軍’，據劉本、孔本、邵本、彭本改。”　行軍司馬：官名。出征將領及節度使的屬官。掌軍籍符伍、號令印信，是藩鎮重要的軍政官員。　開府儀同三司：官名。魏晉始置，隋唐時爲散官之最高官階。多授功勳重臣。從一品。　檢校太尉：官名。爲散官或加官，以示恩寵，無實際執掌。太尉，與司徒、司空並爲三公。　侍中：官名。秦始置。隋、唐前期爲門下省長官。唐後期多爲大臣加銜，不參與政務，實際職務由門下侍郎執行。正二品。　李從曮：人名。深州博野（今河北蠡縣）人。李茂貞之子，後晉時封秦王。

傳見本書卷一三二《世襲列傳》。 中書令：官名。漢代始置，隋、唐前期爲中書省長官，屬宰相之職；唐後期多爲授予元勳大臣的虛銜。正二品。

[18]應順門：城門名。位於今河南洛陽市。 永曜門：城門名。位於今河南洛陽市。原名應順門，後唐改名。

[19]太平門：城門名。位於今河南洛陽市。 萬春門：宮城門。洛陽皇宮東門。位於今河南洛陽市。原名太平門，後唐改名。

[20]通政門：城門名。位於今河南洛陽市。 廣政門：城門名。位於今河南洛陽市。原名通政門，後唐改名。

[21]鳳鳴門：城門名。位於今河南洛陽市。中華書局本有校勘記："原作'鳳明門'，據彭校、《冊府》卷一四、《五代會要》卷五改。"見明本《冊府》卷一四《帝王部·都邑門二》後唐莊宗同光二年正月丁未條、《會要》卷五大内條。 詔和門：城門名。位於今河南洛陽市。原名鳳明門，後唐改名。

[22]中興門：宮城門。洛陽皇宮東門。位於今河南洛陽市。原名萬春門，後唐改名。

[23]解卸殿：宮殿名。位於今河南洛陽市。《輯本舊史》之影庫本粘籤："解卸殿，原本作'解缶'，今據《五代會要》改正。"《會要》卷五大内條作"解愠殿"，又《通鑑》卷二七五天成元年（926）五月甲戌條胡注引《會要》作"解卸殿"。 端明殿：宮殿名。位於今河南洛陽市。原名解卸殿，後唐莊宗改名。

[24]内諸司使：官署名。唐宋禁内各官署的統稱。 監軍：官名。爲臨時差遣，代表朝廷協理軍務，督察將帥。五代時常以宦官爲監軍。

[25]當知戒彼前車：《輯本舊史》之影庫本粘籤："前車，原本作'前卑'，今據文改正。"前車之鑒等語常見，"前卑"在此處無解。

[26]新羅：朝鮮半島古國。4世紀以後逐漸强大。935年爲王氏高麗所取代。傳見本書卷一三八、《新五代史》卷七四。 金朴

英：人名。新羅國王。事見《新五代史》卷五。

[27]中書門下：官署名。簡稱"中書"。唐代以來爲宰相處理政務的機構。參見劉後濱《唐代中書門下體制研究——公文形態·政務運行與制度變遷》，齊魯書社 2004 年版。

[28]内命婦：古稱皇帝的妃、嬪、世婦、女御等爲"内命婦"。　宰臣：指宰相等執掌國家政事的重臣。　學士：官名。北齊置文林館學士，北周置麟趾殿學士，皆掌著述。南朝梁有抄撰學士，隋有東宫學士。唐初開文學館，以大臣十八人兼學士，討論文典，號稱十八學士，又置弘文館學士，講論文義，商量政事。唐太宗時命學士起草詔令，無名號。乾封（666—668）後，命文士在翰林院起草詔令，時稱爲北門學士。開元十三年（725）置集賢院學士，撰集文章，整理經籍。開元二十六年又置翰林學士，掌起草詔令，沿襲至五代。　中書舍人：官名。中書省屬官。掌起草文書、呈遞奏章、傳宣詔命等。正五品上。　諸王、内命婦、宰臣、學士、中書舍人："諸王"，中華書局本有校勘記："《册府》卷六一、《五代會要》卷一四作'封建諸王'。"見明本《册府》卷六一《帝王部·立制度門二》同光二年正月辛亥條、《會要》卷一四吏部條後唐同光二年正月記事。

[29]觀察：官名。唐代後期出現的地方軍政長官。唐玄宗開元二十一年置十五道採訪使，唐肅宗乾元元年（758）改爲觀察使。無旌節，地位低於節度使。掌一道州縣官的考績及民政。　防禦：官名。唐代始置，設有都防禦使、州防禦使兩種。常由刺史或觀察使兼任，實際上爲唐代後期州或方鎮的軍政長官。　團練使：官名。唐代中期以後，於不設節度使的地區設團練使，掌本區各州軍事。　諸道節度、觀察、防禦、團練、使留後官告："諸道節度"，中華書局本有校勘記："句下《册府》卷六一、《五代會要》卷一四有'觀察'二字。"但未補，今據補。

[30]王衍：人名。許州舞陽（今河南舞陽縣）人。王建幼子，五代十國前蜀皇帝。傳見本書卷一三六、《新五代史》卷六三。

［31］汴州：州名。治所在今河南開封市。

［32］郊祀：中國古代帝王祭天之禮。因祭天之圜丘位於都城南面之郊外，故名。

［33］代州：州名。治所在今山西代縣。

［34］後漢：指東漢。　如後漢南陽故事可也：《輯本舊史》之影庫本粘籤：“南陽，原本作‘南洋’，今據《後漢書·光武紀》改正。”見《後漢書》卷一《光武帝紀上》諸條。

［35］鳳翔：方鎮名。治所在鳳翔府（今陝西鳳翔縣）。　李茂貞：人名。深州博野（今河北蠡縣）人。唐末、五代軍閥。傳見本書卷一三二、《新五代史》卷四〇。

［36］郭崇韜：人名。代州雁門（今山西代縣）人。五代後唐大臣。傳見本書卷五七、《新五代史》卷二四。

［37］銀臺門：宮城門。位於今河南洛陽市。

［38］懷州：州名。治所在今河南沁陽市。

［39］自二十三日後在散齋之内：中華書局本有校勘記：“‘在’‘之’二字原闕，據彭校、《册府》卷二七補。”見明本《册府》卷二七《帝王部·孝德門》後唐同光二年正月丙辰條。

［40］河陽：方鎮名。治在所孟州（今河南孟州市）。

［41］禮部尚書：官名。尚書省禮部主官，掌禮儀、祭享、貢舉之政。正三品。　興唐尹：官名。五代後唐同光元年（923），改魏州爲興唐府。以興唐尹總其政務。從三品。　王正言：人名。鄆州（今山東東平縣）人。後唐官員。傳見本書卷二一。

［42］租庸使：官名。唐代爲主持催徵租庸地税的財政官員。後梁、後唐時，租庸使取代鹽鐵、度支、户部，爲中央財政長官。

［43］渤海國：古國名。武周聖曆元年（698），粟末靺鞨首領大祚榮建立政權。先天二年（713），唐朝册封大祚榮爲渤海郡王，其國遂以渤海爲名。傳見本書卷一三八、《新五代史》卷七四。

［44］嬀州：州名。唐貞觀八年（634）改北燕州置。治所在今河北涿鹿縣西南石灰窑。長安初移治今懷來縣東南舊懷來。　山後

十三寨：山後：地區名。五代時稱今北京市、河北軍都山、燕山以北地區爲山後。 新州：州名。治所在今河北涿鹿縣。

[45]太子少師：官名。與太子少傅、太子少保合稱太子三少，唐後期、五代多爲大臣、勳貴加官。從二品。 薛廷珪：人名。河東（今山西永濟市西南蒲州鎮）人。唐末、五代官員。傳見本書卷六八。 檢校戶部尚書：官名。按，檢校某某官，唐中後期逐漸確立，五代沿用。多作爲使府或方鎮僚佐秩階、升遷的階官，非正式官銜。參見賴瑞和《論唐代的檢校官制》，《漢學研究》2006 年第24 卷第 1 期。

[46]太子賓客：官名。爲太子官屬，掌侍從規諫調護等。正三品。 封舜卿：人名。蓚縣（今河北景縣）人。唐末、五代官員。傳見本書卷六八。《輯本舊史》之影庫本粘籤："封舜卿，原本作'舜鄉'，今據《册府元龜》改正。"見《宋本册府》卷七七一《總錄部・世官門》封舜卿條。《輯本舊史》卷六八有《封舜卿》殘傳。該卷史論亦明確提及舜卿之掌誥。此爲較《册府》更有力之證據。 太子少保：官名。與太子少師、太子少傅統稱太子三少。隋唐以後多作加官或贈官。從二品。

[47]李文規：人名。籍貫不詳。本書僅此一見。 戶部侍郎：官名。尚書省戶部次官。協助戶部尚書掌天下田戶、均輸、錢穀之政令。正四品下。

[48]鹽鐵、度支、戶部：官署名。唐末、五代稱鹽鐵、度支、戶部爲三司，其分則爲三個獨立部門，合則稱爲三司。三司掌管統籌國家財政之事。

[49]四方館：官署名。隋始置，以通事謁者爲主官。唐、五代沿置，以通事舍人或判四方館事爲主官。掌四方往來及互市事務。

[50]上東門：城門名。爲洛陽城門。位於今河南洛陽市。

[51]河中府：方鎮名。治所在河中府（今山西永濟市）。

[52]稷山縣：縣名。治所在今山西稷山縣。 絳州：州名。治所在今山西新絳縣。

[53]太僕卿：官名。漢代始置，太僕寺長官，掌御用車馬及國家畜牧事宜。正三品。　李紓：人名。五代後唐宗室。歷任太僕卿、宗正卿。天成三年（928）七月除名。後敕配隴州，徒一年。事見本書卷三九《明宗本紀》。　宗正卿：官名。秦始置宗正，南朝梁始有宗正卿之官。由宗室充任。掌皇族外戚屬籍。正三品。《輯本舊史》之影庫本粘籤："宗正卿，原本作'宗呈卿'，考《新唐書·百官志》作宗正卿，今改正。"見《新唐書》卷四八《百官志三》。宗正卿多見，無"宗呈卿"之名。

[54]衛尉卿：官名。北魏置，隋、唐、五代爲衛尉寺長官。掌供宮廷、祭祀、朝會之儀仗帷幕，通判本寺事務。從三品。　楊遘：人名。籍貫不詳。唐末五代官員。事見本書本卷、卷三二。

[55]西京：指京兆府（今陝西西安市）。　昭應：縣名。治所在今陝西西安市臨潼區。　華清宮：宮殿名。位於今陝西西安市臨潼區城南驪山麓。　張沖虛：人名。籍貫不詳。道士。本書僅此一見。

[56]天尊院：華清宮中道觀。位於今陝西西安市臨潼區。

[57]南郊：意爲都城南面之郊。代指南面郊區之祭天場所（圜丘），亦指祭天之禮（郊天）。古人用"郊""南郊""有事於南郊"指代在南郊之圜丘舉行的郊天典禮。

[58]亞獻、終獻：指古代郊祀中的獻祭禮儀。依次爲初、亞、終三獻。

[59]繼岌：人名。即李繼岌。後唐莊宗長子，時封魏王。傳見本書卷五一、《新五代史》卷一四。

[60]存紀：人名。即李存紀。李克用之子，李存勗之弟。傳見本書卷五一、《新五代史》卷一四。

[61]太微宮：即洛陽（今河南洛陽市）老子廟。唐朝尊老子爲祖，建玄元廟奉祀。天寶二年（743）改西京玄元廟爲太清宮，東京爲太微宮，天下諸郡爲紫極宮，又改譙郡紫極宮爲太清宮。

　　二月己巳朔，親祀昊天上帝於圜丘，[1]禮畢，宰臣率百官就次稱賀，還御五鳳樓。[2]宣制："大赦天下，應同光二年二月一日昧爽已前，所犯罪無輕重常赦所不原者，咸赦除之。十惡五逆、屠牛鑄錢、故意殺人、合造毒藥、持杖行劫、官典犯贓，不在此限。[3]應自來立功將校，各與轉官，仍加賞給。文武常參官、節度、觀察、防禦、刺史、軍主、都虞候、指揮使，[4]父母亡歿者，並與追贈，在者各與加爵增封。諸藩鎮各賜一子出身，仍封功臣名號。[5]留後、刺史，官高者加階爵一級，官卑者加官一資。應本朝內外臣僚被朱氏殺害者，特與追贈。應諸州府不得令富室分外收貯見錢，禁工人鎔錢爲銅器，勿令商人搬載出境。[6]近年已來，婦女服飾，異常寬博，倍費縑綾；有力之家，不計卑賤，悉衣錦繡，[7]宜令所在糾察。應有百姓婦女，曾經俘擄他處爲婢妾者，一任骨肉識認。男子曾被刺面者，給與憑據，放逐營生。召天下有能以書籍進納者，各等第酬獎。仰有司速檢勘天下戶口正額、墾田實數，待憑條理，以息煩苛。"是日，風景和暢，人胥悅服。議者云，五十年來，無此盛禮。然自此權臣愎戾，伶官用事，吏人孔謙酷加賦斂，[8]赦文之所原放，謙復刻剝不行，大失人心，始於此矣。庚午，租庸副使孔謙奏："諸道綱運客旅，[9]多於私路苟免商稅，請令所在關防嚴加捉搦。"從之。癸酉，宰臣豆盧革率百官上尊號曰昭文睿武至德光孝皇帝，[10]凡三上表，從之。甲戌，詔曰："汴州元管開封、浚儀、封丘、雍丘、尉氏、陳留六縣，[11]僞庭割許州鄢陵、扶溝，[12]陳州太康，[13]鄭州陽武、中牟，[14]曹州考城等縣屬焉。[15]其陽武、匡城、扶溝、考城四縣，[16]宜令且隸汴州，餘還本部。"丙子，以隨駕參謀耿瑗爲司天監。[17]丁丑，以光禄大夫、檢校司徒李筠爲右騎衛上將軍。[18]戊寅，幸李嗣源第，[19]作樂，盡歡而罷。己卯，以河中節度使、冀王李繼麟兼安邑、解縣兩池榷鹽使。[20]辛巳，以檢校太師、守尚書令、河南尹、判六軍諸衛事、魏王張全義爲守太尉、兼中書令、河陽節度使、河南尹，[21]改封齊王。以開府儀同三司、守尚書令、秦王李茂貞依前封秦王，餘如故，仍賜不拜、不名。[22]是日，帝幸左龍武軍。[23]癸未，宰臣豆盧革率百官上表，請立中宫。制以魏國夫人劉氏爲皇后，[24]仍令所司擇日備禮册命。丁亥，以天平軍節度使、蕃漢總管副使、開府儀同三司、檢校太傅、兼中書令李嗣源爲檢校太尉，[25]依前天平軍節度使，加實封百户，兼賜鐵券；以前安國軍節度副使、檢校太保、左衛上將軍李存乂爲晉州節度使、檢校太傅；[26]以北京皇城留守、檢校太保、左威衛上將軍李存紀爲邢州節度使，[27]加檢校太傅；以蕃漢馬步都虞候兼東京馬步軍都指揮使、檢校太保朱守殷爲振武節度使，[28]加檢校太傅。戊子，以前右龍武軍都虞候、守左龍武大將軍李紹奇爲鄭州防禦使，[29]以楚州防禦使張繼孫爲汝州防禦使。[30]己丑，以振武軍節度使、權安義留後、檢校太傅、平章事李存霸爲潞州節度使，[31]以捧日都指揮使、鄭州防禦使李紹琛爲陝州節度使，[32]以成德軍馬步軍都指揮使、右監門衛大將軍毛璋爲華州節度使。[33]壬辰，樞密使郭崇韜再上表，[34]請退樞密之職，優詔不允。癸巳，詔曰：“皇太后母儀天下，子視群生，當別建宮闈，顯標名號，冀因稱謂，益表尊嚴，宜以長壽宮爲名。”[35]樞密使郭崇韜奏時務利便一十五件，優詔褒美。甲午，奚王李紹威、吐渾李紹魯皆貢馳馬。[36]丁酉，以武安軍衙内馬步軍都指揮使、昭州刺史馬希範爲永州刺史、檢校太保。[37]癸卯，以光禄大夫、檢校左僕射、行太常卿李燕爲特進、檢校司空，[38]依前太常卿；以御史中丞李德休爲兵部侍郎；[39]以吏部侍郎崔協爲御史中丞。[40]

[1]昊天上帝：昊天爲天之總神。上帝爲南郊所祭受命帝。《周禮·春官·大宗伯》：“以禋祀祀昊天上帝。”鄭玄注：“昊天上帝，冬至於圜丘所祀天皇大帝。”　圜丘：又名圓丘。古代帝王祭天的祭壇。《周禮·春官·大司樂》：“冬日至，於地上之圜丘奏之。”賈公彥疏：“案《爾雅》：土之高者曰丘。取自然之丘。圓者，象天圜。”

[2]五鳳樓：樓名。唐始建，後梁太祖朱温重修。位於今河南洛陽市。

[3]故意殺人：中華書局本沿《輯本舊史》作“故殺人”，“意”字據明本《册府》卷九二《帝王部·赦宥門十一》同光二年（924）二月己巳條補。

[4]常參官：唐制，文官五品以上及兩省供奉官、監察御史、員外郎、太常博士，每日朝參，稱爲常參官。　刺史：官名。漢武帝時始置。州一級行政長官，總掌考覈官吏、勸課農桑、地方教化等事。唐中期以後，節度使、觀察使贛州而設，刺史爲其屬官，職任漸輕。從三品至正四品下。　軍主：官名。《資治通鑑》卷一二

三元嘉十七年（440）十月條胡三省注：江南軍制，呼長帥爲隊主、軍主。隊主者，主一隊之稱；軍主者，主一軍之稱。北朝也有此官。《隋書·百官志中》列舉北齊官品。戍主、軍主爲從七品，諸戍、諸軍副爲從八品。同書《百官志下》謂隋煬帝改官制，軍主、幢主之屬並廢。五代軍主統兵數目不詳。　都虞候：官名。唐方鎮置都虞候、虞候，爲軍校之名稱。五代都虞候等遂爲禁衛之官。指揮使：官名。唐末、五代藩鎮皆置都指揮使、指揮使，爲統兵將領。

　　[5]功臣名號：唐五代賜給有功之臣的名號。

　　[6]勿令商人搬載出境：中華書局本有校勘記：“‘搬載’，原作‘載錢’，據彭校、本書卷一四六《食貨志》，《册府》卷九二、卷五〇一改。”見明本《册府》卷九二、明本《册府》卷五〇一《邦計部·錢幣門三》同光二年二月條。

　　[7]悉衣錦繡：《輯本舊史》之影庫本粘籤：“原本作‘悉依綿繡’，今據文改正。”

　　[8]孔謙：人名。魏州（今河北大名縣）人。後唐大臣，善聚斂錢財，爲李存勗籌畫軍需。傳見本書卷七三、《新五代史》卷二六。

　　[9]租庸副使：官名。唐代爲主持催徵租庸地稅的財政官員。後梁、後唐時，租庸使取代鹽鐵、度支、户部，爲主管中央財政的長官。　租庸副使孔謙：中華書局本有校勘記：“‘租庸使’，《册府》卷五〇四同，本書卷三二《唐莊宗紀六》、卷七三《孔謙傳》，《新五代史》卷二六《孔謙傳》作‘租庸副使’。郭武雄《證補》：‘據《本紀》，時充租庸使爲王正言，至同年八月孔謙方代正言爲租庸使。’”但未改。見《輯本舊史》卷三二《唐莊宗紀六》同光二年八月癸酉條、卷七三《孔謙傳》，《新五代史》卷二六《孔謙傳》，今據改。明本《册府》卷五〇四《邦計部·關市門》同光二年二月庚午條周本紀。　諸道綱運商旅：中華書局本有校勘記：“‘商旅’，原作‘客旅’，據《册府》卷五〇四改。”

[10]豆盧革：人名。先世爲鮮卑慕容氏，後改豆盧氏。唐同州刺史豆盧籍之孫，舒州刺史豆盧瓚之子。五代後唐宰相。傳見本書卷六七、《新五代史》卷二八。　尊號：尊崇帝、后或其先皇及宗廟等的敬稱。　昭文睿武至德光孝皇帝：即後唐莊宗李存勗。五代後唐王朝的建立者。紀見本書卷二七至卷三四、《新五代史》卷五。

[11]開封：縣名。治所在今河南開封市祥符區。　浚儀：縣名。治所在今河南開封市。　封丘：縣名。治所在今河南封丘縣。雍丘：縣名。治所在今河南杞縣。　尉氏：縣名。治所在今河南尉氏縣。　陳留：縣名。治所在今河南開封市陳留鎮。

[12]許州：州名。治所在今河南許昌市。　鄢陵：縣名。治所在今河南鄢陵縣。　扶溝：縣名。治所在今河南扶溝縣。

[13]陳州：州名。治所在今河南淮陽縣。　太康：縣名。治所在今河南太康縣。

[14]鄭州：州名。治所在今河南鄭州市。　陽武：縣名。治所在今河南原陽縣。　中牟：縣名。治所在今河南中牟縣。

[15]曹州：州名。治所在今山東曹縣西北。　考城：縣名。治所在今河南民權縣。

[16]匡城：縣名。治所在今河南長垣縣。

[17]耿瑗：人名。籍貫不詳。事見本書本卷、卷四七。　司天監：官（署）名。其長官稱司天監，掌天文、曆法以及占候等事。參見趙貞《唐宋天文星占與帝王政治》，北京師範大學出版社2016年版。

[18]光祿大夫：官名。漢武帝時改中大夫爲光祿大夫，爲掌議論之官。唐、宋以後成階官之名。從二品。　檢校司徒：官名。爲散官或加官，以示恩寵，無實際執掌。　李筠：人名。籍貫不詳。唐末侍衛軍將領。事見《舊唐書》卷二〇上。　右驍衛上將軍：官名。唐置，掌宮禁宿衛。唐代置十六衛，即左右衛、左右驍衛、左右武衛、左右威衛、左右領軍衛、左右金吾衛、左右監門衛、左右千牛衛，各置上將軍，從二品；大將軍，正三品；將軍，從三品。

[19]戊寅，幸李嗣源第：亦見《新五代史》卷五《唐本紀第五》。

[20]河中：方鎮名。治所在河中府（今山西永濟市）。 李繼麟：人名。即朱友謙。許州（今河南許昌市）人。唐末、五代軍閥。傳見本書卷六三、《新五代史》卷四五。 安邑、解縣兩池榷鹽使：官名。唐乾元元年（758）行鹽專賣。安邑、解縣兩池鹽先屬度支使管理。貞元十六年（800）置榷鹽使，掌兩池鹽專賣及查禁私鹽。元和十五年（820），又改河北稅鹽使爲榷鹽使。 以河中節度使、冀王李繼麟兼安邑、解縣兩池榷鹽使：《輯本舊史》之影庫本粘籤：“解縣，原本作‘諧縣’，今據《册府元龜》所引《薛史》改正。”見《宋本册府》卷四九四《邦計部·山澤門二》，又見《通鑑》卷二七三同光二年二月條。五代解縣常見，無諧縣，此爲音近之訛。

[21]檢校太師：官名。爲散官或加官，以示恩寵，無實際執掌。 尚書令：官名。秦始置。隋、唐前期爲尚書省長官，與中書令、侍中並爲宰相。因以李世民爲之，後皆不授，唐高宗廢其職。唐後期以李適、郭子儀有功而特授此職，爲大臣榮銜，不參與政務。五代因之。唐時爲正二品，後梁開平三年（909）升爲正一品。 河南尹：官名。唐開元元年（713）改洛州爲河南府，治所在今河南洛陽市。以河南府尹總其政務。從三品。 判六軍諸衛事：官名。後唐沿唐代舊制，置六軍諸衛，以判六軍諸衛事爲禁軍六軍與諸衛的最高統帥。 張全義：人名。濮州臨濮（今山東鄄城縣）人。唐末、五代將領。傳見本書卷六三、《新五代史》卷四五。 太尉：官名。與司徒、司空並爲三公，唐後期、五代多爲大臣、勳貴加官。正一品。

[22]以開府儀同三司、守尚書令、秦王李茂貞依前封秦王，餘如故，仍賜不拜、不名：“秦王李茂貞”，《舊五代史考異》：“《通鑑》作岐王。”見《通鑑》卷二七三同光二年二月辛巳條。《舊五代史考異》：“《五代會要》：太常禮院奏：‘李茂貞封册之命，宜準

故襄州節度使趙匡凝之例施行。秦王受册，自備革輅一乘，載册犢車一乘，并本品鹵簿鼓吹如儀。'從之。"見《會要》卷四册命條同光二年二月記事。

[23]左龍武軍：禁軍番號。唐開元二十七年（739）置左右龍武軍。

[24]魏國夫人劉氏：即莊宗神閔敬皇后劉氏。後唐莊宗同光二年二月，立劉氏爲皇后。劉氏出生低微，好興利聚財。事見本書卷四九《唐后妃列傳》、《新五代史》卷五《唐本紀》。

[25]蕃漢總管副使：官名。五代後唐置，爲内外蕃漢馬步軍副指揮官。　開府儀同三司："開府"，《輯本舊史》之影庫本粘簽："原本作'開封'，今據文改正。"

[26]安國軍：方鎮名。治所在邢州（今河北邢臺市）。　左衛上將軍：官名。唐代十六衛之一。掌宮禁宿衛。從二品。　李存乂：人名。李克用子，李存勖弟。同光三年封睦王。後以郭崇韜之婿故爲莊宗李存勖所殺。傳見本書卷五一《唐宗室列傳》、《新五代史》卷一四《唐太祖家人傳》。　晋州：此處指方鎮。後唐同光元年改建寧軍爲建雄軍。治所在晋州（今山西臨汾市）。

[27]北京：指五代後唐的北都太原。《新五代史》卷五《莊宗本紀》載，同光元年"十一月乙巳，復北都爲鎮州，太原爲北都"。　留守：官名。皇帝出巡或親征時指定親王或大臣留守京城，綜理軍事、行政、民事、財政等事務，稱京城留守。在陪都或軍事重鎮也常設留守，以地方長官兼任。　李存紀：人名。李克用之子，李存勖之弟。傳見本書卷五一、《新五代史》卷一四。　邢州：此處指方鎮。後唐同光元年改保義軍爲安國軍。治所在邢州（今河北邢臺市）。

[28]蕃漢馬步都虞候：官名。五代蕃漢馬步軍統兵官，僅次於都指揮使、副都指揮使。　東京：地名。治所在今河北大名縣。後唐同光元年，改魏州爲興唐府，建號東京。三年改東京爲鄴都。馬步軍都指揮使：官名。五代時侍衛親軍長官。多由皇帝親信擔

任。　朱守殷：人名。籍貫不詳。少事後唐莊宗，後唐將領。傳見本書卷七四、《新五代史》卷五一。　振武：方鎮名。後梁貞明二年（916）以前，治所位於單于都護府城（今內蒙古和林格爾縣）。貞明二年單于都護府城爲契丹占據。此後至後唐清泰三年（936），治所位於朔州（今山西朔州市朔城區）。後晉隨燕雲十六州割予契丹，改名順義軍。

［29］右龍武軍：巾軍番號。至德二載（757）唐肅宗置禁軍，也叫神武天騎，分爲左右神武天騎、左右羽林、左右龍武等六軍，稱“北衙六軍”。　左龍武大將軍：官名。唐開元二十七年置左右龍武軍。設大將軍一員，正三品。　李紹奇：人名。原名夏魯奇，唐莊宗時，賜姓名曰李紹奇。青州（今山東青州市）人。五代後唐將領。傳見本書卷七〇、《新五代史》卷三三。

［30］楚州：州名。治所在今江蘇淮安市。　張繼孫：人名。又名郝繼孫。籍貫不詳。唐末、五代大臣張全義養子，故亦作“張繼孫”。五代後梁、後唐官員。事見本書卷三二。　汝州：州名。治所在今河南汝州市。《輯本舊史》之影庫本粘籤：“汝州，原本作‘濟州’，今據《冊府元龜》改正。”見明本《冊府》卷九三四《總錄部·告訐門·張繼業》條。五代汝州多見，無濟州。

［31］安義：方鎮名。治所在潞州（位於今山西長治市）。　潞州：州名。治所在今山西長治市。

［32］捧日都指揮使：官名。捧日軍統兵官。　李紹琛：人名。原名康延孝。代（今山西代縣）人。五代後唐將領。傳見本書卷七四、《新五代史》卷四四。

［33］成德軍：方鎮名。治所在鎮州（今河北正定縣）。　右監門衛大將軍：官名。唐置，十六衛之一。掌宮禁宿衛。正三品。毛璋：人名。滄州（今河北滄縣舊州鎮）人。五代後唐將領。傳見本書卷七三、《新五代史》卷二六。　華州：州名。治所在今陝西渭南市華州區。

［34］樞密使：官名。樞密院長官。五代時以士人爲之，備顧

問，參謀議，出納詔奏，權侔宰相。參見李全德《唐宋變革期樞密院研究》，國家圖書館出版社 2009 年版。

[35]長壽宮：宮殿名。位於今河南洛陽市。

[36]奚：部族名。源出鮮卑宇文部。原稱庫莫奚，後省稱奚。參見畢德廣《奚族文化研究》，科學出版社 2016 年版。　李紹威：人名。原名掃刺。五代奚族部落聯盟首領。前首領去諸之子。後唐莊宗賜姓名李紹威。事見《通鑑》卷二八一。　吐渾：部族名。吐谷渾的省稱。源出鮮卑，後游牧於今甘肅、青海一帶。參見周偉洲《吐谷渾資料輯錄》（增訂本），商務印書館 2017 年版。　李紹魯：人名。原名白承福。五代時北吐谷渾首領。吐谷渾部人。後唐同光元年，被莊宗任爲寧朔、奉化兩府都督，賜姓名爲李紹魯。事見《新五代史》卷七四《四夷附錄三·吐渾》。

[37]武安軍：方鎮名。治所在潭州（今湖南長沙市）。　衙内馬步軍都指揮使：官名。五代方鎮將領。　昭州：州名。即今广西平樂縣古城。　馬希範：人名。馬殷第四子，五代十國南楚君主。傳見本書卷一三三、《新五代史》卷六六。　永州：州名。治所在今湖南永州市。

[38]檢校左僕射：官名。左僕射爲隋唐宰相名號。檢校左僕射爲散官或加官，以示恩寵，無實際執掌。　特進：官名。西漢末期始置，授給列侯中地位較特殊者。隋唐時期，特進爲散官，授給有聲望的文武官員。正二品。　檢校司空：官名。爲散官或加官，以示恩寵，無實際執掌。

[39]御史中丞：官名。即御史中丞。如不置御史大夫，則爲御史臺長官。掌司法監察。正四品下。　李德休：人名。贊皇（今河北贊皇縣）人。傳見本書卷六〇。　兵部侍郎：官名。尚書省兵部次官。協助兵部尚書掌武官銓選、勳階、考課之政。正四品下。

[40]吏部侍郎：官名。尚書省吏部次官。協助吏部尚書掌文選、勳封、考課之政。正四品上。　崔協：人名。清河（今河北清河縣）人。唐末進士，後梁時仕至中書舍人，後唐時爲宰相。傳見

本書卷五八。

　　三月甲辰，故河陽節度使王師範贈太尉。[1]乙巳，
以滄州節度使、檢校太傅、同平章事符習爲青州節度
使，[2]以北京衙内馬步軍都指揮使、右領軍衛大將軍李
紹斌爲滄州節度使。[3]鎮州奏，契丹犯塞，詔李嗣源率
師屯邢州。[4]丙午，以荊南節度使、守中書令、渤海王
高季興依前檢校太師、兼尚書令，[5]封南平王；以幽州
節度行軍司馬李存賢依前檢校太保，[6]爲幽州節度使。
中書門下上言：“近以諸州奏薦令録，頗亂規程，請今
後節度使管三州已上，每年許奏管内官三人，如管三州
已下，只奏兩人，仍須課績尤異，方得上聞。防禦使止
許奏一人，刺史無奏薦之例。”從之。己酉，以太子少
保李琪爲刑部尚書。[7]庚戌，幽州奏，契丹寇新城。[8]是
日，詔：“諸軍將校，自檢校司空以下，宜賜叶謀定亂
匡國功臣。自檢校僕射、尚書、常侍及大夫、中丞，[9]
並賜忠勇拱衛功臣。[10]初帶憲銜者，並賜忠烈功臣。節
級長行，並賜扈蹕功臣。”中書門下上言：“州縣官在任
考滿，即具闕申送吏部格式，本道不得差攝官替正官。”
從之。[11]有司上言：“皇帝四月一日御文明殿，受册徽
號，合服袞冕，御殿前一日，散齋於内殿。”從之。是
日，李嗣源上表乞退兵權，詔不允。是時，伶人景進用
事，[12]閹官競進，故重臣憂懼，拜章請退。癸丑，左諫
議大夫竇專上言：[13]“請廢租庸使名目，事歸三司。”[14]
疏奏不報。唐州奏，[15]木連理。詔：“先省員官，除已別

授官外，其左散騎常侍李文矩等三十人却復舊官，[16]太子詹事石戩等五人宜以本官致仕，[17]將作少監岑保嗣等十四人候續敕處分。"[18]丙辰，責授萊州司户鄭珏等一十一人並量移近地。[19]尚書户部侍郎、知貢舉趙頎卒，[20]以中書舍人裴皞權知貢舉。[21]禁用鉛錫錢。丁巳，中書門下奏："懿祖陵請以永興爲名，獻祖陵請以長寧爲名，[22]太祖陵請以建極爲名。"從之。淮南楊溥遣使貢賀郊天禮物。[23]戊午，詔應南郊行事官，並付三銓磨勘，優與處分。己未，以大理卿張紹珪充制置安邑、解縣兩池榷鹽使。[24]幸左龍武軍，以皇子繼岌代張全義判六軍諸衛事故也。癸亥，以彰武、保大等軍節度使、北平王高萬興可依前延州鄜州節度使、檢校太保、兼中書令、北平王。[25]甲子，幸東宅。

[1]王師範：人名。青州（今山東青州市）人。唐末、五代軍閥。傳見本書卷一三、《新五代史》卷四二。

[2]滄州：此處指方鎮。唐置義昌軍於滄州。後梁乾化二年（912）改爲順化軍。後唐李存勖改爲橫海軍。治所在今河北滄縣舊州鎮。　符習：人名。趙州（今河北趙縣）人。五代後唐將領。傳見本書卷五九、《新五代史》卷二六。　青州：此處指平盧軍。治所在今山東青州市。

[3]右領軍衛大將軍：官名。唐代十六衛之一。掌宮禁宿衛。正三品。　李紹斌：人名。原名趙德鈞。幽州（今北京市）人。初爲幽州節度使劉守光部將，再爲後唐將領，後投降遼國。傳見本書卷九八。

[4]鎮州：州名。治所在今河北正定縣。　鎮州奏，契丹犯塞，詔李嗣源率師屯邢州：《舊五代史考異》："《通鑑》：詔橫海節度使

李紹斌、北京指揮使李從珂帥騎兵分道備之。與《薛史》異。"
《通鑑》卷二七三同光二年三月乙巳條在此後有"天平節度使李嗣
源屯邢州"。

[5]荆南：方鎮名。治所在荆州（今湖北荆州市）。　高季興：
人名。原名高季昌，陝州硤石（今河南三門峽市陝州區）人。五代
十國南平（即荆南）開國君主。傳見本書卷一三三、《新五代史》
卷六九。

[6]節度行軍司馬：官名。節度使屬官。掌軍籍符伍、號令印
信，是藩鎮重要的軍政官員。　李存賢：人名。原名王賢。許州
（今河南許昌市）人。傳見本書卷五三、《新五代史》卷三六。

[7]李琪：人名。河西敦煌（今甘肅敦煌市）人。五代後梁、
後唐官員。傳見本書卷五八、《新五代史》卷五四。　刑部尚書：
官名。尚書省刑部主官。掌天下刑法及徒隸、勾覆、關禁之政令。
正三品。

[8]新城：地名。位於今河北無極縣。

[9]檢校僕射、尚書、常侍及大夫、中丞：檢校官名。即檢校
左右僕射、檢校六部尚書、檢校左右散騎常侍、檢校御史大夫、檢
校中丞等。按，檢校某某官，唐中後期逐漸確立，五代沿用。多作
爲使府或方鎮僚佐秩階、升遷的階官，非正式官銜。參見賴瑞和
《論唐代的檢校官制》，《漢學研究》2006年第24卷第1期。中華
書局本有校勘記："'大夫中丞'，原作'諫議大夫'，據《册府》
卷八一、卷一二八、卷一三三，《五代會要》卷一二改。影庫本粘
籤：'諫議，原本作"兼義"，今據《新唐書·百官志》改正。'"
見《會要》卷一二軍雜録條同光二年二月記事，《宋本册府》卷一
三三《帝王部·褒功門二》後唐同光元年三月條，明本《册府》
卷八一《帝王部·慶賜門三》同光二年三月辛亥條、卷一二八
《帝王部·明賞門二》同光二年三月條。

[10]並賜忠勇拱衛功臣：中華書局本有校勘記："'忠勇'，原
作'忠果'，據《册府》卷八一、卷一二八、卷一三三，《五代會

要》卷一二改。”“忠果”在此亦不成文。

[11]吏部：官署名。掌天下官吏選授、勳封、考課之政令。
“中書門下上言”至“從之”：《舊五代史考異》：“《五代會要》：同
光二年，中書門下奏：‘刺史、縣令有政績尤異，爲衆所知；或招
復戶口，能增加賦税者；或辨雪冤獄，能拯人命者；或去害物之積
弊，立利世之新規，有益時政，爲衆所推者；即仰本處逐件分明聞
奏，當議獎擢。或在任貪猥，誅戮生靈，公事不治，爲政怠惰，亦
加懲罰。其州縣官任滿三考，即具闕申送吏部格式，候敕除銓注，
其本道不得差攝官替正授者。’從之。”見《會要》卷一九刺史條，
《宋本册府》卷六三二《銓選部·條制門四》同光二年三月條。其
中，“即具闕申送吏部格式”，中華書局本有校勘記：“‘闕’，原作
‘關’，據《册府》卷六三二及本卷正文改。”

[12]景進：人名。籍貫不詳。五代後唐莊宗朝伶官。傳見《新
五代史》卷三七。

[13]左諫議大夫：官名。隸門下省。唐代置左、右諫議大夫各
四人，分隸門下省、中書省。掌諫諭得失，侍從贊相。正四品下。

竇專：人名。籍貫不詳。事見本書本卷、卷九、卷三二。

[14]三司：官署名。五代後唐明宗天成元年（926）合鹽鐵、
度支、戶部爲一職，始稱三司，爲中央最高之理財機構。

[15]唐州：州名。治所在今河南唐河縣。

[16]左散騎常侍：官名。門下省屬官。掌侍奉規諷，備顧問應
對。正三品下。　李文矩：人名。籍貫不詳。事見本書本卷、卷
九七。

[17]太子詹事：官名。掌領太子之詹事府，爲太子官屬之長。
正三品。　石戬：人名。籍貫不詳。事見本書本卷、卷一五。

[18]將作少監：官名。秦代設將作少府，唐代改將作監，其副
長官稱爲將作少監。掌宮廷器物置辦及宮室修建事宜。從三品。
岑保嗣：人名。籍貫不詳。本書僅此一見。　將作少監岑保嗣等十
四人候續敕處分：中華書局本有校勘記：“‘候’字原闕，據《五代

會要》卷二〇補。"見《會要》卷二〇中外加減官條同光二年三月記事。

[19]萊州：州名。治所在今山東萊州市。　司户：官名。即司户參軍。州級政府僚佐。掌本州屬縣之户籍、賦税、倉庫受納等事。　鄭珏：人名。籍貫不詳。五代後梁、後唐宰相。傳見本書卷五八、《新五代史》卷四二。

[20]尚書户部侍郎：官名。尚書省户部次官。協助户部尚書掌天下田户、均輸、錢穀之政令。正四品下。　知貢舉：官名。唐始置，爲主持禮部會試的考官。　趙顗：人名。籍貫不詳。本書僅此一見。

[21]裴皞：人名。河東（今山西永濟市蒲州鎮）人。傳見本書卷九二、《新五代史》卷五七。

[22]獻祖陵請以長寧爲名：《輯本舊史》之影庫本粘籤："長寧，原本作'長應'，考《五代會要》唐獻祖陵名長寧，今改正。"見《會要》卷一追謚皇帝條。

[23]淮南：方鎮名。治所在揚州（今江蘇揚州市）。　楊溥：五代十國南吴睿帝，後禪位於徐知誥。傳見《新五代史》卷六一。
淮南楊溥遣使貢賀郊天禮物：《舊五代史考異》："案《十國春秋·吴世家》：王遣右衛上將軍許確進賀郊天銀二千兩、錦綺羅一千二百疋、細茶五百斤、象牙四株、犀角十株于唐。"《十國春秋》爲清人吴任臣撰，此可見於明本《册府》卷一六九《帝王部·納貢獻門》同光二年三月條。

[24]大理卿：官名。爲大理寺長官。負責大理寺的具體事務，掌邦國折獄詳刑之事。從三品。　張紹珪：人名。籍貫不詳。事見本書本卷、卷九、卷一〇。

[25]彰武：方鎮名。治所在延州（今陝西延安市）。　高萬興：人名。延州（今陝西延安市）人。五代將領，高懷遷之子。傳見本書卷一三二、《新五代史》卷四〇。　延州：州名。治所在今陝西延安市。　鄜州：州名。治所在今陝西富縣。

　　夏四月己巳朔，帝御文明殿，具衮冕，受册尊號曰昭文睿武至德光孝皇帝。壬申，以成德軍節度行軍司馬、權知府事任圜爲檢校右僕射、權北面水陸轉運制置使。[1]甲戌，以順義軍留後華溫琪依前檢校太保，[2]充留後。乙亥，以天策上將軍、武安等軍節度使、守太師、中書令、楚王馬殷可依前守太師，[3]兼尚書令。詔在京諸道節度使、刺史，令各歸本任。丁丑，以前幽州節度使、内外蕃漢馬步總管、檢校太師、兼中書令李存審爲宣武軍節度使，[4]餘如故。己卯，帝御文明殿，册魏國夫人劉氏爲皇后。庚辰，賜霍彦威姓，名曰紹真。[5]癸未，以宋州節度使李紹安依前檢校太尉、同平章事、宋州節度使；[6]以許州節度使李紹沖依前檢校太尉、同平章事、許州節度使；[7]以襄州節度使孔勍依前檢校太傅、同平章事、襄州節度使。[8]甲申，以樞密副使、通議大夫、行内侍省内侍宋唐玉爲左監門衛將軍同正，[9]依前樞密副使；以内客省使、通議大夫、行内侍省内侍楊希朗爲右監門衛將軍同正，[10]依前内客省使；並賜推忠匡佐功臣。車駕幸龍門。[11]丙戌，迴鶻遣使貢方物。[12]己丑，以夏州節度使李仁福依前檢校太師、兼中書令、夏州節度使，[13]封朔方王；[14]以朔方、河西等軍節度使韓洙依前檢校太傅、兼侍中，[15]充朔方、河西等軍節度使，靈、鹽、威、警、雄、涼、甘、肅等州觀察使。[16]辛卯，以宣徽南院使、判内侍省、兼内勾、特進、左監門將軍同正李紹宏爲右領軍衛上將軍。[17]癸巳，以静江軍節度使、扶風郡王馬賨爲檢校太師、兼中書令，[18]依前静江軍節度使；以朗州節度使馬希振爲檢校太傅、兼侍中，[19]依前朗州節度使。鳳翔節度使、秦王李茂貞薨。[20]丙申，潞州小校楊立據城叛，[21]以李嗣源爲招討使，[22]陝州留後李紹真爲副，率師以討之。《永樂大典》卷七千一百五十六。[23]

[1]權知府事：官名。一是暫代之意。官員以差遣治事，銜前常帶知字。知爲主持之意。暫代者即稱權知，如權知樞密院事、權知貢舉、權知某州某府等。一是資歷淺者任品秩高的職務時，亦加權知字樣，此則並無暫代之意。　任圜：人名。京兆三原（今陝西三原縣）人。五代後唐將領、大臣。傳見本書卷六七、《新五代史》卷二八。　檢校右僕射：官名。爲散官或加官，以示恩寵，無實際執掌。　權北面水陸轉運制置使：官名。官名。掌一方水陸轉運、賦稅諸事。爲差遣職事。

[2]順義軍：方鎮名。治所在耀州（今陝西銅川市耀州區）。華溫琪：人名。下邑（今河南夏邑縣）人。唐末、五代將領。傳見本書卷九〇、《新五代史》卷四七。

[3]天策上將軍：官名。唐武德四年（621）置，掌國之征討，總判府事。正一品。　武安：方鎮名。治所在潭州（今湖南長沙市）。　太師：官名。與太傅、太保合稱三師，唐後期、五代多爲大臣、勳貴加官。正一品。　馬殷：人名。許州鄢陵（今河南鄢陵縣）人。五代十國南楚開國君主。傳見本書卷一三三、《新五代史》卷六六。

[4]幽州節度：《輯本舊史》之影庫本粘籤：“幽州，原本作‘邠州’，考《薛史·李存審傳》，存審係幽州節度使，《歐陽史》與《薛史》同，今改正。”見《輯本舊史》卷五六《符存審傳》。　內外蕃漢馬步總管：官名。五代後唐置，爲蕃漢馬步軍總指揮官。　李存審：人名。原姓符，名存。陳州宛丘（今河南淮陽縣）

人。五代後唐將領。傳見本書卷五六、《新五代史》卷二五。

[5]賜霍彥威姓，名曰紹真：中華書局本有校勘記："'霍彥威'，原作'郭彥威'，據邵本校、本書卷六四《霍彥威傳》、《新五代史》卷四六《霍彥威傳》、《通鑑》卷二七三改。按本書卷三六《唐明宗紀二》：'李紹真復曰霍彥威。'"見《輯本舊史》卷三六《唐明宗紀二》天成元年（926）五月丙辰條、《通鑑》卷二七三同光二年四月庚辰條。

[6]李紹安：人名。原名袁象先，後唐莊宗賜名李紹安。宋州下邑（今河南夏邑縣）人。五代後梁將領，後投後唐。傳見本書卷五九、《新五代史》卷四五。中華書局本有校勘記："原作'李繼安'，據劉本、本書卷三〇《唐莊宗紀四》、卷五九《袁象先傳》、《册府》卷九四五改。"見《輯本舊史》卷三〇《唐莊宗紀四》同光元年十一月乙巳條、《宋本册府》卷九四五《總錄部·巧宦門·袁象先》條。

[7]李紹沖：人名。原名溫韜，後唐莊宗賜名李紹沖。京兆華原（今陝西銅川市耀州區）人。唐末李茂貞部將，五代後梁、後唐將領。傳見本書卷七三、《新五代史》卷四〇。中華書局本有校勘記："原作'李繼沖'，據本書卷三〇《唐莊宗紀四》、卷三二《唐莊宗紀六》、卷七三《溫韜傳》，《新五代史》卷四〇《溫韜傳》改。"見《輯本舊史》卷三〇《唐莊宗紀四》同光元年十一月乙巳條、卷三二《唐莊宗紀六》同光三年正月庚子條。

[8]襄州：州名。治所在今湖北襄陽市。　孔勍：人名。兗州（今山東濟寧市兗州區）人。唐末、五代軍閥。傳見本書卷六四。

[9]樞密副使：官名。五代後唐莊宗同光元年置，樞密院副長官。　通議大夫：官名。隋始置。唐爲文官第七階，正四品。　內侍省：官署名。管理宮廷內部事務的機構。北齊始置中侍中省，隋改名爲內侍省，設內侍、內常侍等，均用宦官，領內尚食、掖庭、宮闈、奚官、內僕、內府等局。唐五代沿用。　內侍：官名。內侍省屬官，掌皆宮廷內部事物。　宋唐玉：人名。籍貫不詳。五代官

員。事見本書本卷、卷三二、卷三四。《輯本舊史》之影庫本粘籤：
"宋唐玉，原本作'宋康王'，今據《册府元龜》所引《薛史》改
正。"見《輯本舊史》卷三二《唐莊宗紀六》同光二年五月乙卯
條、卷三四《唐莊宗紀八》同光四年二月己酉條、三月癸亥條及明
本《册府》卷六六五《内臣部・恩寵門》宋唐玉條。　左監門衛
將軍：官名。唐代置十六衛之一。掌宫禁宿衛。從三品。　同正：
全稱"員外置同正員"。古代官員名額有定數，是爲"正員額"。
在正員額以外所任官員，稱爲"員外置"。"員外置同正員"是指
雖在正員額之外，但待遇同於正員官。

　　[10]内客省使：官名。内客省長官。　楊希朗：人名。籍貫不
詳。五代時期内官。事見本書本卷、卷五二。《輯本舊史》之影庫
本粘籤："楊希朗，原本作'巾郎'，今據《册府元龜》改正。"見
《宋本册府》卷六六九《内臣部・恣横門》楊希朗條、卷九〇九
《總錄部・憂懼門》趙光裔條。　右監門衛將軍：官名。唐代置十
六衛之一。掌宫禁宿衛。從三品。

　　[11]龍門：地名。位於今河南洛陽市。因兩山相對如闕，伊河
從中流過，又名伊闕。唐以後習稱龍門。

　　[12]迴鶻：部族名。原係突厥鐵勒部的一支。唐天寶三年
（744）建立回鶻汗國，9世紀中葉，回鶻汗國瓦解。其中一支爲甘
州回鶻。11世紀初，甘州回鶻爲西夏所滅。參見楊蕤《回鶻時代：
10—13世紀陸上絲綢之路貿易研究》，中國社會科學出版社2015
年版。

　　[13]夏州：州名。治所在朔方縣（今陝西靖邊縣）。　李仁
福：人名。党項拓跋部人。五代党項首領。傳見本書卷一三二、
《新五代史》卷四〇。

　　[14]朔方：方鎮名。治所在靈州（今寧夏吳忠市）。

　　[15]河西：方鎮名。治所在涼州（今甘肅武威市）。　韓洙：
人名。籍貫不詳。五代軍閥。事見本書卷一三二、《新五代史》卷
四六。

［16］靈：州名。治所在今寧夏吳忠市。　鹽：州名。治所在今陝西定邊縣。　威：州名。治所在今甘肅環縣。　警：州名。治所在今寧夏平羅縣。"威、警"，《舊五代史考異》："威警疑當作威、涇。考《通鑑》注云：警州在涇原西。今仍其舊。"檢《通鑑》不獲。　雄：州名。治所在今寧夏中寧縣。　凉：州名。治所在今甘肅武威市。　甘：州名。治所在今甘肅張掖市甘州區。　肅：州名。治所在今甘肅酒泉市。　觀察使：官名。唐代後期出現的地方軍政長官。唐玄宗開元二十一年（733）置十五道採訪使，唐肅宗乾元元年（758）改爲觀察使。無旌節，故地位低於節度使。掌一道州縣官的考績及民政。

［17］宣徽南院使：官名。唐始置。初用宦官，五代以後改用士人。通掌内諸司及三班内侍之名籍，郊祀、朝會、宴享供帳之儀，檢視内外進奉名物。參見王永平《論唐代宣徽使》、王孫盈政《再論唐代的宣徽使》。　内勾：官名。即内勾使。五代後唐莊宗時，以馬紹宏爲内勾使，掌勾三司財賦。中華書局本有校勘記："'勾'，原作'局'，據本書卷三四《唐莊宗紀八》、卷七二《馬紹宏傳》改。按本書卷五七《郭崇韜傳》：'崇韜乃置内勾使，應三司財賦，皆令勾覆，令紹宏領之。'"見《輯本舊史》卷三四《唐莊宗紀八》同光四年二月己丑條。　李紹宏：人名。又作馬紹宏。籍貫不詳。後唐莊宗近臣。傳見本書卷七二。　右領軍衛上將軍：官名。唐代置十六衛之一。掌宮禁宿衛。從二品。

［18］静江軍：方鎮名。治桂州（今廣西桂林市）。　馬賨：人名。許州鄢陵（今河南鄢陵縣）人。馬殷之弟。事見本書卷三七、卷四二。

［19］朗州：州名。治所在今湖南常德市。　馬希振：人名。許州鄢陵（今河南鄢陵縣）人。馬殷之子。事見本書卷三七、卷四二、卷四四、卷四七、卷八一。

［20］鳳翔節度使、秦王李茂貞薨：《新五代史》卷四〇："同光二年，以疾卒，年六十九，謚曰忠敬。"

[21]楊立：人名。籍貫不詳。五代將領。傳見本書卷七四。
丙申，潞州小校楊立據城叛：《舊五代史考異》："案：《歐陽史》作
三月潞州將楊立反，與《薛史》異。《五代春秋》作四月，盜據潞
州，與《薛史》同。"見《新五代史》卷五《唐本紀五》同光二年
三月庚申條，《五代春秋》卷上《後唐莊宗紀》同光二年四月條。

[22]招討使：官名。唐始置。戰時任命，兵罷則省。常以大
臣、將帥或地方軍政長官兼任。掌招撫討伐等事務。

[23]《大典》卷七一五六"唐"字韻"莊宗（三）"事目。